한 외교관이 초대하는 벨칸토 오페라 세계로의 여행

손에 잡히는 아리아 : 벨칸토 엣센짜

L'Essenza dell'opera di bel canto

박상훈 지음

Pro captu lectoris, habent sua fata libelli!

독자들에 따라, 책들은 저마다의 운명을 가지고 있다!

책 머리에

벨칸토(bel canto)는 이탈리아어로 아름다운(bel, 영어로 beautiful) 가창(canto, 영어로 singing)이라는 뜻으로, 18세기 후반부터 19세기 전반 이탈리아에서 유행했던 오페라 성악 사조입니다.

벨칸토 오페라는 유려하고 서정적인 선율과 뛰어난 성악적 기교를 핵심으로 하는데, 단순히 성악가의 기교를 과시하는 목적이 아니라 극적 표현을 위해 그가 가진 감정을 최대한 효과적으로 표현하는 데 중점을 두었습니다. 벨칸토 성악가들은 넓은 음역대를 오가면서도 부드럽고 유연한 발성으로 곡을 최대한 아름답게 표현해야 했고, 화려한 콜로라투라 기교도 갖추어야 했습니다.

벨칸토 오페라는 19세기 초반 조아키노 롯시니Gioacchino Rossini(1792-1868), 가에타노 도니젯티Gaetano Donizetti(1797-1848), 빈첸쪼 벨리니Vincenzo Bellini(1801-1835)라는 세 사람의 걸출한 작곡가 덕분에 황금기를 맞이했는데, 이들은 벨칸토 오페라의 3대 거장으로 불리며 벨칸토 오페라의 양식과 전통을 확립했습니다.

벨칸토 오페라는 19세기 전반 이탈리아는 물론, 프랑스, 오스트리아, 영국 등 유럽의 주요 오페라 극장에서 큰 인기를 끌었습니다. 그러나 19세기 후반 오페라 극장과 오케스트라의 규모가 커지면서 벨칸토의 섬세한 가창 스타일보다는 크고 웅장한 목소리를 필요로 하는 창법이 선호되기 시작하고, 심미적 예술 기교를 중시하는 벨칸토 스타일과는 달리, 당시 유행했던 낭만주의 사조 작곡가들이 보다 사실적이고 직접적 표현 방식을 선호하면서, 벨칸토 오페라는 서서히 퇴조하기 시작했습니다.

점차 잊혀져 가던 벨칸토 오페라는 20세기 중반 소프라노 앗솔루

타soprano assoluta 마리아 칼라스Maria Callas(1923-1977)가 등장하면서 극적인 운명의 전환을 맞이합니다. 칼라스는 벨칸토 창법에 대해 '목소리를 악기처럼 최대한으로 활용하고 제어하는 창법'이라고 정의하면서 벨칸토 오페라의 가치를 재조명하고, 롯시니, 도니젯티, 벨리니의 작품들을 극적으로 부활시켰습니다. 그녀의 기여 덕분에 잊혀져 가고 있던 벨칸토 오페라 걸작들이 다시 무대에 올려지기 시작했고, 이제는 전 세계 주요 오페라 극장에서 빼놓을 수 없는 중요한 레퍼토리로 확고히 자리 잡았습니다.

벨칸토 오페라 거장들이 확립한 이탈리아 오페라 양식은 이후 주세페 베르디, 지아코모 푸치니 등으로 이어지면서 이탈리아 오페라의 꽃을 피우는 데 중요한 역할을 했습니다.

이 책에서는 벨칸토 오페라의 3대 거장으로 불리는 조아키노 롯시니·가에타노 도니젯티·빈첸쪼 벨리니의 많은 작품들 가운데, 작곡가 별로 세 개의 대표작을 선정해 소개하고자 합니다. 롯시니의 작품으로는 〈세비야의 이발사〉, 〈라 체네렌톨라〉, 〈호수의 여인〉, 도니젯티의 작품으로는 〈사랑의 묘약〉, 〈람메르무어의 루치아〉, 〈돈 파스콸레〉, 그리고 벨리니의 작품으로는 〈몽유병 여인〉, 〈노르마〉, 〈청교도〉를 선정했습니다. 세 작곡가 소개 순서는 그들이 태어난 연도 순서를 따랐습니다.

졸저 출간 요청을 재차 흔쾌히 수락해 주신 문학여행 고민정 대표님께 깊이 감사드리며, 이 졸저가 독자 여러분의 벨칸토 명작 오페라 여행에 작은 도움이 된다면 저자인 저에게는 커다란 기쁨이자 충분한 보람이 될 것입니다.

2026년 1월
서울에서 박상훈

차례

손에 잡히는 아리아 : 벨칸토 엣센짜

Gioacchino Rossini

조아키노 롯시니

세비야의 이발사 Il Barbiere di Siviglia

라 체네렌톨라 La Cenerentola

호수의 여인 La Donna del Lago

조아키노 롯시니에 대해

벨칸토 오페라의 거성 조아키노 롯시니Gioacchino Rossini는 1792년 이탈리아 동부 페사로에서 트럼펫 연주자였던 아버지와 성악가였던 어머니 사이에서 태어났습니다. 자연스럽게 어린 시절부터 음악적 환경에서 성장한 그는 가족과 함께 볼로냐로 이주한 후, 그곳 음악원에서 작곡과 피아노, 첼로를 공부했습니다.

그는 어린 시절 오페라 공연을 보고 나온 후, 그 오페라에 나온 모든 아리아와 오케스트라 반주까지 통째로 암기해 즉시 악보를 그려 낼 정도로 천재적 음악성을 보였으며, 14세 때인 1806년에 첫 오페라 〈데메트리오와 폴리비오〉를 작곡하며 오페라 작곡가의 길로 들어섰습니다.

1810년 18세 때 작곡한 두 번째 오페라 〈결혼보증서〉를 무대에 올리며 오페라 작곡가로서 각광을 받기 시작한 롯시니는 20대 초반에 벌써 이탈리아 오페라계에서 주목받는 작곡가로 자리매김했습니다. 그는 〈세비야의 이발사〉, 〈라 체네렌톨라〉, 〈호수의 여인〉, 〈알제리의 이탈리아 여인〉, 〈세미라미데〉, 〈탄크레디〉, 〈기욤 텔〉 등 39편의 오페라를 작곡했으며, 종교음악 분야에서도 중요한 작품들을 많이 남겼습니다.

롯시니는 벨칸토 오페라 양식을 체계화하면서, 19세기 이탈리아 오페라의 황금기를 열었습니다. 그의 작품들은 밝고 아름다운 선율이 특징인데, 화려한 장식음과 빠른 패시지로 대표되는 고난도 콜로라투라를 자주 구사했고, 음량과 긴장감을 점진적으로 고조시켜 나가는 소위 '롯시니 크레셴도'Rossini crescendo 기법을 활용해 음악에 극적 효과를 더함으로써 후대 작곡가들에게도 큰 영향을 미쳤습니다.

그는 오페라에서 오케스트라의 역할을 중시해 오케스트라가 단순히 성악을 반주하는 역할이 아니라 극적 표현을 강조하는 중요 요소로서 기능하도록 했으며, 특히 관악기를 적극적으로 활용했습니다. 그의 작품은 유머와 위트가 넘치며, 그래서인지 오페라 세리아보다는 오페라 부파에서 더 뛰어난 능력을 발휘했습니다.

그는 불과 몇 주 만에 오페라 한 편을 작곡해 내는 속필 작곡 스타일로 유명했으며, 당시의 시대적 경향이기도 했지만, 서곡과 같은 자신의 기존 창작물을 다른 작품에서도 거리낌 없이, 그리고 자주 재사용했습니다.

그는 1829년 〈기욤 텔〉을 마지막으로 37세의 젊은 나이에 갑자기 오페라 작곡 활동 중단을 선언하고 은퇴했는데, 이는 당시 이탈리아 음악계에 큰 파장을 남겼습니다. 그는 음악가로서 큰 성공을 거두고 조기 은퇴한 후, 이후에는 매우 부유하고 유유자적하는 삶을 누렸습니다.

그는 미식가이자 요리 연구가로도 유명했는데, 당시 프랑스의 유명 셰프들과 교류하면서 수많은 음식 조리법을 직접 고안해 내기도 했습니다. 지금도 유럽 일부 식당에서는 롯시니풍 레시피, 즉 알라 롯시니alla Rossini('롯시니 방식으로'라는 뜻)에 따른 음식을 서브하기도 하는데, 푸아그라(거위 간)와 트러플(송로버섯)을 곁들인 안심 스테이크 요리인 투흐느도 알라 롯시니Tournedos alla Rossini가 대표적입니다. 미식가이자 대식가였던 그는 스스로 인생이라는 오페라 부파는 '먹기', '사랑하기', '노래하기', '소화시키기'의 4막으로 되어 있다고 언급하기도 했습니다.

1868년 파리 근교에서 76세를 일기로 세상을 떠난 롯시니의 유해는 처음에는 파리 페르 라셰즈 묘지에 묻혔다가, 지금은 조국 이탈리아 피렌체에 있는 산타 크로체 성당에 안장되어 있습니다.

1

세비야의 이발사
Il Barbiere di Siviglia

개요

오페라 부파의 거장 롯시니의 최고 대표작이라 할 이 작품은 19세기 이탈리아 벨칸토 오페라의 전성시대를 연 기념비적 작품으로 1816년 2월 로마에서 초연되었습니다.

이 작품은 프랑스 극작가 삐에르 보마르셰Pierre Beaumarchais(1732-1799)가 쓴 피가로 3부작(제1부 '세비야의 이발사'Le Barbier de Séville, 제2부 '피가로의 결혼'Le Mariage de Figaro, 제3부 '죄 많은 어머니'La Mère Coupable) 중 제1부인 '세비야의 이발사'를 원작으로 한 작품으로, 내용 전개상으로 제2부를 다룬 모차르트의 걸작 〈피가로의 결혼〉(1786)'의 전작에 해당합니다. 대본은 체사레 스테르비니Cesare Sterbini(1784-1831)가 썼는데, 롯시니는 자신의 목욕가운에 모든 악상을 정리해 가며 불과 13일 만에 작곡을 마쳤다고 합니다.

선배 작곡가인 조반니 파이시엘로Giovanni Paisiello(1740-1816)가 이미 34년 전인 1782년에 〈세비야의 이발사〉라는 제목으로 작품을 발표한 게 있었던 관계로, 초연 당시 감히 대선배와 같은 제목을 쓸 수 없어 〈알마비바, 부질없는 경계〉Almaviva, or Inutil precauzione라는 제목으로 작품을 발표했다가, 그해 6월 파이시엘로가 세상을 떠나자 이후 작품 제목을 〈세비야의 이발사〉로 변경해 현재에 이르고 있습니다.

초연은 파이시엘로의 추종자들이 분명한 훼방꾼들이 공연 내내

휘파람과 야유를 퍼붓고, 불운을 상징하는 검은 고양이를 무대 위로 올려보내는 등 노골적으로 공연을 방해한 데다, 엎친 데 덮친 격으로 무대장치까지 쓰러지며 재앙으로 끝났지만, 두 번째 공연부터는 큰 호평을 받으며 이후 최고 인기 레퍼토리의 하나로 확고히 자리잡았습니다.

이 작품은 고난도 가창이 요구되는 타이틀 롤 피가로, 우아한 테너 알마비바, 화려한 콜로라투라 기교를 필요로 하는 로시나, 파를란도parlando 풍 기량을 과시해야 하는 두 바소 부포basso buffo, 바르톨로와 바실리오까지 개성 있는 등장인물들이 고르게 노래를 부르면서 오페라 부파의 매력을 만끽하게 해주는 걸작입니다. 제1막과 제2막 피날레에서는 독창에서 2중창, 3중창, 6중창, 나아가 합창으로 이어지면서, 소위 '롯시니 크레셴도'Rossini crescendo의 묘미를 느끼게 해줍니다.

이 작품의 서곡은 '롯시니 크레셴도'의 매력을 보여주는 유명한 곡인데, 사실 작품 내용과는 직접적 관련이 없습니다. 이 서곡은 작품 초연 3년 전인 1813년 롯시니가 작곡한 오페라 〈팔미라의 아우렐레아노〉, 또 이후 1815년 발표한 〈영국 여왕 엘리사베타〉에 이미 사용했던 서곡을 재탕해 사용한 것인데, 롯시니가 활동하던 당시에는 이런 작품 재사용이 널리 용인되었습니다. 당시 서곡은 공연장에 늦게 도착하는 관객들을 기다리기 위한 시간 때우기용 음악이었기 때문입니다.

주요 등장인물

피가로(이발사/바리톤)

알마비바(백작/테너)

로시나(평민 아가씨/메조소프라노)

바르톨로(로시나의 후견인/베이스)
바실리오(로시나의 음악선생/베이스)

시놉시스와 주요 아리아

제1막

18세기 스페인 남부 안달루시아주 세비야. 마드리드의 프라도에서 본 아름다운 아가씨에게 반해 그녀를 쫓아 세비야까지 내려온 알마비바 백작은 그녀의 마음을 사로잡기 위해 새벽녘에 악사들을 고용해 그녀의 집 발코니 아래에서 아름다운 세레나데를 부릅니다. 그러나 그녀의 얼굴도 보지 못한 채 날이 밝아 오자, 백작은 적잖이 실망하며 이 곡을 부릅니다.

알마비바 : 아름다운 새벽이 하늘에 미소 짓고 있는데
(Ecco, ridente in cielo)

Ecco, ridente in cielo spunta la bella aurora,
보라, 아름다운 새벽이 하늘에 미소 짓고 있는데,

e tu non sorgi ancora, e puoi dormir così?
그대는 아직 일어나지 않고 계속 그렇게 잘 수 있는 거요?

Ah, sorgi, mia dolce speme,
일어나요, 내 달콤한 사랑,

vieni, bell'idol mio,
내게 와요, 내 아름다운 여인이여.

rendi men crudo, oh Dio! lo stral, lo stral che mi ferì, lo stral
che mi ferì.
오 신이시여! 저를 찌르는 (사랑의) 화살을 좀 무디게 해주세요.

Oh sorte! già veggo quel caro sembiante,
오 그대여, 난 이미 사랑스러운 얼굴을 보았어요,

quest'anima amante ottenne pietà.
당신을 사랑하는 이 영혼이 불쌍하잖아요.

Oh istante d'amore! Felice momento!
오 사랑의 순간이여! 행복한 순간이여!

Oh istante d'amore! Felice momento!
오 사랑의 순간이여! 행복한 순간이여!

Oh dolce contento, che egual non ha!
오 비할 바 없는 달콤한 행복이여!

no, no, che egual non ha, che egual non ha!
비할 바 없는, 비할 바 없는 행복이여!

Oh dolce contento, che egual non ha, che egual non ha, che
egual non ha, che egual non ha!
오 비할 바 없는, 비할 바 없는, 비할 바 없는 달콤한 행복이여!

　간절한 사랑의 노래에도 불구하고, 여전히 그녀의 창가에서 아무
런 반응이 없자, 백작은 악사들을 돌려보내고 어떻게 할지 혼자 고
민에 빠집니다. 그때, 예전에 만난 적이 있는 피가로가 반대쪽에서
어깨에 기타를 맨 채 이 곡을 부르며 등장합니다.

피가로 : 난 이 마을의 해결사
(Largo al factotum della città)

La ran la le ra, la ran la la.
라 란 라 렐 라, 라 란 랄 라.

La ran la le ra, la ran la la.
라 란 라 렐 라, 라 란 랄 라.

Largo al factotum della città. Largo!
비켜라, 이 마을의 해결사께서 나가신다! 길을 비켜라!

La ran la le ra, la ran la la.
라 란 라 렐 라, 라 란 랄 라.

Presto a bottega, chè l'alba è già. Presto!
벌써 날이 밝았으니 어서 가게로 가야지. 서둘러야겠구나!

La ran la le ra, la ran la la.
라 란 라 렐 라, 라 란 랄 라.

Ah, che bel vivere, che bel piacere, che bel piacere
아, 이 얼마나 즐거운 삶이냐, 얼마나 즐거워, 얼마나 즐겁냐구,

per un barbiere di qualità, di qualità!
훌륭한, 훌륭한 이발사에겐 말이야!

Ah, bravo! bravo, bravissimo! bravooooo!
잘한다, 최고야! 최~~~고!

La ran la le ra, la ran la la.
라 란 라 렐 라, 라 란 랄 라.

Fortunatissimo per verità! Bravo,
정말 운도 최고야! 훌륭해.

La ran la le ra, la ran la la.
라 란 라 렐 라, 라 란 랄 라.

Fortunatissimo per verità! Fortunatissimo per verità!
정말 운도 끝내줘! 정말 운도 최고야!

La ran la le ra, la ran la la.
라 란 라 렐 라, 라 란 랄 라.

Pronto a far tutto,
난 뭐든 할 준비가 되어 있어,

la notte e il giorno sempre d'intorno, in giro sta.
밤이든 낮이든, 언제 어디서든 말이야.

Miglior cuccagna per un barbiere,
이발사에겐 최고의 행운이지,

vita più nobile, no, non si dà.
이보다 더 고상한 생활은 없어.

La ran la le ra, la ran la laaaaaaaaaaaaa
라 란 라 렐 라, 라 란 랄 라~~~~~~~.

Rasori e pettini, lancette e forbici,
면도칼과 빗, 수술용 칼과 가위,

al mio comando tutto qui sta.
난 여기에 모든 걸 다 가지고 있어.

Rasori e pettini, lancette e forbici,
면도칼과 빗, 수술용 칼과 가위,

al mio comando tutto qui sta.
내가 여기에 모든 걸 다 가지고 있다구.

V'è la risorsa, poi, del mestiere
이게 다 영업에 필요한 것들이야,

colla donnetta… col cavaliere…
이건 숙녀용이고… 이건 신사용이고…

colla donnetta… la ran la la
이건 숙녀분들을 위한 거고… 라 란 랄 라

La ran la le ra, la ran la laaaaaaaaaaaaaaa
라 란 라 렐 라, 라 란 랄 라~~~~~~~~~~.

col cavaliere… la ran la la~~~~~~~~~~~~~~
이건 신사분들을 위한 거지… 라 란 랄 라

Ah, che bel vivere, che bel piacere, che bel piacere
아, 이 얼마나 즐거운 삶이냐, 얼마나 즐겁냐구~~~

per un barbiere di qualità, di qualità!
훌륭한, 훌륭한 이발사에겐 말이야!

Tutti mi chiedono, tutti mi vogliono,
모두가 날 찾고, 모두가 날 원해,

donne, ragazzi, vecchi, fanciulle.
아주머니들이건, 젊은이들이건, 연세 든 분들이건, 아가씨들이건.

Qua la parrucca… presto la barba…
여기서는 가발 손질… 빠르게 수염도 손질해 드리고…

Qua la sanguigna… presto il biglietto…
여기서는 피를 빼드리고… 재빨리 편지도 좀 봐드리고…

Qua la parrucca, presto la barba,
여기서는 가발 손봐드리고, 수염 손질도 해드리고…

Tutti mi chiedono, tutti mi vogliono,
모두가 날 찾고, 모두가 날 원해,

Tutti mi chiedono, tutti mi vogliono.
모두가 날 찾고, 모두가 날 원한다니까.

Qua la parrucca… presto la barba…
여기서는 가발… 수염도 빠르게 손질해 드리고…

Qua la sanguigna… presto il biglietto…
여기서는 피를 빼드리고… 빨리 편지도 봐드리고…

Figaroooooooooo!
피가로~~~~~~!

Figaro! Figaro! Figaro! Figaro! Figaro! Figaro!
피가로! 피가로! 피가로! 피가로! 피가로! 피가로!

Figaroooooooooo!
피가로~~~~~~!

Ahimè, ahimè, che furia! Ahimè, che folla!
아이구, 이런 정신이 없네!

Una alla volta, per carità! per carità! per carità!
한 번에 한 분씩만 부탁드립니다요, 좀 부탁드릴게요!

Una alla volta, una alla volta, una alla volta, per carità!
한 번에 한 분씩만, 한 번에 한 분씩만 부탁드립니다요, 한 번에 한 분씩만요!

Figaro!
피가로!

son qua,
저 여기 있습니다.

Ehi, Figaro!
어이, 피가로!

son qua.
저 여기 있어요.

Figaro qua, Figaro là, Figaro qua, Figaro là,
여기에 피가로, 저기에 피가로, 여기에 피가로, 저기에 피가로,

Figaro su, Figaro giù, Figaro su, Figaro giù
위쪽에 피가로, 아래쪽에 피가로, 위쪽에 피가로, 아래쪽에 피가로,

Pronto prontissimo son come il fulmine:
난 번개처럼 빨라.

sono il factotum della città, della città, della città, della cittaaaaà!
내가 바로 이 마을의 해결사, 이 마을의 해결사야!

Ah, bravo Figaro! Bravo, bravissimo;
아, 훌륭해, 피가로! 잘한다, 최고야,

Ah, bravo Figaro! Bravo, bravissimo;
아, 훌륭해, 피가로! 잘한다, 최고야,

Fortunatissimo, fortunatissimo, fortunatissimo per verità!
정말 운도 끝내주고, 최고지, 최고!

La ran la le ra, la ran la la.
라 란 라 렐 라, 라 란 랄 라.

Fortunatissimo, fortunatissimo, fortunatissimo per verità!
정말 운도 끝내주고, 최고지, 최고!

sono il factotum della città,
난 이 마을의 해결사야!

sono il factotum della città, della città, della città,
내가 바로 이 마을의, 이 마을의 해결사라구!

dellaaaaaaaaaaa cittaaaaaaaaaaaà!
이 마을의 해결사!

피가로를 알아본 백작은 그를 반갑게 불러 세웁니다. 백작은 피가로에게 사실 프라도에서 한 아름다운 여인을 보았는데, 의사의 딸인 그녀를 찾아 이곳 세비야에 와서 요 며칠 그녀 집 발코니 아래를 서성이고 있다고 그간의 사정을 설명합니다.

그러자, 피가로는 백작에게 참 운도 좋다면서, 사실 자신이 바로 그 의사의 집에서 이발사, 정원사, 수의사 등 여러 가지 역할을 담당하고 있다고 하고, 그녀는 의사의 딸이 아니라 그의 후견을 받고 있는 사람이라고 정확히 알려줍니다.

이때 마침 로시나의 집 창문이 열리고, 오늘 중 결혼식을 마치자는 집주인 바르톨로의 목소리가 밖으로 들립니다. 갑작스런 결혼식 이야기를 듣고 백작은 당황하는데, 피가로는 그녀에게 어서 백작의 마음을 노래로 전하라며 어깨에 매고 있던 기타를 백작에게 건넵니다. 백작은 기타 반주와 함께 그녀에게 자신을 린도로라고 소개하며 이 감미로운 곡을 부릅니다.

알마비바 : 당신이 내 이름을 알고 싶다면
(Se il mio nome saper voi bramate)

Se il mio nome saper voi bramate,
당신이 내 이름을 알고 싶다면

dal mio labbro il mio nome ascoltate.
내 입술에서 나오는 이름을 들어보세요.

Io son Lindoro
내 이름은 린도로고,

che fido v'adoro, che sposa vi bramo,
당신을 진심으로 사랑하고, 당신과 결혼하기를 바라고,

che a nome vi chiamo, che a nome vi chiamo,
당신의 이름, 당신의 이름을 부르는 사람이에요.

di voi sempre parlando così dall'aurora al tramonto del dì,
dall'aurora al tramonto del dì,
난 새벽부터 해질 때까지, 새벽부터 해가 질 때까지 언제나 당신에 대
해 말하지요.

(로시나)
Segui, o caro, deh segui così!
오 내 사랑, 계속해 주세요!

(백작)
Oh, me felice!
오, 기분 좋아라!

(피가로)
Da bravo a voi, seguite!
잘 되었네요, 계속하세요!

(백작)
L'amoroso e sincero Lindoro,
정감 있고 진실한 린도로는

non può darvi, mia cara, un tesoro,
당신에게 보물을 드리지는 못해요.

ricco non sono,
난 부자가 아니거든요.

ma un core vi dono,
하지만, 그대에게는 내 마음을 드리지요.

un'anima amante che fida e costante, che fida e costante,
진실하고 변함없이, 진실하고 변함없이 사랑하는 마음을 말이에요.

per voi sola sospira così
난 그렇게 당신을 그리워해요.

dall'aurora al tramonto del dì, dall'aurora al tramonto del dì.
새벽부터 해질 때까지, 새벽부터 해가 질 때까지.

　이때 집 창문이 닫히자, 백작은 몸이 달아서 피가로에게 오늘 중 꼭 그녀를 만날 수 있도록 도와달라고 부탁합니다. 피가로가 오늘은 좀 정신이 없는 날이라고 빼자, 백작은 사례는 두둑하게 할 테니 무슨 수를 써서라도 오늘 그녀의 집에 들어갈 수 있도록 해달라고 간절히 부탁합니다. 그러자 피가로는 돈을 보면 아이디어가 막 떠오른다면서 이 곡으로 백작에게 흔쾌히 화답합니다.

피가로 : 돈을 보면 아이디어가 막 떠올라요
(All'idea di quel metallo)

(피가로)
All'idea di quel metallo portentoso, onnipossente,
저는 돈을 보면 아이디어가 막 떠올라요.

un vulcano, un vulcano la mia mente già cominicia, già
cominicia a diventar, sì,
제 머리 속에서 화산이, 아이디어의 화산이 이미 폭발하기 시작했어요.

All'idea di quel metallo, un vulcano la mia mente incominicia,
a diventar, sì, sì,
제 머리 속에서 아이디어의 화산이 이미 폭발하기 시작했다구요, 네, 네.

All'idea di quel metallo, un vulcano la mia mente incominicia,
a diventar, a diventar, a diventar,
제 머리 속에서 아이디어의 화산이 이미 분출하기 시작했어요.

un vulcano incominicia a diventar!
화산이 이미 활동하기 시작했어요.

(백작)
Su, vediamo, su, vediam di quel metallo, qualche effetto,
qualche effetto sorprendente
어디 그럼 그 놀라운 돈의 효과를 한 번 보자꾸나.

del vulcano, del vulcan della tua mente, qualche mostro,
qualche mostro singolar, sì,
자네 머리 속 화산, 그 화산에서 나오는 걸로 말이야.

del vulcan della tua mente qualche mostro singolar.
그래, 자네 머리 속 화산에서 나오는 걸로 말이야,

sì, sì, del vulcan della tua mente qualche mostro singolar,
그래, 자네 머리 속 화산에서 나오는 걸로 말이야,

sì singolar, sì singolar, qualche mostro singolar!
그래, 그 화산에서 나오는 걸로 말이야,

(피가로)
Voi dovreste travestirvi,
그럼 옷을 바꿔입으셔야 해요.

per esempio… da soldato.
예를 들자면… 군인 복장으로요.

(백작)
Da soldato?
군인 복장?

(피가로)
Sì, signore.
네, 나리.

(백작)
Da soldato? e che si fa? che si fa? che si fa?
군인 복장이라? 뭐하게? 뭐하게? 뭐하려고?

(피가로)
Oggi arriva un reggimento, oggi arriva un reggimento.
오늘 마을에 부대가, 오늘 마을에 부대가 도착하거든요.

(백작)
Sì, è mio amico il colonnello, è mio amico il colonnello.
맞아, 내 친구가 부대장이지, 내 친구가 그 부대의 장이야,

(피가로)
Va benon.
잘 되었네요.

(백작)
Ma eppoi?
그리고 그 다음엔?

(피가로)
Cospetto!
아이구!

Dell'alloggio col biglietto quella porta s'aprirà.
부대의 숙박증을 사용하면 그 집에 들어갈 수 있지요.

Che ne dite, mio signore?
어떠세요, 나리?

Non vi par? Non l'ho trovata?
그렇게 생각하지 않으세요? 어떠세요?

(피가로, 백작)
Che invenzione prelibata! Che invenzione prelibata!
기발하구먼! 기발해!

Bravo, bravo, in verità!
훌륭하네, 훌륭해, 정말!

sì sì che invenzione, che invenzione prelibata!
맞아, 맞아, 기발하네, 기발해!

che invenzione, che invenzione prelibata!
기발하네! 기발해!

Bella, bella, in verità!
좋아, 좋아 정말!

(피가로)
Piano, piano
잠깐, 잠깐만요,

un'altra idea!
다른 방안도 하나 있어요!

Veda l'oro, veda l'oro cosa fa.
돈이 어떤 역할을 하는지 보시죠.

Ubbriaco sì, ubbriaco, mio signor, si fingerà.
나리께서 주정뱅이, 네 주정뱅이인 것처럼 하시는 거죠.

(백작)
Ubbriaco?
주정뱅이?

(피가로)
Sì, signore.
네, 나리.

(백작)
Ubbriaco? ma perché? ma perché? ma perché?
주정뱅이라? 그건 왜? 왜 그래? 그건 어째서?

(피가로)
Perché d'un ch'è poco è in sè, che dal vino casca già,
(술에 취한 척하며) 이미 술에 취한 사람은 제 정신이 아니니까요,

il tutor, credete a me, il tutor si fiderà.
절 믿으세요, 그분(바르톨로)도 그렇게 믿을 거예요.

il tutor, credete, credete a me, il tutor si fiderà.
절 믿으세요, 믿어보세요, 그분도 그렇게 믿을 거라구요.

(피가로, 백작)
Che invenzione, che invenzione prelibata!
기발하네, 기발해!

Che invenzione, che invenzione prelibata!
기발하구만, 기발해.

Che invenzione, che invenzione prelibata!
기발하네, 기발해!

Bravo, bravo, in verità!
훌륭하네, 훌륭해, 정말로!

sì sì che invenzione, che invenzione prelibata!
맞아, 맞아, 기발하네, 기발해!

che invenzione, che invenzione prelibata!
기발하네, 기발해!

che invenzione, che invenzione prelibata!
기발하구만, 기발해!

Bella, bella, in verità!
좋아, 좋아, 정말!

백작과 피가로가 로시나를 만나기 위한 방법을 궁리하기 위해 자리를 떠난 사이, 방금 전 집 안에서 린도로의 사랑 고백을 들은 로시나는 벌써 그에게 빠졌는지 그와의 사랑을 이루고 말겠다는 결의를 다지며 이 곡을 부릅니다.

로시나 : 방금 전 들린 음성(Una voce poco fa)

Una voce poco fa qui nel cor mi risuonò,
방금 들린 음성이 내 마음속에서 메아리쳤어.

il mio cor ferito è già, e Lindor fu che il piagò.
내 마음엔 이미 상처가 났는데, 그 상처를 낸 사람은 바로 린도로야.

Sì, Lindoro mio sarà, lo giurai, la vincerò.
그래, 린도로는 내 사람이 될 거야, 맹세해, 내 사랑으로 만들 거야.

Sì, Lindoro mio sarà, lo giurai, la vincerò.
그래, 린도로는 내 사람이 될 거야, 맹세해, 내 사랑으로 만들 거라구.

Il tutor ricuserà, io l'ingegno aguzzerò.
만일 선생님(바르톨로)이 거부한다면, 난 재치를 발휘할 거야.

Alla fin s'accheterà, e contenta io resterò,
결국엔 그가 손을 들 테고, 난 행복해질 거야.

Sì, Lindoro mio sarà, lo giurai, la vincerò.
그래, 린도로는 내 사람이 될 거야, 맹세해, 내 사랑으로 만들 거야.

Sì, Lindoro mio sarà, lo giurai, la vincerò.
그래, 린도로는 내 사람이 될 거야, 맹세해, 내 사랑으로 만들 거라구.

Io sono docile, son rispettosa, sono obbediente, dolce, amorosa,
난 유순하고, 행실 좋고, 말 잘 듣고, 상냥하고, 사랑스럽잖아.

mi lascio reggere, mi lascio reggere, mi fo guidar, mi fo guidar.
난 누가 내게 뭘 시키면 따르고, 고치라면 고치잖아.

Ma se mi toccano dov'è il mio debole, sarò una vipera, sarò
하지만, 누가 내 약점을 건드리면, 난 독사가 될 거야, 그럴 거야.

e cento trappole prima di cedere, farò giocar, farò giocar.
그리고 물러서기 전에 온갖 수단 방법을 다 쓸 거야.

e cento trappole prima di cedere, farò giocar, farò giocar.
그리고 그만두기 전에 온갖 수단 방법을 다 쓸 거야.

e cento trappole prima di cedere, e cento trappole farò, farò
giocar.
그만두기 전에 온갖 수단 방법을 다 쓸 거라구.

Io sono docile, sono obbediente, mi lascio reggere, mi fo guidar,
난 유순하고, 순종적이고, 말도 잘 듣잖아.

Ma se mi toccano dov'è il mio debole, sarò una vipera,
하지만, 누가 내 약점을 건드리면, 난 독사가 될 거야,

e cento trappole prima di cedere, farò giocar, farò giocar.
그리고 그만두기 전에 온갖 수단 방법을 다 쓸 거야.

e cento trappole prima di cedere, farò giocar, farò giocar.
그리고 그만두기 전에 온갖 수단 방법을 다 쓸 거야, 다 쓸 거라구.

e cento trappole prima di cedere,
그리고 그만두기 전에 온갖 것을

e cento trappole, farò, farò giocar.
그리고 모든 수단을 다 쓸 거야.

e cento trappole farò giocar,
그리고 모든 수단을 다 쓸 거야.

e cento trappole farò giocar, farò giocar, farò giocar, ah~ farò giocar!
그만두기 전에 온갖 수단 방법을 다 쓸 거야, 다 쓸 거라구.

　잠시 후 외출했던 바르톨로가 귀가하고, 로시나의 음악 선생인 바실리오도 집에 도착합니다. 바르톨로는 바실리오에게 내일 안으로 로시나와 결혼할 생각이라고 말하는데, 바실리오는 좋은 생각이라고 맞장구를 친 다음, 로시나에 관심을 가지고 있는 알마비바 백작이 지금 세비야에 와 있다고 귀띔해 줍니다.

　이 말을 들은 바르톨로는 알마비바의 등장에 경계심을 드러내면서 대응할 방법이 있는지 바실리오에게 묻습니다. 그러자 바실리오

는 4일 이내에 그를 이 마을에서 확실히 쫓아내 버릴 그만의 비법으로 험담 전술이 있다면서 이 곡을 부릅니다.

바실리오 : 험담은 산들바람 같지요
(La calunnia è un venticello)

La calunnia un venticello,
험담은 산들바람과 같지요

un'auretta assai gentile, che insensibile, sottile,
잘 느껴지지도 않고 은은한, 아주 잔잔한 바람 말이지요.

leggermente, dolcemente, incomincia, incomincia a sussurrar.
아주 가볍고 달콤하게 속삭이기 시작한답니다.

Piano piano, terra terra, sottovoce, sibilando,
천천히 천천히 밑으로 퍼지고, 소리가 쫘악 깔려서 새어 나가지요.

va scorrendo, va scorrendo, va ronzando, va ronzando,
이곳저곳을 넘나들고, 주위를 빙빙 맴돌기도 하지요.

nelle orecchie della gente s'introduce, s'introduce destramente
사람들 귀에, 사람들 귀에 쏙쏙 박히지요.

e le teste ed i cervelli, e le teste ed i cervelli, fa stordire, fa
stordire, fa stordire e fa gonfiar.
그리고 머리와 뇌를, 머리와 뇌를 어지럽게 하고 부풀게 하지요.

Dalla bocca fuori uscendo lo schiamazzo va crescendo
사람들 입에서 나온 다음에는 소리가 계속 커지지요.

prende forza a poco a poco, vola già di loco in loco,
점차 힘이 더 세지고, 이곳에서 저곳으로 날아간답니다.

sembra il tuono, la tempesta, sembra il tuono, la tempesta che
nel sen della foresta
마치 숲을 뒤흔드는 천둥이나 폭풍우처럼, 천둥이나 폭풍우처럼

va fischiando, brontolando e ti fa d'orror gelar.
소리를 내는데, 그 소리는 사람을 두려움으로 얼어붙게 만들어 버리
지요.

Alla fin trabocca e scoppia, si propaga, si raddoppia
결국엔 흘러넘치고, 터져 나와, 널리 퍼지고, 더 커지는데,

e produce un'esplosione
그리고 나서는 크게 한 번 폭발하지요.

come un colpo di cannone,
마치 대포 소리처럼,

come un colpo di cannone,
마치 대포 소리처럼 말이에요.

un tremuoto, un temporale, un tremuoto, un temporale, un
tumulto generale, che fa l'aria rimbombar.
지진이나 폭풍, 지진이나 폭풍처럼, 지축을 뒤흔드는 큰 소리를 내며
터지죠.

un tremuoto, un temporale, un tremuoto, un temporale, un
tumulto generale, che fa l'aria rimbombar.
지진이나 폭풍, 지진이나 폭풍처럼, 세상을 뒤흔드는 큰 소리를 내며
터지죠.

E il meschino calunniato, avvilito, calpestato,
험담으로 멸시와 굴욕을 당하고 짓밟혀진 불쌍한 사람은

sotto il pubblico flagello per gran sorte va a crepar.
대중들의 뭇매를 맞은 채 운명을 탓하며 죽게 된답니다.

E il meschino calunniato, avvilito, calpestato,
험담으로 멸시와 굴욕을 당하고 짓밟혀진 불쌍한 사람은

sotto il pubblico flagello per gran sorte va a crepar.
대중들의 뭇매를 맞은 채 운명을 탓하며 죽게 된다, 그런 말씀이에요.

sotto il pubblico flagello per gran sorte va a crepar.
대중들의 뭇매를 맞은 채 운명을 탓하며 죽게 된답니다.

sotto il pubblico flagello per gran sorte va a crepar.
대중들의 뭇매를 맞은 채 운명을 탓하면서 죽게 되요.

sì, va a crepar, sì, va a crepar, sì, va a crepar.
네, 죽게 된다, 네, 죽게 된다, 그런 말씀이에요.

바실리오의 제안을 들은 바르톨로는 험담 전술도 괜찮은 방법이
긴 하지만 효과를 보기엔 시간이 많이 걸린다면서, 결혼계약서에 서
명하는 자기 방식으로 결혼을 진행하겠다고 말합니다.

이때 피가로가 두 사람의 대화를 엿듣고는, 로시나에게 다가가 바
르톨로가 내일 안으로 그녀와 결혼하려 하고 있다고 알려줍니다. 로
시나는 어림없는 소리라고 치부하고는, 그보다 방금 전 발코니 아래
에서 함께 이야기를 나눈 사람이 누구냐고 묻습니다.

피가로는 머리 좋고 마음씨 좋은 자기 사촌인데 지금 돈이 없어서 행운을 기다리고 있다고 대답합니다. 그러면서, 그가 로시나에게 빠져 있는 것 같다고 슬쩍 흘리는데, 이 말을 들은 로시나는 자기도 그렇게 짐작했다면서, 그를 만나려면 어떻게 해야 하는지 묻습니다. 피가로는 간단히 편지를 써주면 그가 달려올 거라며 로시나에게 편지를 써달라고 부추기는데, 그녀는 이런 상황을 이미 예상했었는지, 미리 써둔 편지를 주머니에서 꺼내 피가로에게 건넵니다.

피가로가 편지를 가지고 떠난 후, 바르톨로가 로시나 앞에 나타나 방금 피가로와 무슨 이야기를 했냐고 캐묻습니다. 로시나는 피가로가 프랑스의 최신 유행과 그의 딸 마르첼리나가 앓고 있는 병에 대해 말했다고 둘러대는데, 바르톨로는 그런데 왜 손가락에 잉크가 묻어 있느냐고 다시 묻습니다. 로시나는 손에 화상을 입었는데, 잉크를 바르면 나아진다고 해서 발랐다고 순발력 있게 거짓 대답을 합니다.

바르톨로는 계속 의심을 거두지 못하고, 거실에 종이가 6장 있었는데 지금은 5장밖에 남아 있지 않다며 로시나를 쳐다봅니다. 그러자, 로시나는 피가로의 딸에게 줄 과자를 종이에 싸주었기 때문이라고 다시 둘러댑니다. 계속 의심을 떨치지 못한 바르톨로는 로시나에게 왜 펜에 잉크가 묻어 있는지 이유를 묻고, 로시나는 방금 펜으로 자수 틀에 그림을 그렸기 때문이라고 또 거짓말을 합니다. 계속 의심을 떨치지 못한 바르톨로는 자기 같은 사람을 속일 생각은 하지 말라며 속사포 같은 리듬으로 이 곡을 부릅니다.

바르톨로 : 나 같은 박사님에게 이런 변명을 하는 거야
(A un dottor della mia sorte queste scuse)

A un dottor della mia sorte queste scuse, signorina!
나 같은 박사님에게 이런 변명을 하는 거야, 아가씨!

A un dottor della mia sorte queste scuse, signorina!
나 같은 박사님에게 이런 변명이 통할 것 같아, 아가씨!

Vi consiglio, mia carina, un pò meglio a imposturar.
우리 아가씨, 좀 더 그럴듯하게 둘러대야지.

meglio, meglio, meglio, meglio, vi consiglio, mia carina, un pò
meglio a imposturar.
좀 더 그럴듯하게, 좀 더 그럴듯하게, 좀 더 그럴듯하게 말이야.

meglio, meglio, meglio, meglio, vi consiglio, mia carina, un pò
meglio a imposturar.
좀 더 그럴듯하게, 좀 더 그럴듯하게, 좀 더 그럴듯하게 말이야.

sì, sì, vi consiglio, mia carina, un pò meglio a imposturar!
그래, 좀 더 그럴듯하게 둘러대야지, 우리 아가씨!

A un dottor della mia sorte queste scuse, signorina!
나 같은 박사님에게 이런 변명을 하는 거야, 아가씨!

Vi consiglio, mia carina, un pò meglio a imposturar.
좀 더 그럴듯하게 둘러대야지.

un pò meglio a imposturar, un pò meglio, un pò meglio a
imposturar.
좀 더 그럴듯하게, 좀 더 그럴듯하게, 좀 더 그럴듯하게 둘러대야 해.

I confetti alla ragazza!
그 아가씨(마르첼리나)에게 과자를 싸주었다고!

Il ricamo sul tamburo!
자수 틀에 그림을 그렸다고!

Vi scottaste: eh via! eh via!
손가락에 화상을 입었다고? 에이, 이봐!

Ci vuol altro, figlia mia, per potermi corbellar.
아가씨, 나를 속이려면 다른 게 더 필요해.

altro, altro, altro, altro ci vuol altro, figlia mia, per potermi
corbellar.
나를 속이려면, 다른 게, 다른 게, 다른 게 더 필요하다고, 이 아가씨야.

altro, altro, altro, altro!
다른 거, 다른 거, 다른 거, 다른 거 말이야!

Perchè manca là quel foglio?
거기에 왜 종이가 부족하지?

Vò saper cotesto imbroglio.
무슨 속임수인지 알고 싶네.

Perchè manca là quel foglio?
왜 종이 한 장이 비는 거야?

Sono inutili le smorfie!
얼굴 찡그려 봐야 소용없어!

Ferma là, non mi toccate, ferma là, non mi toccate!
그만둬, 내겐 안 통해, 그만 두라구, 내겐 안 통한다니까!

No, figlia mia, non lo sperate ch'io mi lasci infinocchiar.
날 속일 수 있을 거라고 생각하지 마, 아가씨.

no, figlia mia, non lo sperate ch'io mi lasci infinocchiar.
아가씨, 날 속일 수 있을 거라고 생각하지 말라구.

A un dottor della mia sorte queste scuse, signorina!
나 같은 박사님에게 고작 이런 구실을 대는 거야, 아가씨!

Vi consiglio, mia carina, un pò meglio a imposturar.
아가씨, 좀 더 그럴듯하게 둘러대야지.

un pò meglio a imposturar, un pò meglio a imposturar!
좀 더 그럴듯하게, 좀 더 그럴듯하게 둘러대야지!

Via, carina, confessate!
자, 아가씨, 사실대로 말해봐!

Son disposto a perdonar.
내가 용서해 줄 수도 있어.

Non parlate? Vi ostinate?
말 안 할 거야? 계속 버텨보겠다 이거야?

Non parlate? Vi ostinate?
말 안 하고 계속 버텨보겠다는 거야?

So ben io quel che ho da far.
난 내가 어떻게 해야 할지 잘 알고 있어.

So ben io quel che ho da far.
난 내가 뭘 해야 할지 잘 알고 있어.

Signorina, un'altra volta quando Bartolo andrà fuori,
아가씨, 다음에 이 바르톨로님이 외출하실 때,

signorina, un'altra volta quando Bartolo andrà fuori,
아가씨, 다음에 이 바르톨로님이 외출하실 때는,

la consegna ai servitori a suo modo far saprà
집안 하인들에게 내 방식이 무엇인지 알게 하겠어.

Signorina, un'altra volta quando Bartolo andrà fuori,
아가씨, 다음에 이 바르톨로님이 외출하실 때,

signorina, un'altra volta quando Bartolo andrà fuori,
아가씨, 다음에 이 바르톨로님이 외출하실 때는

la consegna ai servitori a suo modo far saprà
하인들에게 내 방식이 무엇인지 알게끔 하겠다구.

Ah! non servono le smorfie, faccia pur la gatta morta,
아! 가식은 필요 없어, 순진한 척 능청을 부려봐야 아무 소용 없다구,

faccia pure, faccia pure, faccia pur la gatta morta!
순진한 척 능청을 부려봐야 아무 소용 없다구!

Cospetton! per quella porta, cospetton! per quella porta nemmen l'aria entrar potrà, no, nemmen l'aria entrar potrà!
저 문으로 공기, 공기조차 들어올 수 없을 거야!

E Rosina innocentina, sconsolata, disperata,
순진한 로시나가 낙담하고 절망하더라도

Eh, non servono le smorfie, faccia pur la gatta morta!
가식은 필요 없어, 순진한 척 능청을 부려봐야 아무 소용 없다구!

Cospetton! per quella porta nemmen l'aria entrar potrà,
문으로 공기조차 들어올 수 없을 거야.

E Rosina innocentina, e Rosina innocentina, sconsolata, disperata, sconsolata, disperata,
순진한 로시나가 낙담하고 절망해도, 낙담하고 절망하더라도,

in sua camera serrata, in sua camera serrata, in sua camera serrata, fin ch'io voglio star dovrà,
내가 원할 때까지 이 방에, 이 방에, 이 방에 갇혀 있게 될 거야.

sì, sì, sì, sì, sì, sì, sì, sì, sì, sì, sì, sì, sì, sì, sì, sì, sì
그래, 그래, 그래, 그래, 그럴 거야, 그럴 거라구.

sì, in sua camera serrata, fin ch'io voglio star dovrà,
맞아, 내가 원할 때까지 이 방에 갇혀 있게 될 거야.

sì, in sua camera serrata, in sua camera serrata, in sua camera serrata, fin ch'io voglio star dovrà,
내가 원할 때까지 이 방에, 이 방에, 이 방에 갇혀 있게 될 거야.

sì, sì, sì, sì, sì, sì, sì, sì, sì, sì, sì, sì, sì, sì, sì, sì, sì!
그래, 그래, 그래, 그래, 그럴 거야, 그럴 거라구.

Signorina, un'altra volta quando Bartolo andrà fuori, quando
Bartolo andrà fuori, quando Bartolo andrà fuori,
아가씨, 다음에 이 바르톨로님이, 이 바르톨로님이 외출하실 때는

la consegna ai servitori a suo modo far saprà
하인들에게 내 방식이 무엇인지 알게끔 하겠다구.

Signorina, un'altra volta quando Bartolo andrà fuori,
아가씨, 다음에 이 바르톨로님이 외출하실 때,

signorina, un'altra volta quando Bartolo andrà fuori,
아가씨, 다음에 이 바르톨로님이 외출하실 때는

la consegna ai servitori a suo modo far saprà
하인들에게 내 방식이 무엇인지 알게끔 하겠다구.

Eh, non servono le smorfie, faccia pur la gatta morta,
가식은 필요 없어, 순진한 척 능청을 부려봐야 아무 소용 없다구,

faccia pure, faccia pure la gatta morta!
순진한 척 능청을 부려봐야 아무 소용 없다구!

Cospetton! per quella porta, cospetton! per quella porta
nemmen l'aria, nemmen l'aria entrar potrà!
문을 통해 공기조차, 공기조차 들어오지 못하게 하겠어.

Cospetton! per quella porta nemmen l'aria entrar potrà!
공기조차 절대로 문을 통해 들어오지 못하게 할 거라구!

Un dottor de la mia sorte non si lascia infinocchiar.
나 같은 박사님은 속지 않아.

no, no, un dottor de la mia sorte non si lascia infinocchiar.
아니, 아니, 나 같은 박사님은 속지 않는다니까.

E Rosina innocentina, sconsolata, disperata,
순진한 로시나가 낙담하고 절망하더라도,

in sua camera serrata, fin ch'io voglio star dovrà, fin ch'io voglio
star dovrà, fin ch'io voglio star dovrà,
내가 원할 때까지 이 방에, 이 방에, 이 방에 갇혀 있게 될 거야.

sì, fin ch'io voglio star dovrà, sì, fin ch'io voglio star dovrà,
그래, 내가 원할 때까지 있게 될 거야.

sì, star dovrà, sì, star dovrà, sì, star dovrà!
그래, 있게 될 거야, 그럴 거야, 그렇게 될 거라구!

잠시 후 알마비바 백작이 피가로의 아이디어대로 군 장교복을 입고 바르톨로의 집에 나타납니다. 그는 바르톨로에게 군대의 숙박증을 제시하며 오늘 이 집에서 숙박하겠다고 합니다. 바르톨로는 자기 집은 군인들의 숙박 징발 대상에서 면제된다는 증서를 내보이며 저항하다가 서로 옥신각신합니다. 와중에 백작은 집안에서 로시나를 발견하고 자기가 바로 린도로라고 밝히고는 미리 준비해 간 편지를 얼른 그녀에게 건넵니다.

소란이 계속되자 순찰대가 바르톨로의 집으로 찾아옵니다. 바르톨로로부터 상황 설명을 들은 순찰대원들은 백작을 체포하려 하는데, 백작이 신분증을 보여주자 대원들은 모두 그 자리에서 석상처럼 얼어붙어 꼼짝하지 못합니다.

제2막

바르톨로가 집에 들어왔던 장교의 정체를 궁금해하고 있을 때, 이번엔 백작이 로시나의 음악 선생인 바실리오의 제자 알론소로 변장한 채 바르톨로의 집에 나타납니다. 그는 스승 바실리오가 오늘은 몸이 불편해 자신이 대신 왔다고 말하는데, 바르톨로는 의심스러운 눈초리를 보냅니다.

알론소는 마침 오늘 아침 알마비바 백작과 같은 숙소에 있었는데 바르톨로의 제자(로시나)가 알마비바에게 보낸 편지를 우연히 손에 넣게 되었다면서, 로시나의 편지를 바르톨로에게 보여줍니다. 그리고는 자신이 로시나를 만나면 이 편지를 그녀에게 보여준 후, 백작에게는 다른 애인이 있으며 지금 로시나를 농락하고 있다는 점을 알려주고 싶다고 합니다. 바르톨로는 로시나의 필체가 맞다고 확인한 후 그녀의 편지를 자기 주머니에 쏙 집어넣고는, 알론소, 즉 백작에게 로시나를 불러주겠다고 합니다.

방에서 로시나를 데리고 나온 바르톨로는 그녀에게 오늘 음악 수업을 해줄 알론소라고 백작을 소개합니다. 로시나는 알마비바 백작을 알아보고는 잘 부탁한다며 눈짓합니다. 백작의 피아노 반주에 맞추어 로시나는 '부질없는 경계'Inutil precauzione라는 제목의(이 제목은 1816년 2월 롯시니가 이 작품을 처음 발표했을 당시의 원제목입니다) 이 곡을 부르며 바르톨로 몰래 은밀히 둘만의 사랑을 속삭입니다.

로시나 : 사랑에 불타는 마음에 맞서는 건
(Contro un cor che accende amore)

Contro un cor che accende amore di verace, invitto ardore,
진실하고 정복할 수 없는 열정으로 사랑에 불타는 마음에

s'arma invan poter tiranno di rigor, di crudeltà.
엄격함과 잔인함이라는 압제적 힘으로 맞서는 건 어리석은 짓이지.

D'ogni assalto vincitore sempre amore trionferà.
모든 공격에도 사랑은 언제나 승리할 거야.

(Ah Lindoro, mio tesoro,
(바르톨로가 졸고 있는 것을 보고) 아, 린도로, 내 사랑.

se sapessi, se vedessi!
당신을 알 수 있다면, 당신을 볼 수만 있다면!

Questo cane di tutore, ah, che rabbia che mi fa!
이 개 같은 후견인이 절 얼마나 화나게 하는지요!

Caro, a te mi raccomando, tu mi salva, per pietà, sì, sì, sì, sì.
내 사랑, 가련한 저를 좀 구해주세요, 네, 네, 네, 네.

Caro, a te mi raccomando, tu mi salva, per pietà.)
내 사랑, 가련한 저를 좀 구해주세요.)

(백작)
(Non temer, ti rassicura,
(걱정하지 말아요, 안심해요,

Non temer, ti rassicura, sorte amica a noi sarà.)
걱정하지 말고, 안심해요, 행운은 우리 편이 될 거예요.)

(로시나)
(Dunque spero?
(전 뭘 하면 되나요?

(백작)
A me t'affida.
날 믿어요.

(로시나)
E il mio cor?
제 마음은요?

(백작)
Giubilerà, giubilerà!)
기뻐하게 될 거예요)

(로시나)
Cara immagine ridente, dolce idea d'un lieto amor,
웃는 모습과 행복한 사랑에 대한 달콤한 생각,

tu m'accendi in petto il core,
당신은 제 가슴 속에 사랑을 비추고

tu mi porti a delirar, tu mi porti a delirar
저를 미칠 듯, 미칠 듯 설레게 해요.

Cara immagine ridente, dolce idea d'un lieto amor,
당신의 웃는 모습과 행복한 사랑에 대한 달콤한 생각,

tu m'accendi in petto il core,
당신은 제 가슴 속에 사랑을 비추고,

tu mi porti a delirar, mi porti a delirar,
저를 미칠 듯, 미칠 듯 설레게 해요.

Caro, a te mi raccomando, caro, a te mi raccomando, tu mi salva, per pietà,
내 사랑, 가련한 저를 좀 구해주세요,

tu mi porti a delirar, tu mi porti a delirar, a delirar, a delirar, a delirar,
저를 미칠 듯, 미칠 듯 설레게 해요, 설레게 해요, 절 설레게 하세요.

　노래가 끝나자, 교습 내내 졸고 있던 바르톨로가 잠에서 깨어납니다. 그러자 피가로는 백작과 로시나에게 시간을 더 끌어주려고 바르톨로에게 면도를 하자고 합니다. 바르톨로는 오늘은 안 된다며 거절하는데, 피가로는 자기도 바쁜 사람이니 오늘 면도를 안 할 거면 다음부터는 다른 이발사를 찾으라고 큰소리를 칩니다.

　바르톨로는 할 수 없이 면도를 하기로 하고, 피가로에게 열쇠 꾸러미를 주며 방에 들어가 면도할 때 쓸 수건을 가져오라고 시킵니다. 피가로는 백작과 로시나 두 사람이 함께 있게 해주려고 일부러 접시와 컵을 깨뜨려 바르톨로를 방으로 유인하고는, 열쇠 꾸러미에서 발코니로 통하는 열쇠를 슬쩍 빼둡니다.

　이때 아프다던 음악 선생 바실리오가 바르톨로의 집에 나타납니다. 모두 당황해하는 가운데, 백작이 얼른 그에게 다가가 안색이 무척 안 좋아 보인다고 하면서 어서 가서 약을 사 먹으라며 돈이 두둑히 든 지갑을 통째로 건넵니다. 피가로와 로시나까지 합세해 바실리오의 안색이 좋지 않다고 거들자, 눈치 빠른 바실리오는 얼른 백작의 지갑을 챙겨 자리를 뜹니다.

　피가로가 바르톨로의 수염을 손질해 주는 사이, 백작은 로시나에게 오늘 밤 집에서 빠져나갈 계획을 들려줍니다. 그는 집안에서 발코니로 나가는 열쇠를 가지고 있으니 오늘 자정에 만나 함께 도망가자고 하면서, 로시나의 편지를 받고 이렇게 변장해서 집으로 들어올 수 있었다고 사실을 설명합니다. 그런데, 바르톨로가 우연히 이 말을 듣게 되고, 백작과 피가로는 펄쩍 뛰는 바르톨로를 뒤로 하고 함께 도망갑니다.

밤이 되자, 바르톨로는 바실리오를 집으로 불러 알론소라는 제자를 아느냐고 묻는데, 바실리오는 전혀 모르는 사람이라고 대답합니다. 이상한 낌새를 느낀 바르톨로는 서둘러 결혼식을 올려야겠다며 바실리오에게 당장 공증인을 불러오라고 합니다.

그리고, 로시나에게는 백작에게서 뺏어둔 그녀의 편지를 보여주며, 린도로가 그녀를 알마비바 백작에게 팔아넘길 속셈이었다고 설명합니다. 실망한 로시나는 홧김에 바르톨로와의 결혼을 승낙하고, 실은 오늘 밤 린도로와 함께 도망가기로 했다는 사실까지 자백합니다.

천둥번개가 치는 한밤중, 백작과 피가로는 로시나에게 약속한 대로 바르톨로의 집 안으로 들어옵니다. 로시나를 발견한 백작은 기뻐하면서 그녀에게 다가가는데, 로시나는 그가 자신을 알마비바 백작에게 팔아넘기려고 했다고 화를 내면서 그를 밀칩니다. 백작은 사실 자기가 알마비바 백작이며, 일부러 린도로라고 소개했다고 설명합니다. 이 말을 들은 로시나는 기뻐하며 백작과 함께 이 2중창을 부릅니다.

로시나, 백작 : 아, 정말 예상치 못한 일이네요
(Ah! qual colpo inaspettato)

(로시나)
Ah, qual colpo, ah, qual colpo inaspettato!
아, 정말 예상치 못한 일이네요!

Egli stesso? o Ciel, che sento!
당신이라구요? 오 맙소사, 이게 무슨 일이야!

Di sorpresa e di contento son vicina a delirar.
놀라움과 기쁨으로 전 거의 정신을 잃을 지경이에요.

(피가로)
Son rimasti senza fiato! Ora muoion di contento!
저 두 사람 숨 막힐 지경이네! 아주 좋아서 죽네!

Guarda, guarda il mio talento che bel colpo seppe far!
봐, 내가 얼마나 멋지게 해냈는지 내 실력을 보라구!

(백작)
Qual trionfo! Qual trionfo inaspettato!
대성공이야! 정말 예상치 못한 승리야!

Me felice! Oh bel momento!
행복해라! 오 아름다운 순간이야!

Ah, d'amore e di contento son vicino a delirar.
아, 사랑과 행복으로 난 거의 미칠 지경이야.

(피가로)
Son rimasti senza fiato, senza fiato, ora muoion di contento, di
contento,
저 두 사람은 숨 막힐 지경으로, 아주 좋아서 죽네!

Guarda, guarda, guarda, guarda il mio talento, guarda, guarda
il mio talento che bel colpo, che bel colpo seppe far!
봐, 기가 막히게 해낸 내 실력을 보라구! 보라니까!

(로시나)
Mio signor! ma voi, ma io,
내 사랑! 그런데 당신은, 그런데 저는,

(백작)
Ah, non più, Ah, non più, non più, ben mio.
아, 내 사랑, 그만, 그만,

Il bel nome di mia sposa, idol mio, t'attende già.
내 사랑, 나의 신부라는 아름다운 이름이 이미 당신을 기다리고 있잖
아요.

(로시나)
Il bel nome di tua sposa, oh, qual gioia al cor mi dà!
오, 당신의 신부라는 아름다운 이름이 제게 큰 행복을 주네요!

(백작)
Sei contenta?
행복해요?

(로시나)
Ah! mio signore! Ah! mio signore!
아, 내 님, 나의 남자!

Dolce nodo avventurato che fai paghi i miei desiri!
제 바람을 채워주는 달콤하고 모험적인 인연이에요!

(백작)
Dolce nodo avventurato che fai paghi i miei desir!
내 바람을 채워주는 달콤하고 모험적인 인연이기도 하지요!

(백작, 로시나)
Alla fin de' miei martiri tu sentisti, amor, pietà, tu sentisti,
amor, pietà.
내 희생의 끝에서 당신은 사랑과 연민을 느꼈군요.

(피가로)
Se si tarda, i miei raggiri fanno fiasco in verità, sì, sì!
만일 늦어지면, 제 계획이 다 틀어진다구요, 진짜 그런단 말이에요!

fanno fiasco, fanno fiasco.
틀어진다구요, 틀어진다니까요.

Ah! cospetto! che ho veduto! cospetto! che ho veduto!
아이구, 제가 봤어요! 제가 봤는데요!

Alla porta, una lanterna, alla porta, una lanterna
저 문쪽에 등불 하나, 문쪽에 등불 하나가 보였어요.

Due persone! due persone! due persone! che si fa?
두 사람, 두 사람, 두 사람이 오네요! 어떡하지?

(백작)
Hai veduto?
네가 봤다구?

(피가로)
Sì, signore.
네, 나리.

due persone?
두 사람이라구?

(피가로)
Sì, signore.
네, 나리.

(백작)
una lanterna?
등불은 하나고?

(피가로)
Alla porta, alla porta, sì, signore.
네, 나리, 문쪽에요.

(로시나, 백작, 피가로)
Che si fa? che si fa?
어떡하지? 어떡하지?

Zitti, zitti, piano, piano, non facciamo confusione,
조용히, 조용히, 천천히, 천천히, 당황하지 말고,

per la scala del balcone presto andiamo via di qua,
발코니에 있는 사다리를 향해서 빨리 여기서 나갑시다.

Zitti, zitti, piano, piano, non facciamo confusione,
조용히, 조용히, 천천히, 천천히, 당황하지 말고,

per la scala del balcone presto andiamo via di qua,
발코니에 있는 사다리를 향해 빨리 여기서 나갑시다.

non facciamo confusione, presto andiamo via di qua.
당황하지 말고, 빨리 여기서 나갑시다.

per la scala del balcone presto andiamo via di qua,
발코니에 있는 사다리를 향해 빨리 여기서 나갑시다.

piano, piano, per la scala del balcone presto andiamo via di
qua,
천천히, 천천히, 발코니에 있는 사다리를 향해 빨리 여기서 나갑시다.

Zitti, zitti, piano, piano, non facciamo confusione,
조용히, 조용히, 천천히, 천천히, 당황하지 말고,

per la scala del balcone presto andiamo via di qua,
발코니에 있는 사다리를 향해 빨리 여기서 나갑시다.

per la scala del balcone presto andiamo via di qua,
발코니에 있는 사다리를 향해 빨리 여기서 나갑시다.

piano, piano, per la scala del balcone presto andiamo via di
qua,
천천히, 천천히, 발코니에 있는 사다리를 향해 빨리 여기서 나갑시다.

zitti, piano, zitti, piano,
조용히, 조용히, 천천히, 천천히,

per la scala del balcone presto andiamo via di qua,
발코니에 있는 사다리를 향해 빨리 여기서 나갑시다.

zitti, piano, zitti, piano,
조용히, 조용히, 천천히, 천천히,

per la scala del balcone presto andiamo via di qua,
발코니에 있는 사다리를 향해 빨리 여기서 나갑시다.

presto andiam via di qua, via di qua, via di qua, via di qua, via
di qua.
빨리 여기서 나갑시다, 여기서, 여기서, 여기서, 여기서.

백작, 로시나, 피가로 세 사람이 함께 도망가기 위해 발코니로 나
갔는데, 집에 들어올 때 있었던 사다리가 사라져 버린 것을 발견합
니다. 한밤중에 백작이 올 것을 이미 알고 있던 바르톨로가 치워버
렸기 때문입니다.

이어 손에 등불을 든 바실리오와 공증인이 함께 바르톨로의 집
에 도착합니다. 그런데 이 공증인은 알마비바 백작이 미리 매수해
둔 사람이었습니다. 백작은 바실리오에게도 자신의 반지를 뇌물로
건네며 이번 결혼식의 증인이 되어달라고 부탁하고, 피가로와 바실
리오 두 사람이 증인이 된 가운데 마침내 로시나와의 결혼에 성공
합니다.

이때 바르톨로가 치안대와 함께 집에 들어오더니 백작 일행을 체
포하라고 합니다. 치안대가 체포를 위해 이름을 묻자 그는 알마비바
백작이라고 대답하고, 마침내 백작의 정체를 알게 된 바르톨로는 깜
짝 놀랍니다. 바르톨로는 바실리오까지 자신을 배반할 줄 몰랐다면
서, 자신이 사다리를 치워 오히려 두 사람의 결혼을 도와준 결과가
되었다며 뒤늦게 후회합니다.

피가로는 바르톨로에게 부질없는 경계를 한 것이라고 한 마디 쏘
아붙이고, 백작과 로시나는 마침내 사랑을 이룹니다.

- 알마비바 : 아름다운 새벽이 하늘에 미소짓고 있는데(Ecco, ridente in cielo)

로시나의 집 발코니 아래에서 악사들의 반주에 맞추어 세레나데를 부르던 백작이 로시나의 얼굴도 보지 못한 채 날이 밝아오자, 실망감 속에서 부르는 곡

- 피가로 : 난 이 마을의 해결사(Largo al factotum della città)

피가로가 아침 출근길에 자신이 이 마을의 해결사라고 뿌듯해하며 의기양양하게 부르는 곡

- 알마비바 : 당신이 내 이름을 알고 싶다면(Se il mio nome saper voi bramate)

피가로가 백작에게 로시나의 마음을 얻기 위해 어서 노래를 부르라고 하자, 알마비바 백작이 로시나의 집 발코니 아래에서 자기 이름은 린도로이며 늘 그녀를 생각한다고 부르는 곡

- 피가로 : 돈을 보면 아이디어가 막 떠올라요(All'idea di quel metallo)

알마비바 백작이 피가로에게 로시나와 만나게 해주면 톡톡히 사례하겠다고 하자, 피가로가 돈만 주면 자기가 다양한 아이디어로 그를 돕겠다고 노래하는 곡

- 로시나 : 방금 전 들린 음성(Una voce poco fa)

집 안에서 알마비바 백작의 세레나데를 들은 로시나가 백작의 목소리를 되새기며 그와의 사랑을 꼭 이루고 말겠다는 결의를 다지는 곡

• 바실리오 : 험담은 산들바람 같지요(La calunnia è un venticello)

알마비바 백작이 세비야에 나타났다는 소문을 들은 바르톨로가 경계하는 눈치를 보이자, 바실리오가 바르톨로에게 알마비바를 쫓아내기 위해 그에 대한 험담을 퍼뜨리자고 제안하며 부르는 곡

• 바르톨로 : 나 같은 박사님에게 이런 변명을 하는 거야(A un dottor della mia sorte queste scuse)

로시나가 자신에게 뭔가를 계속 숨기고 거짓말을 하고 있다고 의심하는 바르톨로가 로시나에게 자기를 속일 생각은 하지 말라고 위협하는 곡

• 로시나 : 사랑에 불타는 마음에 맞서는 건(Contro un cor che accende amore)

로시나가 가짜 음악 선생으로 변장해 자기 집으로 찾아온 알마비바 백작의 반주에 맞추어 그로부터 노래를 배우는 척하며 부르는 곡

• 알마비바, 로시나 : 아, 정말 예상치 못한 일이네요(Ah! qual colpo inaspettato)

린도로가 알마비바 백작이라는 사실을 알게 된 로시나가 기쁨에 겨워 백작과 함께 부르는 곡

2
—
라 체네렌톨라
La Cenerentola

개요

우리에게도 익숙한 샤를 페로의 동화 신데렐라 이야기를 기초로, 롯시니가 대본작가 야코포 페렛티Jacopo Ferretti(1784-1852)와 손잡고 만든 이 작품은 1817년 1월 로마에서 초연된 오페라 부파입니다. 체네렌톨라는 신데렐라의 이탈리아어로 재투성이라는 뜻이고, 작품 속 이름은 안젤리나입니다.

1년 전인 1816년 발표한 전작 〈세비야의 이발사〉가 초연은 실패하고 이후 대성공을 거둔 것처럼, 롯시니가 불과 3주 만에 완성한 이 작품도 초연에서는 차가운 반응을 얻었지만, 이후 시간이 지나면서 작품의 가치를 인정받으며 19세기 내내 〈세비야의 이발사〉 못지않은 큰 인기를 누렸습니다.

이 작품은 롯시니의 뛰어난 작곡 기법을 잘 보여주는데, 음악적으로는 아리아와 앙상블에서 아름다운 선율과 기교적 부분이 조화롭게 어우러져, 중요한 벨칸토 오페라 작품의 하나로 평가받고 있습니다.

이 작품은 기본적으로 콘트랄토를 위한 작품입니다. 주인공인 체네렌톨라는 고도의 콜로라투라 기량뿐 아니라 서정적 표현력도 동시에 요구받는 매우 어려운 역할인데, 무대 위에서 자신의 기량을 마음껏 선보일 수 있기 때문에 성악가로서는 커다란 도전이지만, 동시에 큰 기회가 될 수 있는 작품입니다. 요즘은 콘트랄토가 거의 없어 대부분 메조소프라노들이 배역을 맡고 있습니다.

신데렐라 동화는 환상적이고 비현실적 요소가 많지만, 롯시니는 동화가 가지고 있는 비현실적 요소들은 모두 걷어내고, 다 같이 공감할 수 있는 현실적 작품을 만들고자 노력했습니다. 동화 속 유리구두, 계모, 마법사 할머니 대신, 오페라에시는 필쩨, 계부 마니피코, 왕자의 스승 알리도로를 설정해 설득력을 높이려 했고, 신데렐라도 난롯가에서 혼자 우는 청순가련형이 아니라, 인내와 노력으로 스스로 운명을 개척해 나가는 씩씩한 소녀의 모습을 제시했습니다.

19세기 내내 큰 인기를 누리던 이 작품은 롯시니 사후 급격히 일반 공연 레퍼토리에서 사라졌는데, 이는 콜로라투라 콘트랄토 가수가 드물어지면서 난해한 아리아를 부를 성악가를 찾기가 어려웠기 때문입니다. 그러다가 1930년대 들어 스페인 출신의 콘치타 수페르비아Conchita Supervia가 체네렌톨라를 극적으로 살려냈고, 1970년대 이후 롯시니 메조소프라노들이 다수 등장하면서 오늘날에는 전 세계 주요 극장의 사랑받는 표준 레퍼토리로 자리 잡았습니다.

주요 등장인물

안젤리나(체네렌톨라, 마니피코의 의붓딸/콘트랄토 또는 메조소프라노)
라미로(왕자/테너)
단디니(라미로 왕자의 시종/바리톤)
알리도로(라미로 왕자의 스승/베이스)
돈 마니피코(안젤리나의 의붓아버지/베이스)
클로린다(돈 마니피코의 큰딸/소프라노)
티스베(돈 마니피코의 작은딸/메조소프라노)

<h1 style="text-align:center">시놉시스와 주요 아리아</h1>

<h2 style="text-align:center">제1막</h2>

돈 마니피코 남작의 집. 남작의 두 딸 클로린다와 티스베가 집안에서 고상하게 발레 연습을 하고 있을 때, 체네렌톨라로 불리는 의붓동생 안젤리나는 온갖 집안일을 도맡아 하느라 힘든 시간을 보내고 있습니다. 의붓아버지 마니피코와 두 의붓언니들로부터 늘 차별과 구박을 받는 안젤리나는 일상의 유일한 낙이라 할 수 있는 이 노래를 부르며 고달픈 삶을 스스로 위로합니다.

안젤리나 : 옛날에 왕이 한 명 있었어(Una volta c'era un Re)

Una volta c'era un Re, che a star solo, che a star solo s'annoiò,
옛날에 왕이 한 명 있었는데, 혼자 지내는 걸 지루해했어,

Cerca, cerca, ritrovò, ma il volean sposare in tre.
그는 사람을 찾고 찾아 만났는데, 세 사람이 그와 결혼하고 싶어했어.

Cosa fa?
어떻게 했냐구?

Sprezza il fasto e la beltà,
그는 호사로운 사람과 얼굴 예쁜 사람은 마다하고,

e alla fin sceglie per sè l'innocenza, l'innocenza, l'innocenza e la bontà.
스스로를 위해, 순수하고 마음씨 착한 사람을 선택했어.

Là là là là lì lì lì lì là là là là.
라 라 라 라 리 리 리 리 라 라 라 라

두 언니들은 안젤리나에게 이제 그 노래는 그만 좀 부르라며 타박을 줍니다. 그때 누군가 대문을 두드리는 소리가 들리고, 안젤리나가 가서 문을 열어줍니다. 문을 두드린 사람은 거지 옷을 입고 변장한 이 나라 라미로 왕자의 스승 알리도로였습니다.

거지 행색의 알리도로가 구걸을 하자, 두 언니들은 어서 그를 쫓아버리려고 하지만, 안젤리나는 그를 집안으로 들인 후, 언니들 몰래 커피와 빵을 대접합니다. 안젤리나의 친절한 마음씨에 감동한 알리도로는 아마 오늘밤 하늘이 그녀에게 선물을 줄 것이라는 의미 있는 말을 합니다.

그때 다시 대문을 두드리는 소리가 나는데, 왕궁에서 나온 기사들이었습니다. 기사들은 라미로 왕자가 곧 이 마을을 방문할 예정이며, 동네 여인들을 왕궁으로 초대해 무도회를 개최하고 가장 아름다운 여인을 왕자비로 맞이할 것이라고 알립니다. 이 말을 들은 클로린다와 티스베는 들뜬 마음으로 안젤리나에게 이것저것 자신들이 치장할 물건을 가져다 달라며 심부름을 시킵니다.

알리도로와 기사들이 모두 떠난 후, 잠에서 깬 마니피코 남작이 잠옷 차림으로 두 딸 앞에 나타나, 방금 기분 좋은 당나귀 꿈을 꾸고 있었는데 딸들이 꿈을 깨버렸다고 화를 내며 이 바소 부포 곡을 부릅니다.

마니피코 : 내 딸들아(Miei rampolli femminini)

Miei rampolli, miei rampolli femminini,
내 딸들아,

vi ripudio, vi ripudio, mi vergogno!
내가 너희들과 연을 끊어야겠구나, 내가 다 부끄러워!

Un magnifico mio sogno mi veniste a sconcertar, mi veniste a sconcertar.
너희들이 내 멋진 꿈을 다 망쳤어.

vi ripudio, mi vergogno!
너희들과 연을 끊어버려야겠어, 부끄러운 녀석들!

Come son mortificate! degne figlie d'un Barone!
이 얼마나 화나는 일이냐! 남작의 딸들이 말이야!

Via : silenzio ed attenzione.
이제 조용히 하고 주목해 봐.

State il sogno, state il sogno a meditar.
내 꿈에 대해 좀 생각을 해봐라.

Mi sognai fra il fosco e il chiaro, mi sognai fra il fosco e il chiaro
내가 비몽사몽간에 꿈을 하나 꾸었는데

un bellissimo somaro, un somaro, ma solenne,
아주 잘생긴 당나귀 한 마리가, 엄숙한 표정으로

Quando a un tratto, oh che portento!
갑자기, 놀랍게 말이야!

sulle spalle a cento a cento, sulle spalle a cento a cento
어깨에 수많은 깃털이 돋아난 채,

gli spuntavano le penne, gli spuntavano le penne ed in aria, sen volò!
깃털이 돋아난 채로 하늘로 높이 날아올랐단 말이야!

ed in cima, ed in cima a un campanile come intronossi fermò,
그리고는 종탑 위에 거만한 자세로 멈춰 앉았어.

ed in cima a un campanile come intronossi fermò,
종탑 위에 거만하게 멈춰 앉더라니까.

Si sentiano per di sotto le campane a dindonar.
아래에서는 종소리가 울려 퍼지는 게 들렸지.

din, don, din, don, din, don, din, don,
딩 동 딩 동 딩 동 하며 말이야.

Col cì cì cì cì di botto mi veniste risvegliar.
그 소리가 갑자기 날 깨웠어.

Col cì cì cì cì di botto mi veniste risvegliar.
그 딩 동 거리는 종소리가 갑자기 날 깨웠다구,

Col cì cì cì cì di botto mi faceste risvegliar,
그 딩 동 거리는 종소리가 갑자기 날 깨웠다니까.

Col cì cì, col cì cì, col cì cì, col cì cì,
바로 그 소리가, 그 소리가, 그 소리가, 그 소리가,

col cì cì, col cì cì, col cì cì, col cì cì,
바로 그 소리가, 그 소리가, 그 소리가, 그 소리가,

Col cì cì, col cì cì, col cì cì, col cì cì,
바로 그 소리가, 그 소리가, 그 소리가, 그 소리가,

col cì cì, col cì cì, col cì cì, col cì cì,
바로 그 소리가, 그 소리가, 그 소리가, 그 소리가,

mi faceste, mi faceste, mi faceste risvegliar.
날 깨웠어, 날 깨웠어, 나를 깨웠다니까,

mi faceste risvegliar, mi faceste risvegliar, mi faceste risvegliar,
날 깨웠어, 날 깨웠어, 날 깨웠다구,

ma d'un sogno sì intralciato, ecco il simbolo spiegato.
그런데 꿈이 상당히 복잡하니까, 내가 상징을 설명해 줄게,

ma d'un sogno sì intralciato, ecco il simbolo spiegato.
꿈이 좀 복잡하니까, 내가 해몽을 해줄게,

La campana suona a festa?
종은 기쁜 일이 있을 때 치잖아?

Allegria in casa mia,
그건 우리 집에 기쁜 일이 있을 거라는 거고.

Quelle penne? Siete voi.
저 깃털은? 너희들이지.

Quel gran volo? Plebe addio.
높이 날아 오른 건? 평범한 생활에 작별을 고한다는 것이고.

Resta l'asino di poi. Ma quell'asino son io,
이제 당나귀 남았지. 당나귀는 나를 말하는 거야.

chi vi guarda vede chiaro che il somaro è il genitor, il somaro è
il genitor, il somaro è il genitor.
너희를 보는 사람은 누구나 그 당나귀가 너희 부모라는 걸 분명히 알
수 있을 거다.

Fertilissima regina, l'una e l'altra diverrà;
너희 둘은 다산의 여왕이 될 기야.

ed il nonno una dozzina di nepoti abbraccierà.
그리고 이 할아버지는 손주 12명을 안게 될 거야.

Un re piccolo di qua, servo, servo, servo, servo,
여기에 어린 왕이 있고, 주위에 하인들이 있고

un re bambolo di là, servo, servo, servo, servo,
저기에 또 어린 왕이 있고, 주위에 또 하인들이 있고.

e la gloria mia sarà, sì sì la gloria mia sarà,
그리고 영광은 내 것이지, 영광은 내 것이 될 거야,

Fertilissima regina, l'una e l'altra diverrà;
너희 둘은 다산의 여왕이 될 거야.

ed il nonno una dozzina di nepoti abbraccierà.
그리고 할아버지는 손주 12명을 안게 될 거야.

Un re piccolo di qua, servo, servo, servo, servo,
여기에 어린 왕이 있고, 주위에 하인들이 있고

un re bambolo di là, servo, servo, servo, servo,
저기에 어린 왕이 있고, 주위에 하인들이 있고.

e la gloria mia sarà, sì sì la gloria mia sarà,
그리고 영광은 내 것이 될 거야, 영광은 내 것이 될 거야,

Un re piccolo qua, un re bambolo là,
여기에 어린 왕, 저기에도 어린 왕,

Un re piccolo qua, un re bambolo là,
여기에 어린 왕, 저기에도 어린 왕,

e la gloria e la gloria, e la gloria mia sarà,
그리고 영광은 내 것이 될 거야, 영광은 내 것이 될 거야,

Un re piccolo qua, un re bambolo là
여기에 어린 왕, 저기에도 어린 왕,

Un re piccolo qua, un re bambolo là
여기에 어린 왕, 저기에도 어린 왕,

e la gloria e la gloria, e la gloria mia sarà,
영광은 내 것이 될 거야, 영광은 내 것이 될 거야,

Fertilissima regina, l'una e l'altra diverrà;
너희 둘은 다산의 여왕이 될 거야.

ed il nonno una dozzina di nepoti abbraccierà.
그리고 할아버지는 손주 12명을 안게 될 거야.

e la gloria mia sarà, e la gloria mia sarà,
영광은 내 것이 될 거야, 영광은 내 것이 될 거야,

mia sarà, mia sarà, mia sarà, mia sarà,
내 것, 내 것, 내 것이 될 거야, 내 것이 될 거라구.

　　얼마 후 라미로 왕자가 시종 복장을 한 채 마니피코 남작의 집에 들어옵니다. 스승인 알리도로로부터 안젤리나 이야기를 듣고 그녀를 직접 보기 위해 온 것이었습니다. 안젤리나는 커피잔과 접시를 들고 방에 들어오다가 라미로를 보자 놀라, 손에 들고 있던 물건들을 그만 떨어뜨리고 맙니다. 서로에게 호감을 느낀 두 사람은 정답게 이 2중창을 부릅니다.

라미로, 안젤리나 : 눈 안에서 달콤한 무엇이 반짝였는지 모르겠네
(Un soave non so)

(라미로)
Un soave non so che in quegl'occhi scintillò!
눈 안에서 달콤한 무엇이 반짝였는지 모르겠네!

Un soave non so che in quegl'occhi scintillò!
눈 안에서 달콤한 무엇이 반짝였는지 모르겠어!

(안젤리나)
Io vorrei saper perché il mio cor mi palpitò.
왜 내 가슴이 뛰었는지 알고 싶네.

Io vorrei saper perché il mio cor mi palpitò.
내 가슴이 왜 뛰었을까.

(라미로)
Le direi… ma non ardisco.
말을 건네고 싶은데… 그런데 말을 못하겠네.

(안젤리나)
Parlar voglio, e taccio intanto.
말하고 싶은데, 잠깐 가만히 있자.

(라미로)
Le direi…
말을 건네고 싶은데…

(안젤리나)
Parlar voglio,
말하고 싶은데,

(라미로)
ma non ardisco.
감히 말을 할 수가 없네.

(안젤리나)
e taccio intanto.
잠깐 입 다물고 있어야지.

(라미로)
Una grazia, un certo incanto par che brilli su quel viso!
그녀의 얼굴에 우아함과 매력이 빛나고 있는 것 같구나!

(안젤리나)
Una grazia, un certo incanto par che brilli su quel viso!
저분 얼굴에 우아함과 매력이 빛나고 있는 것 같아!

(라미로, 안젤리나)
Quanto caro è quel sorriso, scende all'alma e fa sperar.
저 미소는 얼마나 사랑스러운가, 그 미소는 내 영혼에 희망을 주네.

(안젤리나)
Una grazia,
우아함과

(라미로)
un certo incanto
어떤 매력이

(안젤리나)
par che brilli
빛나고 있는 것 같아

(라미로)
su quel viso!
그녀의 얼굴에!

(라미로, 안젤리나)
Quanto caro è quel sorriso,
그 미소는 얼마나 사랑스러운가!

scende all'alma e fa sperar, scende all'alma e fa sperar
그 미소는 내 영혼에 내려와 희망을 주네, 영혼에 희망을 주네,

e fa sperar, e fa sperar, e fa sperar, e fa sperar.
희망을, 희망을, 희망을 주네.

이때 마니피코 남작이 나타나, 라미로에게 왕자는 언제 도착하느 냐고 묻습니다. 라미로는 3분 후쯤 도착할 거라고 답하는데, 그 말을 들은 마니피코가 딸들을 재촉하는 모습을 보면서 라미로는 집안 분위기를 알아차립니다.

잠시 후 라미로 왕자의 시종인 단디니가 왕자 복장을 한 채 기사들과 함께 집 안으로 들어옵니다. 클로린다와 티스베가 뛰어나와 단디니가 왕자인 줄 알고 그에게 잘 보이려 하자, 의기양양해진 단디니는 왕자 행세를 하며 이 곡을 부릅니다.

단디니 : 4월의 벌처럼(Come un'ape ne' giorni d'aprile)

Come un'ape ne' giorni d'aprile, va volando leggiera e scherzosa,
4월에 벌이 가볍고 장난스럽게 날아다니듯,

corre al giglio, poi salta alla rosa, dolce un fiore a cercare per sè,
백합에게 달려갔다 장미로 뛰어가고, 자신을 위해 달콤한 꽃을 찾듯,

fra le belle m'aggiro e rimiro, ne ho vedute già tante e poi tante,
난 아름다운 꽃 같은 여인들 사이를 돌아다니며, 이미 많은 여인을 보았지.

ma non trovo un giudizio, un sembiante,
하지만 아직 판단력을 갖춘 사람, 얼굴,

un boccone squisito per me, un boccon, un boccone squisito per me,
내게 딱 맞는 맛있는 한 입을 아직 찾지 못했어.

un boccon, un boccone squisito per me, un boccone squisito
per me.
내게 딱 어울리는 맛있는 한 입을 아직 찾지는 못했다구.

(클로린다)
Prence!
왕자님!

(티스베)
Sire!
전하!

(클로린다, 티스베)
Ma quanti favori!
이런 큰 은총을!

(마니피코)
Che diluvio, che abisso di onori!
이렇게 영광스러울 수가!

(단디니)
Nulla, nulla, nulla, nulla.
아니야, 아무것도 아니야.

Vezzosa! Graziosa!
(클로린다와 티스베를 한 사람씩 보며) 매력적이네! 우아하고!

Dico bene? dico bene?
(라미로에게) 저 잘하고 있지요? 잘하고 있지요?

Son tutte papà. Son tutte papà.
모두 아버지 덕분이군요, 모두 아버지 덕분이야.

(라미로)
Bestia! attento, ti scosta, va' là, bestia! attento ti scosta, va' là.
(단디니에게) 이 녀석! 조심하고 저리 가, 저리로 가라구!

(단디니)
Per pietà, quelle ciglia abbassate.
(두 자매에게) 아이구, 제발, 그런 눈으로는 보지 마세요.

Galoppando sen va la ragione,
(혼잣말로) 제 정신이 아닌 것 같아,

e fra i colpi d'un doppio cannone spalancata, la breccia è di già.
두 딸이 요란하게 법석을 떠는 와중에, 본 모습과의 차이가 다 드러났
어.

e fra i colpi d'un doppio cannone spalancata, la breccia è di già.
두 딸이 요란하게 법석을 떠는 와중에, 본 모습과 다른 게 이미 다 드
러났어.

e fra i colpi d'un doppio cannone spalancata, la breccia è di già.
두 딸이 요란하게 법석을 떠는 와중에, 본 모습과 다른 게 이미 다 드
러났다구.

Vezzosa! Graziosa!
(클로린다와 티스베를 한 사람씩 보며) 매력적이야! 우아해!

Son tutte papà, son tutte papà,
모두 아버지 덕분이군요, 모두 아버지 덕분이야.

(Ma al finir della nostra commedia, che tragedia qui nascer
dovrà!
(혼잣말로) 그런데, 우리의 희극이 끝나면, 여기서 어떤 비극이 벌어
질까!

ma al finir della nostra commedia, che tragedia qui nascer
dovrà!
그런데, 우리의 희극이 끝나면, 여기서 어떤 비극이 벌어질까!

ma al finir della nostra commedia, che tragedia qui nascer
dovrà!
그런데, 우리의 희극이 끝나면, 여기서 어떤 비극이 벌어질까!

ma al finir della nostra commedia, che tragedia qui nascer
dovrà!
그런데, 우리의 희극이 끝나면, 여기서 어떤 비극이 벌어질까!

ma al finir della nostra commedia, che tragedia, che tragedia
qui nascer dovrà! che tragedia qui nascer dovrà!
그런데, 우리의 희극이 끝날 때, 어떤 비극이, 어떤 비극이 여기서 벌
어질까!

(마니피코)
È già cotto, stracotto, spolpato,
(단디니를 바라보며) 됐어, 이제 넘어왔어, 홀딱 반하셨구먼,

l'Eccellenza divien maestà,
저 양반이 왕이 되는 거잖아.

Sì, è già cotto, stracotto, spolpato
그래, 됐어, 이제 넘어왔어, 홀딱 반해버렸어,

l'Eccellenza divien maestà,
저분이 왕이 되는 거잖아.

(단디니)
Ma al finir della nostra commedia, che tragedia qui nascer dovrà!
(혼잣말로) 하지만 우리의 코미디가 끝날 때, 여기서 어떤 비극이 벌어질까!

(클로린다, 티스베)
Ei mi guarda, sospira, delira, non v'è dubbio, è mio schiavo di già,
(혼잣말로) 저분이 나를 보고, 한숨을 내쉬며, 날 갈망하고 있어, 의심의 여지 없이 그는 이미 내 사랑의 노예가 되었어.

Ei mi guarda, sospira, delira, non v'è dubbio, è mio schiavo di già.
저분은 나를 보고, 한숨을 내쉬며, 날 갈망하고 있어, 의심의 여지 없이 그는 이미 내 사랑의 노예가 되었어.

(단디니)
Dico bene?
(라미로에게) 저 잘하고 있지요?

(라미로)
Bestia!
(단디니에게) 이 녀석이!

(단디니)
Grazie.
감사합니다.

Ma al finir della nostra commedia che tragedia qui nascer dovrà!
(혼잣말로) 그런데 우리의 희극이 끝날 때, 여기서 어떤 비극이 벌어 질까!

(클로린다, 티스베)
Ei mi guarda, sospira, delira, non v'è dubbio, è mio schiavo di già.
(혼잣말로) 저분은 나를 보고 한숨을 내쉬며 날 갈망하고 있어, 의심의 여지 없이 이미 내 사랑의 노예가 되었어.

(라미로)
Ah! perché qui non viene colei, con quell'aria di grazia e bontà?
아! 그런데 왜 우아하고 아름다운 그녀(안젤리나)는 여기로 오지 않는 거지?

(단디니)
Ma al finir della nostra commedia che tragedia qui nascer dovrà!
(혼잣말로) 그런데 우리의 희극이 끝날 때, 여기서 어떤 비극이 벌어 질까!

(클로린다, 티스베)
Ei mi guarda, sospira, delira, non v'è dubbio, è mio schiavo di già.
(혼잣말로) 저분은 나를 보고 한숨을 내쉬며 날 갈망하고 있어, 의심의 여지 없이 이미 내 사랑의 노예가 되었어.

(라미로)
Ah! perché qui non viene colei, con quell'aria di grazia e bontà?
아! 그런데 왜 우아하고 아름다운 그녀는 여기로 오지 않는 걸까?

(단디니)
Ma al finir della nostra commedia che tragedia qui nascer
dovrà!
(혼잣말로) 그런데 우리의 희극이 끝날 때, 여기서는 어떤 비극이 벌
어질까!

(합창)
Scegli la sposa, affrettati, sen vola via l'età
신부를 고르세요, 서두르세요, 세월은 빨리 지나갑니다.

sì, sì, scegli la sposa, affrettati, sen vola via l'età,
네, 네, 어서 신부를 고르세요, 서두르세요, 세월이 빨리 지나간다구요.

sì, sì, sì, sì, sen vola via l'età, sen vola via l'età, sen vola via l'età,
네, 네, 네, 네, 세월이 빨리, 세월이 빨리, 세월이 빨리 지나간답니다.

단디니는 두 자매를 왕궁에서 열릴 무도회에 초대합니다. 이를 옆
에서 보고 있던 안젤리나는 자신도 1시간, 안 되면 30분, 아니 15분
만이라도 무도회에 데려가 달라고 합니다. 분위기를 알아차린 알리
도로는 마니피코에게 셋째딸을 만나고 싶다고 하는데, 마니피코는
셋째딸은 이미 죽었다고 정색하며 거짓말을 합니다.

모두 왕궁으로 떠난 후 알리도로와 안젤리나만 남게 되자, 알리도
로는 입고 있던 거지 복장을 벗어던지고 자신은 사실 왕자의 가정교
사라고 신분을 밝힙니다. 그리고는, 자신이 안젤리나를 왕궁 무도회
에 데리고 가겠다고 하면서 안젤리나를 위로하는 이 곡을 부릅니다.

알리도로 : 저 하늘 너머 깊고 신비한 곳
(Là del ciel nell'arcano profondo)

Là del ciel, là del ciel nell'arcano profondo,
저 하늘 너머 깊고 신비한 곳의

del poter sull'altissimo trono,
최고의 옥좌에 계시는,

veglia un Nume, signore del mondo,
세상의 주인이신 신께서는 모든 것을 굽어보고 계신다네.

Al cui piè basso mormora il tuono.
그분의 발밑에서 천둥이 울려 퍼지지.

Tutto sa, tutto vede,
그분은 모든 걸 아시고, 모든 걸 보신다네,

e non lascia nell'ambascia perir la bontà, non lascia
nell'ambascia perir la bontà,
그리고, 선한 사람이 고통받도록 내버려두지 않으신다네, 선한 사람이
고통받도록 내버려두시지를 않아,

fra la cenere, il pianto, l'affanno, ei ti vede, o fanciulla innocente,
그분은 재투성이와 눈물과 고통 속에 있는 자네를 보고 계신다네, 오
순수한 아가씨,

ei ti vede, o fanciulla innocente,
순수한 아가씨, 그분은 자네를 보고 계신다니까,

e cangiando il tuo stato tiranno,
자네의 힘든 상황이 지금 바뀌고 있다네,

fra l'orror vibra un lampo innocente.
무섭게 번개가 치는 동안에 말이야.

Non temer, si è cambiata la scena,
두려워 말게, 상황이 바뀌었어,

La tua pena cangiando già va.
자네의 고통은 이미 사라지고 있어.

Non temer, non temer, cangiando già va.
두려워 말게, 두려워 마, 상황이 이미 바뀌고 있어.

Non temer, non temer, cangiando già va.
두려워 말게, 두려워 마, 상황이 이미 바뀌고 있어.

Non temer, cangiando, cangiando già va.
두려워 하지 마, 상황이 이미, 이미 바뀌고 있다니까.

    마니피코 남작과 두 딸이 왕궁에 도착하자, 단디니는 마니피코를 왕궁 지하에 있는 술 창고로 데리고 가서 원하는 대로 술을 마시라고 합니다. 마니피코를 술에 거나하게 취하게 해서 그의 속마음을 알아보기 위해서입니다. 마니피코가 술에 취하자 라미로 왕자가 나타나 그에게 딸들에 대해 묻습니다. 그러자, 마니피코는 딸들이 미련하고 고집이 세다며 두 딸에 대한 불만을 털어놓습니다. 스승 알리도로로부터 마니피코에게 착하고 현명한 딸이 있다는 이야기를 들었던 라미로는 딸들에 대한 아버지의 평가를 듣고는 고개를 갸우뚱합니다.

    한편, 클로린다와 티스베는 단디니에게 자기들 중 한 사람을 어서 신붓감으로 선택하라고 조릅니다. 단디니는 대답 대신, 두 사람 중

선택받지 못한 사람은 누구와 결혼할 거냐면서, 시종인 라미로가 신랑감으로 어떠냐고 되묻습니다. 딸들은 라미로를 깔보면서 말도 안 된다는 반응을 보입니다.

이때 알리도로가 화려하게 차려입은 안젤리나와 함께 왕궁에 등장합니다. 클로린다와 티스베는 왠지 낯익은 얼굴이라고 말하면서도 끝까지 안젤리나를 알아보지 못합니다.

제2막

자신의 두 딸에게 강력한 경쟁자가 될 것 같은 여인이 등장하자 마니피코는 긴장하는데, 두 딸이 불안해하자 그는 두 딸을 격려합니다. 그리고는, 두 딸 가운데 누구든 왕자와 결혼하면 자신에게 엄청난 이득이 떨어질 것을 상상하고 즐거워하며 이 곡을 부릅니다.

마니피코 : 너희 중 누가 곧 왕자비가 되면
(Sia qualunque delle figlie)

Sia qualunque delle figlie, che fra poco andrà sul trono
너희 중 누가 곧 왕자비가 되면

Ah! non lasci, ah non lasci in abbandono, ah non lasci, ah non lasci in abbandono, ah non lasci in abbandono un magnifico papà.
아! 이 훌륭한 아빠를 내버려 두지 않겠지,

ah! non lasci in abbandono un magnifico papà.
아! 이 훌륭한 아빠를 내버려 두지는 않을 테지.

Già mi par che questo e quello, conficcandomi a un cantone, e cavandosi il cappello,
벌써 이 사람 저 사람이 나를 구석으로 데려간 다음, 모자를 벗으며 말할 거야.

Incominci: "Sior Barone, alla figlia sua reale porterebbe un memoriale?
이렇게 시작하겠지, "남작님, 왕자비님께 제 청원서를 전달해 주실 수 있으실까요?"

Prenda : per la cioccolata, e una doppia ben coniata,
그리고는 초콜렛과 잘 만들어진 금화를,

e una doppia ben coniata faccia intanto scivolar, e una doppia, e una doppia faccia intanto scivolar."
잘 주조된 금화를 내게 내밀 거야, 잘 주조된 금화를 쓱 내밀 거라구"

Io rispondo: "eh sì, vedremo.
난 대답하겠지, "어디 그래, 봅시다.

Già è di peso? Parleremo.
이건 무게가 좀 되나? 나중에 이야기합시다.

Da palazzo può passar, sì da palazzo può passar,
궁에 다시 와서 이야기해도 될 겁니다.

da palazzo può passar, sì da palazzo può passar."
궁에 다시 와서 이야기해도 될 거예요."라고 말이야.

Mi rivolto: è vezzosetta, tutta odori e tutta unguenti,
그리고 돌아서면 : 아리따운 숙녀들이 향수와 연고를 잔뜩 바르고 와서,

mi s'inchina una cuffietta fra sospiri e complimenti:
숨 가쁜 한숨과 칭찬을 늘어놓으며 내게 절을 하겠지.

"Baroncino! Baroncino! si ricordi quell'affare, si ricordi quell'affare,"
"남작님, 남작님, 그 일 기억해 주세요, 그 일 기억해 주세요"

E già m'intende senza argento parla ai sordi.
돈이 없으면 귀머거리에게 말하는 것과 같다는 건 알지.

La manina alquanto stende, fa una piastra sdrucciolar, fa una piastra, una piastra, una piastra sdrucciolar.
작은 손을 슬쩍 내밀어, 동전 한 닢을 미끄러뜨리겠지.

Io galante: "occhietti bei! Ah! per voi che non farei!
난 점잖게 말하겠지 : "아름다운 아가씨, 아, 당신을 위해서라면 뭔들 못하겠소!

Io vi voglio, io vi voglio, io vi voglio contentar!
당신을, 당신을 기쁘게 해드리고 싶군요!

Io vi voglio, io vi voglio, io vi voglio contentar!
당신을, 당신을 기쁘게 해드리고 싶어요!

Mi risveglio a mezzo giorno, suono appena il campanello,
내가 정오쯤 일어나 종을 울리면

che mi vedo al letto intorno supplichevole drappello,
내 침대 주위에는 내게 뭘 부탁하려고 온 사람들로 가득하겠지,

questo cerca protezione, quello ha torto e vuol ragione,
내 보호를 원하는 사람, 자기가 틀리고도 옳기를 바라는 사람,

chi vorrebbe un impieguccio, chi una cattedra ed è un ciuccio,
작은 자리를 찾는 사람, 큰 자리를 바라는데 자격이 안 되는 사람,

chi una cattedra ed è un ciuccio, un ciuccio, un ciuccio, un
ciuccio, un ciuccio, un ciuccio, un ciuccio;
자격이 안 되는데, 자격이 안 되는데 큰 자리를 원하는 사람.

chi l'appalto delle spille, chi la pesca dell'anguille,
핀 납품권을 원하는 사람, 장어잡이를 원하는 사람,

ed intanto in ogni lato sarò zeppo e contornato,
난 그런 사람들로 사방으로 포위당하고 둘러싸이겠지,

di memorie e petizioni, di galline, di sturioni,
연줄과 탄원서, 닭, 철갑상어,

di bottiglie, di broccati, di candele e marinati,
술, 비단, 양초와 절인 음식,

di ciambelle e pasticcetti, di canditi e di confetti,
도넛과 과자, 설탕에 절인 과일, 그리고 사탕과자,

di piastroni, di dobloni, di vaniglia e di caffè.
은화, 금화, 바닐라, 그리고 커피로 둘러싸일 거야.

d'ogni lato, d'ogni lato sono zeppo e contornato,
사방으로 포위당하고 둘러싸이겠지,

d'ogni lato, d'ogni lato sono zeppo e contornato,
사방으로 포위당하고 둘러싸이겠지,

di ciambelle e pasticcetti, di canditi e di confetti,
도넛과 과자, 설탕에 절인 과일, 그리고 사탕과자,

di piastroni, di dobloni, di vaniglia e di caffè.
은화, 금화, 바닐라, 커피로 둘러싸일 거야.

Basta basta, basta, basta, non portate, non portate!
그만 됐어, 그만, 그만, 그만 가져와도 돼, 더 가져오지 마!

Terminate, terminate, ve n'andate? ve n'andate?
끝났소, 이제 가는 거요?

non portate, non portate! Basta basta, in carità.
더 가져오지 마시오, 더 가져오지 마요! 그만 됐어, 그만, 그만!

Serro l'uscio a catenaccio, serro l'uscio a catenaccio.
난 문을 잠그지, 문을 잠가버린다구.

Importuni, seccatori,
귀찮아, 귀찮아,

Fuori fuori, via di qua, fuori fuori, fuori fuori, via, via di qua,
나가, 나가, 여기서 나가, 나가, 나가라구, 여기서 나가라니까,

Serro l'uscio a catenaccio, serro l'uscio a catenaccio.
난 문을 잠그지, 문을 잠가버리지.

Importuni, seccatori,
귀찮아, 귀찮아,

Fuori fuori, via di qua, fuori fuori fuori, fuori via via di qua.
나가, 나가, 여기서 나가, 나가, 나가라구, 여기서 나가라니까.

presto, presto via di qua, presto, presto via di qua,
어서, 어서, 여기서 나가, 어서, 어서, 여기서 나가라니까,

via di qua, via di qua, via di qua, via di qua,
여기서 나가, 여기서 나가, 여기서 나가라구, 여기서 나가라니까.

　이때 왕자 행세를 하고 있는 단디니와 안젤리나가 함께 들어오자 라미로는 얼른 몸을 숨깁니다. 단디니는 안젤리나의 마음을 떠보는데, 안젤리나는 사실 그의 시종을 마음에 두고 있다고 말합니다. 이 말을 듣고 용기를 얻은 라미로는 안젤리나 앞에 나타나 그의 여인이 되어주겠느냐고 묻는데, 안젤리나는 서두르지 말라고 말합니다.

　라미로가 물러서지 않자, 안젤리나는 차고 있던 팔찌 한 쌍 중 하나를 그에게 주며 나중에 같은 팔찌를 하고 있는 자신의 진짜 모습을 보고도 싫지 않으면 함께 할 수 있을 것이라는 말을 남기고 왕궁을 떠납니다. 라미로는 안젤리나의 말을 혼자 되새기며 스승인 알리도로에게 어떻게 해야 하는지 묻는데, 알리도로는 마음이 이끌리는 대로 행동하라고 조언합니다.

　라미로는 안젤리나를 찾아 나서겠다는 마음을 굳히고, 왕궁에 있는 다른 여인들은 모두 내보내라고 지시합니다. 그리고 마차를 준비시키라고 한 후, 안젤리나를 반드시 찾아내겠다는 각오를 다지며 이 곡을 부릅니다.

라미로 : 그래, 그녀를 반드시 찾을 거야
(Sì, ritrovarla io giuro)

Sì, ritrovarla io giuro.
그래, 그녀를 반드시 찾을 거야, 맹세해.

Amore, amor mi muove,
사랑, 사랑이 나를 움직이니,

se fosse in grembo a Giove, io la ritroverò.
만일 그녀가 주피터 신의 품에 있다 하더라도, 난 그녀를 찾아낼 거야.

se fosse in grembo a Giove, io la ritroverò.
그녀가 주피터 신의 품에 있다 하더라도, 난 그녀를 찾아낼 거라구.

se fosse in grembo a Giove, la troverò, sì la troverò,
주피터 신의 품에 있다 하더라도, 난 그녀를 찾아낼 거야, 그래, 찾아
낼 거야.

Sì ritroverla io giuro
그래, 그녀를 다시 찾을 거야, 맹세해.

Amore, amor mi muove,
사랑, 사랑이 나를 움직이니,

se fosse in grembo a Giove, io la ritroverò.
그녀가 주피터 신의 품에 있다 하더라도, 난 그녀를 찾아낼 거야.

se fosse in grembo a Giove, la troverò, sì la troverò,
그녀가 주피터 신의 품에 있다 하더라도, 난 그녀를 찾아낼 거야.

io la ritroverò, io la ritroverò, ritroverò, ritroverò, la ritroverò
주피터 신의 품에 있다 하더라도, 내가 찾아낼 거야, 찾아낼 거야, 다시 찾아낼 거야.

한편, 단디니는 마니피코에게 사실 자신은 왕자가 아니고 왕자를 모시는 시종이라고 자신의 정체를 밝힙니다. 당황하고 놀란 남작은 화를 내고, 이 모습에 화가 난 단디니는 그에게 왕궁에서 나가라며 두 사람은 이 2중창을 부릅니다.

단디니, 마니피코 : 중요한 비밀(Un segreto d'importanza)

(단디니)
Un segreto d'importanza, un arcano interessante
중요한 비밀 하나, 흥미로운 이야기를

Io vi devo, io vi devo palesar.
당신에게 해주어야겠소.

È una cosa stravagante, vi farà strasecolar.
아주 기이한 일이라, 당신이 깜짝 놀랄 거요.

Un segreto d'importanza, è una cosa stravagante,
중요한 비밀이자, 흥미로운 이야기를

vi farà strasecolar, strasecolar, vi farà strasecolar, strasecolar,
당신에게 해주어야겠소, 당신에게 해주어야 해요.

(마니피코)
Senza battere, senza battere le ciglia, senza manco trarre il fiato
눈도 깜빡이지 않고, 숨도 참은 채로

Io mi pongo, io mi pongo ad ascoltar.
전하 이야기에 귀를 기울이겠습니다.

Starò qui petrificato ogni sillaba a contar,
여기서 돌처럼 꼼짝하지 않고 모든 말씀을 듣겠습니다.

senza manco trarre il fiato, starò qui petrificato ogni sillaba,
ogni sillaba a contar,
숨을 참고, 돌처럼 꼼짝하지 않은 채, 모든 음절을, 모든 말씀을 듣겠
습니다,

ogni sillaba, ogni sillaba, ogni sillaba a contar.
모든 음절을, 말씀하시는 모든 말씀을 듣겠습니다,

(단디니)
Uomo saggio e stagionato sempre meglio ci consiglia.
현명하고 원숙한 사람이 항상 우리에게 더 좋은 조언을 주지요.

Se sposassi una sua figlia, come mai l'ho da trattar?
만일 내가 당신 딸 중 한 사람과 결혼한다면, 제가 당신을 어떻게 대해
야 할까요?

(마니피코)
(Consiglier son già stampato.)
(내가 조언할 사람으로 이미 정해진 거로군.)

Ma che eccesso di clemenza!
얼마나 큰 자비인지요!

Mi stia dunque Sua Eccellenza.
제가 전하와 함께 있다고 생각하시면 됩니다.

Bestia!
(속으로) 바보같이!

Altezza, ad ascoltar, ad ascoltar, ad ascoltar.
전하, 제 말씀을 들어보세요. 들어보십시오.

Abbia sempre pronti in sala trenta servi in piena gala,
거실에는 잘 차려입은 하인 30명을 늘 대기시켜 주시고,

Cento sedici cavalli, cento sedici cavalli,
말도 116마리 준비시켜 주세요,

duchi, conti e marescialli, a dozzine convitati,
공작들, 백작들, 장군들 10여명을 초대하고

pranzi sempre coi gelati, poi carrozze, poi bombè…
점심때는 늘 아이스크림을 먹고, 다음엔 마차, 그 다음엔 봄베를…

(단디니)
Vi rispondo senza arcani, che noi siamo assai lontani, che noi
siamo assai lontani.
솔직히 말하자면, 우린 상당히 다르네요, 상당히 달라요.

Io non uso far de' pranzi, mangio sempre degli avanzi.
난 보통 점심을 차리게 하지 않고, 늘 남은 음식을 먹지요.

Non m'accosto a' gran signori, tratto sempre servitori.
난 귀족들에게 다가가기 보다는, 항상 하인들을 챙기지요.

Me ne vado sempre a piè,
그리고 늘 걸어 다녀요.

(마니피코)
Mi corbella?
절 놀리시는 건가요?

(단디니)
Gliel prometto.
내 말이 사실이에요.

(마니피코)
Questo dunque?
그럼 그건?

(단디니)
È un romanzetto.
모두 꾸며낸 이야기였어요.

(마니피코)
Questo dunque?
그럼?

(단디니)
È un romanzetto.
모두 꾸며낸 이야기였다니까요.

È una burla il principato, sono un uomo mascherato.
내가 왕자라는 건 농담한 거고, 난 가면을 썼었어요.

Ma venuto è il vero Principe, m'ha strappata alfin la maschera.
그런데, 진짜 왕자가 나타나셔서, 내 가면을 벗기셨지요.

Io ritorno al mio mestiere, io ritorno al mio mestiere,
난 원래 내 일로 돌아갑니다, 원래 내 일로 돌아가요.

Son Dandini il cameriere.
내 이름은 단디니고, 왕자님의 시종이에요,

Son Dandini il cameriere.
시종 단디니라구요.

Rifar letti, spazzar abiti, far la barba e pettinar.
침대 정리하고, 옷 솔질하고, 면도 해드리고, 머리도 빗겨드리죠

(마니피코)
far… la barba… e… pettinar!
면도… 해드리고… 머리를… 빗겨드린다고!

Di quest'ingiuria, di quest'affronto, di quest'ingiuria, di
quest'affronto,
이런 무례와 모욕에 대해, 이런 무례와 모욕에 대해

il vero Principe mi renda conto, mi renda conto.
진짜 왕자께서 내게 설명해야 해, 설명해야 한다구.

(단디니)
Oh! non s'incomodi, non farà niente,
오, 신경 쓰지 마세요. 그분은 아무것도 하시지 않을 겁니다.

ma parta subito, immantinente, immantinente.
그런데, 즉시 궁에서 떠나세요, 당장, 지금 당장이요.

(마니피코)
Non partirò.
난 안 갈 거요.

(단디니)
Lei partirà.
가세요.

(마니피코)
Sono Barone.
난 남작이요.

(단디니)
Pronto è il bastone.
지팡이가 준비되어 있어요.

(마니피코)
Ci rivedremo, ci parleremo.
우리 다시 만나서 이야기합시다.

(단디니)
Ci rivedremo, ci parleremo.
다시 만나서 이야기하시죠.

(마니피코)
Ci rivedremo, ci parleremo.
우리 다시 만나서 이야기합시다.

(단디니)
Ci rivedremo, ci parleremo.
다시 만나서 이야기하시지요.

(마니피코)
Non partirò.
난 안 간다구.

(단디니)
Lei partirà.
가세요.

(마니피코)
Ci rivedremo,
다시 만나십시다.

(단디니)
Ci rivedremo,
다시 만나시지요.

(마니피코)
ci parleremo.
다시 이야기하십시다.

(단디니)
ci parleremo.
다시 이야기하시지요.

Lei partirà, lei partirà, lei partirà, lei partirà,
가세요, 가세요, 가시라니까요.

(마니피코)
Non partirò, non partirò, non partirò, non partirò,
안 가요, 안 가요, 안 간다니까.

Tengo nel cerebro un contrabbasso che basso basso frullando
va.
머리 속에서 콘트라베이스가 아주 낮은 소리로 윙윙거리는 것 같네.

Da cima a fondo, poter del mondo!
꼭대기에서 바닥으로 아주 곤두박질을 쳤네!

Che scivolata, che gran cascata!
제대로 미끄러졌어, 큰 폭포수처럼!

Eccolo, eccolo, tutti diranno mi burleranno per la città.
이곳저곳 온 동네 사람들이 이제 모두 날 조롱하겠네.

(단디니)
Povero diavolo!
이런 딱한 영감 같으니라고!

È un gran sconquasso!
엄청난 충격이겠네!

Che d'alto in basso piombar lo fa.
높은 곳에서 낮은 곳으로 떨어지는 거니까.

Vostr'Eccellenza, abbia prudenza.
남작님, 진정하세요.

Se vuol rasoio, sapone e pettine
혹시 면도칼이나 비누, 빗이 필요하시면

Saprò arricciarla, sbarbificarla.
제가 머리 손질하는 법과 면도하는 법을 알려드릴게요.

Ah ah! guardatelo, l'allocco è là.
아! 저기 봐, 바보가 저기 계시네!

Ah ah! guardatelo, l'allocco è là.
아! 저기 좀 봐, 저기에 바보가 계시네!

Ah ah! guardatelo, l'allocco è là.
아! 저기 좀 봐, 저기에 바보가 계셔!

한편, 집으로 돌아온 안젤리나는 평소 입던 옷을 입고 늘 부르던 노래를 부르면서, 왕궁에서 본 라미로를 계속 생각합니다. 이때 마니피코와 두 딸이 집으로 돌아와 평소와 같은 모습의 안젤리나를 보며 안도하면서, 왕궁에서 안젤리나 닮은 여자를 보았던 일을 이야기합니다.

그때 갑자기 집 밖에서 천둥이 치더니, 마차가 전복되는 소리가 들립니다. 잠시 후 단디니와 라미로가 마니피코의 집안으로 들어와, 방금 왕자가 탄 마차가 전복되는 바람에 마차를 고칠 때까지 잠시 신세를 져야겠다고 말합니다.

왕자의 등장에 흥분한 마니피코는 안젤리나에게 왕자가 앉을 고급 의자를 빨리 가지고 오라고 시킵니다. 안젤리나는 급히 의자를 가지고 나와 단디니에게 권하는데, 단디니는 곁에 있는 왕자님께 드리라고 합니다. 곁에 있는 왕자라는 말에 놀란 안젤리나는 왕자를 쳐다보는데, 그는 다름 아닌 라미로였습니다.

안젤리나가 깜짝 놀라는 사이, 안젤리나가 자신이 차고 있는 것과 똑같은 팔찌를 차고 있는 것을 보고 라미로도 깜짝 놀랍니다. 라미로와 안젤리나, 그리고 단디니 모두 믿기지 않는 상황에 깜짝 놀라고, 마니피코와 두 딸들도 그들이 모욕했던 라미로가 진짜 왕자인 것을 알고는 그들대로 소스라치게 놀라며 이 6중창을 부릅니다.

안젤리나, 라미로, 단디니, 마니피코, 클로린다, 티스베 :
이건 아주 복잡하게 뒤엉킨 매듭이네
(Questo è un nodo avviluppato)

(라미로)
Siete voi?
당신은?

(안젤리나)
Voi Prence siete?
당신이 왕자님이세요?

(클로린다, 티스베)
Qual sorpresa!
어머 깜짝이야!

(단디니)
Il caso è bello!
이거 잘 되었네!

(마니피코)
Ma…
그런데…

(라미로)
Tacete.
조용히.

(마니피코)
Addio cervello.
어떻게 된 거지.

Se…
(라미로와 단디니를 붙잡으며) 그런데…

(라미로, 단디니)
Silenzio.
조용히들 하세요.

(클로린다, 티스베, 마니피코, 단디니, 안젤리나, 라미로)
Che sarà! Che sarà!
뭐지! 어떻게 되는 거야!

Questo è un nodo avviluppato,
이건 아주 복잡하게 뒤엉킨 매듭이네,

questo è un gruppo rintrecciato.
이건 아주 다 뒤엉켰어,

questo è un nodo avviluppato,
이거 매듭이 아주 복잡하게 엉켰는데,

questo è un gruppo rintrecciato.
이건 아주 뒤얽힌 인연이야,

questo è un gruppo, questo è un gruppo rintrecciato.
이건 아주 뒤얽힌, 복잡한 인연이야,

Questo è un nodo avviluppato,
이건 아주 복잡하게 뒤엉킨 매듭이네,

questo è un gruppo rintrecciato.
이건 아주 뒤얽힌 인연이야,

Chi sviluppa più inviluppa,
더 많이 펼치는 자, 더 많이 감싸안고

Chi più sgruppa, più raggruppa.
더 많이 나누는 자, 더 많이 모으게 되지.

Ed intanto la mia testa vola, vola e poi s'arresta,
그러는 동안 내 머리는 날아다니다가 이내 멈추네,

vo tenton per l'aria oscura, e comincio a delirar.
나는 어둠 속을 더듬으며, 미친 듯이 소리치기 시작하네.

Questo è un nodo, questo è un nodo avviluppato,
이건 아주 복잡하게 뒤엉킨 매듭이야,

questo è un gruppo rintrecciato.
이건 아주 뒤얽힌 그룹이야,

Questo è un nodo avviluppato,
이건 아주 복잡하게 뒤엉킨 매듭이네,

questo è un gruppo rintrecciato.
이건 아주 뒤얽힌 그룹이야,

Chi sviluppa più inviluppa,
더 많이 펼치는 자는 더 많이 감싸안고

Chi più sgruppa, più raggruppa;
더 많이 나누는 자는 더 많이 모으게 되지

Ed intanto la mia testa vola, vola e poi s'arresta,
그러는 동안 내 머리는 날아다니다가 이내 멈추네,

vo tenton per l'aria oscura, e comincio a delirar.
나는 어둠 속을 더듬으며, 미친 듯이 소리치기 시작하네.

Questo è un nodo avviluppato,
이건 매듭이 아주 복잡하게 뒤엉켰어,

questo è un gruppo rintrecciato.
아주 뒤얽힌 인연이야,

Chi sviluppa più inviluppa, chi sviluppa più inviluppa,
더 많이 펼치는 자는 더 많이 감싸안고

Chi più sgruppa, più raggruppa;
더 많이 나누는 자는 더 많이 모으지

Ed intanto la mia testa vola, vola e poi s'arresta,
그러는 동안 내 머리는 날아다니다가 이내 멈추네,

vo tenton per l'aria oscura, e comincio a delirar.
나는 어둠 속을 더듬으며, 미친 듯이 소리치기 시작하네.

Questo è un nodo, questo è un nodo avviluppato,
이건 아주 복잡하게 뒤엉킨 매듭이네,

questo è un gruppo rintrecciato.
이건 아주 뒤얽힌 인연이야,

questo è un nodo avviluppato,
이건 아주 복잡하게 뒤엉킨 매듭이네,

questo è un gruppo rintrecciato.
이건 아주 뒤얽힌 그룹이야,

questo è un nodo avviluppato,
이건 아주 복잡하게 뒤엉킨 매듭이네,

questo è un gruppo rintrecciato.
이건 아주 뒤얽힌 인연이야,

Chi sviluppa più inviluppa, chi sviluppa più inviluppa,
더 많이 펼치는 자는 더 많이 감싸안고

ed intanto la mia testa vola, vola e poi s'arresta,
그러는 동안 내 머리는 날아다니다가 이내 멈추네,

incomincio a delirar, a delirar, a delirar, a delirar, a delirar.
난 미친 듯이 소리치기 시작하네.

delirar, delirar, delirar, delirar.
미친 듯이 소리치기 시작해.

　라미로가 왕자인 것은 알게 되었지만, 그가 찾고 있는 여인이 안젤리나라는 사실은 아직도 눈치채지 못한 마니피코와 두 언니는 안젤리나를 하녀라고 부르며 부엌으로 들어가 다시는 나오지 말라고 합니다. 이 말을 들은 라미로는 자신이 사랑하는 사람에 대한 모욕이라며 세 부녀를 처벌하겠다고 합니다.

마니피코와 두 언니들이 당황하며 어쩔 줄 몰라 하자, 안젤리나는 라미로에게 자신을 불쌍히 여겨 이들에게 자비를 베풀어달라고 간청합니다. 라미로는 안젤리나의 손을 잡으며 마니피코와 두 딸들에게 안젤리나가 왕자비가 될 것이라고 선언합니다.

마침내 왕궁 안 결혼식장. 라미로와 안젤리나는 각각 왕자와 왕자비 의자에 앉아 있고, 단디니와 알리도로를 비롯한 조정의 신하들, 귀족과 귀부인들이 모두 정렬해 있습니다. 그리고 마니피코 남작과 두 딸 클로린다, 티스베는 기가 죽은 표정으로 한쪽에 서 있습니다.

안젤리나는 조금 전까지만 해도 재투성이였는데 지금은 왕자비가 되어 스스로도 혼란스럽다고 겸손하게 심경을 밝힙니다. 그때 마니피코가 안젤리나에게 다가가 그녀에게 마마라고 존칭을 하자, 안젤리나는 딸을 왜 그렇게 부르느냐며 마니피코를 감쌉니다. 그리고, 라미로에게는 과거 의붓가족들로부터 당했던 모욕은 이미 다 잊어버렸으며 이들을 용서하는 것이 자신의 복수라고 말하고는 이 피날레 곡을 부릅니다.

안젤리나 : 괴로움과 눈물 속에 태어나
(Nacqui all'affanno, al pianto)

Nacqui all'affanno, al pianto, soffrì tacendo il core,
저는 괴로움과 눈물 속에 태어나, 마음 졸이면서 고통받았어요.

ma per soave incanto, dell'età mia nel fiore,
그런데, 가장 좋은 나이에 달콤한 마법에 의해

come un baleno rapido la sorte mia, la sorte mia cangiò.
마치 번개처럼 제 운명이, 제 운명이 바뀌었어요.

come un baleno rapido la sorte mia, la sorte mia cangiò.
순식간에 제 운명이, 제 운명이 갑자기 바뀌었어요.

No no, no, no, tergete il ciglio.
(마니피코와 언니들을 보며) 아니, 아니에요, 눈물 닦으세요.

perché tremar, perché tremar, perché?
왜 떠세요? 왜 그러세요? 왜 그러세요?

A questo sen, a questo sen volate,
제게로, 이리 오세요,

figlia, sorella, amica, tutto, tutto, tutto, tutto trovate in me, trovate, trovate in me.
저는 딸이자, 자매이고, 친구예요, 이 모든 게 다 저예요.

Padre… sposo… amico… oh istante!
아버지… 신랑… 친구도 있고… 오 행복한 순간이에요!

Non più mesta accanto al fuoco starò sola a gorgheggiar, no!
저는 더 이상 혼자 슬픔에 빠져 불 옆에서 노래를 부르고 있지 않을 거예요, 안 그럴 거예요.

Ah! fu un lampo, un sogno, un gioco, il mio lungo palpitar.
아, 제 오랜 두근거림은 섬광이었고, 꿈이었고, 놀이였어요,

Non più mesta accanto al fuoco, non più mesta accanto al fuoco starò sola a gorgheggiar, no.
저는 더 이상 혼자 불 옆에서, 더 이상 혼자 불 옆에서 슬픔에 빠져 노래 부르지 않을 거예요, 안 그럴 거예요.

Ah! fu un lampo, un sogno, un gioco, il mio lungo palpitar.
아, 제 오랜 두근거림은 섬광이었고, 꿈이었고, 놀이였어요,

Non più mesta accanto al fuoco, non più mesta accanto al fuoco
starò sola a gorgheggiar.
저는 더 이상 혼자 불 옆에서, 더 이상 혼자 불 옆에서 슬픔에 빠져 노
래를 부르지 않을 거예요,

Ah fu un lampo, un sogno, un gioco, il mio lungo palpitar.
아, 제 오랜 두근거림은 섬광이었고, 꿈이었고, 놀이였어요,

Ah fu un lampo, un sogno, un gioco,
섬광이었고, 꿈이었고, 놀이였어요,

ah fu un lampo, un sogno, un gioco, il mio lungo palpitar.
아, 제 오랜 두근거림은 섬광이었고, 꿈이었고, 놀이였어요,

Ah fu un lampo, un sogno, un gioco,
섬광이었고, 꿈이었고, 놀이였어요,

ah fu un lampo, un sogno, un gioco, il mio lungo palpitar.
아, 제 오랜 두근거림은 섬광이었고, 꿈이었고, 놀이였어요,

il mio lungo palpitar, il mio lungo sospirar,
제 오랜 두근거림, 제 오랜 두근거림은,

il palpitar, il palpitar, il palpitar,
제 두근거림, 제 두근거림, 제 두근거림은 그랬어요.

• 안젤리나 : 옛날에 왕이 한 명 있었어(Una volta c'era un Re)

의붓아버지와 의붓언니들로부터 차별과 구박을 받으며 힘든 나날을 보내는 안젤리나가 스스로 고달픈 삶을 위로하고 싶을 때마다 부르는 곡

• 마니피코 : 내 딸들아(Miei rampolli femminini)

마니피코가 잠옷 차림으로 딸들 앞에 나타나 방금 기분 좋은 꿈을 꾸고 있었는데 딸들이 꿈을 깨버렸다고 화를 내며 부르는 곡

• 라미로, 안젤리나 : 눈 안에서 달콤한 무엇이 반짝였는지 모르겠네(Un soave non so che in quegl'occhi scintillò)

마니피코의 집에서 처음 만난 라미로와 안젤리나가 서로에게 호감을 느끼며 부르는 2중창

• 단디니 : 4월의 벌처럼(Come un'ape ne' giorni d'aprile)

단디니가 마니피코의 집에 들어와, 마니피코와 두 딸들에게 왕자 행세를 하며 의기양양하게 부르는 곡

• 알리도로 : 저 하늘 너머 깊고 신비한 곳(Là del ciel nell'arcano profondo)

알리도로가 안젤리나에게 왕자의 가정교사라고 자신의 정체를 밝힌 후, 안젤리나를 위로하며 부르는 곡

• 마니피코 : 너희 중 누가 곧 왕자비가 되면(Sia qualunque delle figlie)

마니피코가 두 딸 가운데 누구든 왕자와 결혼하면 아버지인 자신에게 쏟아질 이득과 명예를 상상하면서 부르는 곡

• 라미로 : 그래, 그녀를 반드시 찾을 거야(Sì, ritrovarla io
giuro)

라미로가 자신이 마음에 둔 안젤리나를 찾아 나서기로 결심하고, 반드
시 그녀를 찾겠다는 각오를 다지며 부르는 곡

• 단디니, 마니피코 : 중요한 비밀(Un segreto d'importanza)

단디니가 마니피코에게 사실 자신은 왕자가 아니고 왕자를 모시는 시
종이라고 자신의 정체를 밝히는 곡

• 안젤리나, 라미로, 단디니, 마니피코, 클로린다, 티스베 :
이건 아주 복잡하게 뒤엉킨 매듭이네(Questo è un nodo
avviluppato)

마니피코와 두 딸 클로린다, 티스베는 그들이 모욕하고 무시했던 라미
로가 진짜 왕자인 것을 알고 깜짝 놀라고, 라미로와 단디니, 그리고 안
젤리나도 이 믿기지 않는 상황에 함께 놀라며 부르는 6중창

• 안젤리나 : 괴로움과 눈물 속에 태어나(Nacqui all'affanno, al
pianto)

안젤리나가 그간 괴롭고 힘든 날들을 보냈지만, 이제는 더 이상 혼자
불 옆에서 슬픔에 빠져 노래 부르지 않을 거라며 새로운 희망과 행복
을 노래하는 곡

3

—

호수의 여인
La Donna del Lago

개요

영국의 시인 겸 소설가 월터 스콧Walter Scott이 스코틀랜드의 제임스 5세 국왕과 더글라스 백작 간 권력 투쟁을 소재로 1810년 발표한 서사시를 기초로, 롯시니가 대본작가 안드레아 레오네 톳톨라 Andrea Leone Tottola와 손잡고 만든 이 작품은 1819년 10월 나폴리에서 초연되었습니다.

문학작품을 오페라로 작품화하던 당시 흐름 속에서, 월터 스콧의 낭만주의 문학작품을 이탈리아에서 처음으로 오페라로 만든 이 작품은 당시 유럽을 휩쓸던 낭만주의적 취향을 반영해 이국적 배경과 비극적 요소를 포함하고 있으며, 벨칸토 오페라의 정점을 보여주는 동시에, 이탈리아 낭만주의 오페라가 나아갈 방향에도 큰 영향을 미쳤습니다.

이 작품은 풍부한 선율과 다양한 창법, 세련된 오케스트라 연주가 어우러지며 혁신적 음악을 보여주었고, 선과 악이 대비되는 단순한 서사를 넘어선 입체적 인물 묘사를 통해 오페라의 지평을 넓혔다는 평가를 받았습니다.

이 작품은 벨칸토 오페라 특유의 유려한 흐름과 장식적 표현으로 인해 등장 인물들에게 극도의 기교와 섬세한 표현력을 요구하는 아리아들이 많아, 듣는 재미를 제대로 느낄 수 있는 작품입니다. 바지

역할인 말콤의 아리아를 감상하는 것도 작품을 즐기는 요소 중 하나입니다.

이 작품은 롯시니가 장기인 오페라 부파뿐만 아니라 오페라 세리아에도 탁월한 재능을 가지고 있다는 점을 증명했다는 점에서 그에게도 중요한 의미를 갖습니다. 롯시니는 이 작품을 통해 음악적 스펙트럼을 넓히고 낭만주의 시대가 요구하는 서정적이고 극적인 오페라에 대한 자신의 적응력과 함께, 풍부하고 다채롭게 관현악을 사용하는 능력을 보여주었습니다.

이 작품은 초연 이후 약 40년간 이탈리아는 물론, 독일, 영국, 프랑스, 오스트리아 등 유럽과 심지어 남미 유수 극장에서 경쟁적으로 공연되었으나, 1860년 이후 언젠가부터 공연 레퍼토리에서 오랜 기간 사라지는 운명을 맞았습니다.

그러다가 1958년 약 100년 만에 이탈리아와 영국 무대에 다시 올려져 부활 조짐을 보인 후 또다시 한동안 빛을 보지 못하다가, 1983년 롯시니의 고향 페사로에서 열린 롯시니 페스티벌에서 공연된 이후 지금은 전 세계 많은 극장에서 사랑받는 작품 중 하나가 되었습니다.

주요 등장인물

엘레나(호수의 여인/소프라노)
말콤(엘레나의 연인, 바지역할/콘트랄토)
우베르토(지아코모 국왕/테너)
두글라스(엘레나의 아버지/베이스)
로드리고(반군 지도자/테너)
세라노(두글라스의 부하/테너)

제1막

이른 새벽 스코틀랜드의 카트린 호수. 호숫가에서는 목동들이 양을 치고 있고, 근처 숲속에서는 사냥꾼들이 한창 사냥을 하고 있습니다. 카트린 호수 위에서 혼자 배를 타고 가던 엘레나는 서서히 아침이 밝아오자, 사랑하는 연인 말콤이 빨리 돌아오기를 바라며 이 곡을 부릅니다.

엘레나 : 오 아침의 여명이여(Oh mattutini albori)

Oh mattutini albori, vi ha preceduti amor.
오, 아침의 여명이여, 너보다는 사랑이 먼저 내게 온단다.

Da' brevi miei sopori a ridestarmi ognor
내가 짧은 잠에서 깨어날 때마다 항상

tu vieni, o dolce immagine del caro mio tesor!
내 소중한 사랑의 달콤한 모습이 나타나지!

o dolce immagine del caro mio, del caro mio tesor!
오 내 소중한 사랑의, 내 소중한 사랑의 달콤한 모습이 나타난다구!

Fugge, ma riede il giorno,
하루가 지나면, 새날이 찾아오고,

si cela il rio talor, ma rigorgoglia intorno di più abbondante umor,
시냇물은 때로 숨다가도, 더 많은 물이 되어 다시 솟아 흐르는데,

tu a me non torni, amabile oggetto del mio ardor!
내 뜨거운 사랑, 당신은 내게 돌아오지 않네요!

tu a me non torni, amabile oggetto del mio ardor!
내 뜨거운 사랑, 당신은 내게 돌아오지 않아요!

a me non torni, amabile oggetto del mio, del mio, del mio ardor!
내 뜨거운 사랑, 당신은 내게 돌아오지 않네요!

oggetto del mio ardor, oggetto del mio ardor!
내 뜨거운 사랑, 내가 뜨겁게 사랑하는 사람이!

엘레나의 배가 호숫가에 다다르자, 근처 바위에서 기다리고 있던 우베르토가 그녀에게 다가옵니다. 사실 그는 스코틀랜드의 왕 지아코모(제임스)였는데, 아름답다는 엘레나의 명성을 듣고 그녀를 직접 보기 위해 이곳에 온 것이었습니다.

엘레나가 누구냐고 묻자, 우베르토는 사냥을 나왔다가 일행과 떨어져 그만 길을 잃고 말았다고 답합니다. 우베르토를 딱하게 여긴 엘레나는 호수 건너편에 자신의 집이 있는데 그곳에서 잠시 쉬어가라고 친절을 베풉니다. 엘레나는 우베르토에게 자신의 배에 타라고 권하고, 우베르토는 자기 신분을 속인 채 함께 배를 타고 가며 이 2중창을 부릅니다.

엘레나, 우베르토 : 작은 배로 내려와(Scendi nel piccol legno)

(엘레나)
Scendi nel piccol legno, al fianco mio t'assidi.
작은 배로 내려와 제 옆에 앉으세요.

(우베르토)
Oh del tuo cor ben degno eccesso di pietà!
오 당신 마음은 친절로 가득하군요!

(엘레나)
Sei nella Scozia, e ancora non sai che qui si onora pura ospitalità?
당신은 지금 스코틀랜드에 계시는데, 이곳에선 흰대를 중시한다는 걸
모르시죠?

si onora, si onora,
환대를 중시해요, 아주 중시한답니다.

(우베르토)
Deh! mi perdona,
오, 미안해요.

deh, oh Dio! confuso appien son io, confuso appien son io,
confuso appien son io!
(독백으로) 맙소사, 아주 혼란스럽네, 혼란스러워!

(엘레나)
Ah sgombra omai l'affanno, lieto respiri il cor.
아, 이제 걱정 마시고, 마음 편하게 가시죠!

Ah sgombra omai l'affanno, lieto respiri il cor.
아, 이제 걱정 마시고, 마음 편하게 가시면 돼요!

(우베르토)
Un innocente inganno deh tu proteggi, o amor!
(독백으로) 오, 사랑이여, 내 순수한 속임수를 보호해다오!

Un innocente inganno deh tu proteggi, o amor!
오, 내가 악의 없이 그녀를 속이고 있는 걸 지켜다오!

(엘레나)
Ah sgombra omai l'affanno, lieto respiri il cor.
아, 이제 걱정 마시고, 마음 편하게 가시죠!

Ah sgombra omai l'affanno, lieto respiri il cor.
아, 이제 걱정 마시고, 마음 편하게 가시면 돼요!

(우베르토)
Un innocente inganno deh tu proteggi, o amor!
(독백으로) 오, 사랑이여, 순수한 속임수를 지켜다오!

Un innocente inganno deh tu proteggi, o amor!
오, 내 악의 없는 속임수를 보호해다오!

deh tu proteggi, o amor!
오 사랑이여, 순수한 속임수를 지켜다오!

엘레나의 집에 도착한 우베르토는 그녀의 집 안에 자기 선조의 문장과 휘장이 여럿 걸려있는 것을 보고 흠칫 놀랍니다. 우베르토는 누가 이 문장과 휘장들을 받았는지 묻는데, 엘레나가 아버지 두글라스가 받은 것이라고 하자, 두글라스라는 이름을 듣고 깜짝 놀랍니다. 두글라스는 지아코모 왕의 스승이었으나, 궁정 내 갈등으로 인해 추방된 인물이었기 때문입니다.

이때 엘레나의 친구들이 나타나 엘레나가 반군 지도자인 로드리고와 결혼하게 된 것을 축하한다고 하자, 우베르토는 로드리고라는 이름을 듣고 놀라면서 동시에 질투심을 느낍니다. 우베르토는 엘레나에게 로드리고와 이미 결혼했는지 묻는데, 엘레나는 왜 그런 걸 묻느냐면서, 로드리고는 자신으로부터 자유를 빼앗아 간 사람이라고 답합니다. 이 말을 들은 우베르토는 내심 기뻐하며 엘레나의 집을 떠납니다.

얼마 후, 엘레나의 연인 말콤이 몇 달 만에 나타나, 예전 그녀와 함께했던 추억을 회상하며 이 곡을 부릅니다.

말콤 : 행복한 성벽이구나(Mura felici)

Mura felici, ove il mio ben s'aggira!
행복한 성벽이구나, 나의 사랑(엘레나)이 오가는 곳!

dopo più lune io vi riveggo,
몇 달이 지나고, 내가 다시 당신을 찾아왔소.

Ah! voi più al guardo mio non siete, come lo foste, un dì, ridenti e liete!
아! 예전의 웃고 행복했던 당신의 모습은 이젠 더 이상 내 눈앞에 없구려!

Qui nacque, fra voi crebbe l'innocente mio ardor,
내 순수한 열정이 이곳에서 생겨나고, 당신과의 사이에서 자라났지,

quanto soave fra voi scorrea mia vita al fianco di colei,
내 삶이 행복하게 흘러가던 이곳에서

che rispondea pietosa a' voti miei!
내 바람에 자비롭게 화답했던 그녀와 함께했었는데!

Nemico nembo orvi rattrista, e agghiaccia il povero mio cor!
지금은 적의 구름이 슬픔을 드리우고, 내 가여운 마음을 얼어붙게 하네!

Mano crudele a voi toglie, a me invola.
잔인한 사람이 내게서 당신을 빼앗아 가다니.

Oh! rio martiro! la vostra abitatrice, il mio tesoro.
오, 악랄한 고통이구나! 내 사랑,

Elena! oh tu che chiamo! oh tu che chiamo!
엘레나, 난 당신을 부르고, 당신을 찾지요!

Deh vola a me, deh vola a me un istante!
어서 내게 날아와 줘요!

Tornami a dire: io t'amo!
그리고 내게 말해줘요, 날 사랑한다고!

Serbami la tua fé!
나에 대한 믿음을 지켜줘요!

E allor, di te sicuro, anima mia!
난 당신에 대해 확신해요, 내 사랑!

lo giuro, ti toglierò al più forte, o morirò, o morirò per te.
난 맹세하오, 가장 강한 자로부터 당신을 빼앗아 오거나, 아니면 당신
을 위해 죽을 거요.

ti toglierò al più forte, o morirò, o morirò per te.
가장 강한 자로부터 당신을 빼앗아 오거나, 아니면 당신을 위해 죽겠소.

Grata a me fia, me fia la morte, s'Elena mia, s'Elena mia, s'Elena
mia non è.
만일 엘레나가 없다면, 만일 엘레나가 없다면, 만일 그녀가 없다면, 죽
음은 내게 오히려 축복이 될 거요.

s'Elena mia, s'Elena mia, s'Elena mia, no non è.
만일 엘레니가 없다면, 만일 그녀가 없다면 말이야.

Oh quante lacrime finor versai lungi languendo da' tuoi bei rai!
오 당신의 아름다운 눈에서 멀리 떨어져, 지금까지 얼마나 많은 눈물
을 흘렸는지,

ogn'altro oggetto è a me funesto, tutt'è imperfetto, tutto detesto,
다른 것들은 모두 내게 해롭고, 모두 불완전하고, 모두 싫었어요,

di luce il cielo non più non brilla, più non sfavilla astro per me
no.
하늘은 더 이상 빛나지 않고, 별들이 더 이상 나를 위해 반짝이지 않
아요.

di luce il cielo non più non brilla, più non sfavilla astro per me,
no no no per me.
하늘은 더 이상 빛나지 않고, 별들이 더 이상 나를 위해 반짝이지 않아.
반짝이지를 않아,

Cara! tu sola mi dai la calma,
그대여! 오직 당신만이 내게 평온을 주고,

tu rendi all'alma grata mercé! tu rendi grata, grata mercé!
당신만이 내 영혼에 감사의 자비를 베풀어준다오.

Oh quante lacrime finor versai lungi languendo da' tuoi bei rai!
오 당신의 아름다운 눈에서 멀리 떨어져, 여태 얼마나 많은 눈물을 흘
렸는지!

ogn'altro oggetto è a me funesto, tutto è imperfetto, tutto
detesto,
다른 것들은 모두 내게 해롭고, 모두 불완전하고, 모두 싫었어요,

di luce il cielo non più non brilla, più non sfavilla astro per me
no.
하늘은 더 이상 빛나지 않고, 별들이 더 이상 나를 위해 반짝이지 않
아요,

di luce il cielo non più non brilla, più non sfavilla astro per me,
no no no per me.
하늘은 더 이상 빛나지 않고, 별들이 더 이상 나를 위해 반짝이지 않아,
반짝이지를 않아,

Cara! Tu sola mi dai la calma,
그대여! 오직 당신만이 내게 평온을 주고,

tu rendi all'alma grata mercé! si tu rendi all'alma grata mercé!
당신만이 내 영혼에 감사의 자비를 베풀어준다오!

Cara! Tu sola mi dai la calma,
그대여, 오직 당신만이 내게 평온을 주고,

sì tu rendi all'alma grata mercé,
맞아요, 당신만이 내 영혼에 감사의 자비를 베풀어준다니까.

grata mercé, grata mercé, grata mercé, grata mercé!
감사의 자비를, 감사의 자비를, 감사의 자비를, 감사의 자비를!

두글라스는 딸 엘레나에게 로드리고가 억압받는 스코틀랜드를
위해 위업을 이룰 거라면서 엘레나가 로드리고의 아내가 되기 바
란다는 희망을 밝힙니다. 엘레나는 지금 모두 치열한 전쟁터로 모
여들고 있는데 아버지는 한가하게 결혼 이야기를 하느냐며 로드리
고와의 결혼 이야기를 애써 피하려 합니다. 이를 몰래 지켜보던 말
콤은 안도하고, 마음이 불편해진 두글라스는 이 곡을 부른 후 자리
를 떠납니다.

두글라스 : 조용히 해라, 그러길 바란다(Taci, lo voglio)

Taci, lo voglio, lo voglio, e basti,
조용히 해라, 그러길 바란다, 그만 해.

meglio il dover consiglia,
조언을 해주는 게 좋을 것 같구나.

mostrami in te la figlia, degna del genitor.
부모에게 어울리는 딸의 모습을 보이렴.

mostrami in te la figlia, degna, degna del genitor, degna, degna
del genitor.
부모에게 어울리는, 부모에게 어울리는 딸의 모습을 내게 보여다오,

Di un passaggero orgoglio perdono in te l'eccesso,
네 자존심 때문에 네가 내게 지나치게 했던 일은 내가 용서하마.

ti dica questo amplesso, che mi sei cara ancor.
(엘레나를 안으며) 이 포옹은 네가 여전히 내게 소중하다는 걸 말해주는 거란다.

ti dica questo amplesso, che mi sei cara ancor,
이 포옹은 네가 여전히 내게 소중하다는 걸 말해주는 거야.

ti dica questo, che mi sei cara, che mi sei cara ancor.
이 포옹은 네가 여전히 내게 소중하다는 걸 말해주는 거라구.

che mi sei cara ancor, che mi sei cara ancor, che mi sei cara ancor.
여전히 내게 소중하다는 걸, 여전히 내게 소중하다는 걸, 여전히 내게 소중하다는 걸 말해주는 거야.

Ma già le trombe squillano! Giunge Rodrigo!
이미 나팔 소리가 울려 퍼지고 있구나. 저기 로드리고가 오네!

oh sorte! Io ti precedo, seguimi, seguimi,
오 운명아! 내가 앞장설 테니 날 따르거라,

ed offri al prode, al forte in puro omaggio il cor, in puro omaggio il cor, in puro omaggio il cor.
용감한 자에게, 강한 자에게 경의를 표하고, 네 마음을 바치렴.

Di quelle trombe al suono, ah, ridestar mi sento, ah, ridestar mi sento nel cor, di forze spento, l'usato mio valor.
저 나팔 소리에, 아! 힘이 다한 내 심장이 예전의 용기를 되살리는 걸 느끼는구나.

nel cor, di forze spento, l'usato, l'usato mio valor,
힘이 다한 내 심장이 예전에 가졌던 용기를

nel cor, di forze spento, l'usato mio valor,
힘이 다한 내 심장이 예전에 가졌던 용기를

nel cor, di forze spento, l'usato, l'usato mio valor,
힘이 다한 내 심장이 예전에 가졌던 용기를

l'usato, mio valor, l'usato, mio valor, l'usato, mio valor.
힘이 다한 내 심장이 예전에 가졌던 용기를 되살리는 것을 느끼는구나.

두글라스가 떠난 후, 엘레나는 말콤에 대한 사랑과 아버지에 대한
도리 가운데서 잠시 괴로워합니다. 그때 말콤이 엘레나 앞에 모습을
드러내자, 두 사람은 다시금 사랑을 확인합니다.

날이 밝고 광장에 반군 전사들이 집결합니다. 그들 앞에 반군 지
도자인 로드리고가 나타나 부하들의 전의를 불태우고, 동시에 엘레
나를 만나고 싶은 마음을 이 곡으로 노래합니다.

로드리고 : 제군들, 조국의 영광을 위하여
(Eccomi a voi, miei prodi)

Eccomi a voi, miei prodi, miei prodi, onor del patrio suolo,
제군들, 조국의 영광을 위하여!

se meco siete, io volo già l'oste a debellar,
제군들이 나와 함께 한다면, 나는 적을 물리치러 벌써 날아가고 있을
것이다.

io volo già l'oste a debellar, già l'oste a debellar, già l'oste a debellar.
나는 적을 물리치기 위해, 적을 물리치기 위해 벌써 날아가고 있을 것이야.

Allor che i petti invade, sacro di patria amore,
조국에 대한 신성한 사랑이 제군들의 가슴에 밀려올 때,

sa ognor di mille spade un braccio trionfar, un braccio trionfar, un braccio, un braccio, un braccio trionfar.
단 일격으로 적의 천 개의 칼을 물리치는 방법을 알게 된다.

Eccomi a voi, eccomi a voi,
제군들, 제군들,

se meco siete, io volo già l'oste a debellar,
제군들이 나와 함께 한다면, 나는 적을 물리치러 벌써 날아가고 있을 것이다.

io volo già l'oste a debellar, già l'oste a debellar, già l'oste a debellar, a debellar, a debellar,
나는 적을 물리치러, 적을 물리치러 벌써 날아가고 있을 것이다.

Ma dov'è colei, che accende dolce fiamma nel mio seno?
(독백으로) 그런데 내 가슴에 달콤한 불꽃을 밝히는 그녀는 어디 있는 거지?

de' suoi lumi un sol baleno fa quest'anima bear! fa quest'anima bear!
그녀의 불빛이 단 한 번만 반짝여도 내 영혼은 행복해질 텐데!

Ma dov'è colei, che accende dolce fiamma nel mio seno?
그런데 내 가슴에 달콤한 불꽃을 지피는 그녀는 어디에 있는 거야?

de' suoi lumi un sol baleno fa quest'anima bear, bear! fa
quest'anima bear!
그녀의 불빛이 단 한 번만 반짝여도 내 영혼은 행복해지는데!

로드리고를 만난 두글라스는 기뻐하고, 로드리고는 엘레나를 만날 기대감에 가슴이 부풉니다. 잠시 후 엘레나가 나타나는데, 아버지의 바람을 아는 그녀는 로드리고를 보자 불편한 표정을 숨기지 못하고, 이를 지켜본 두글라스는 마음속으로 그녀를 원망합니다.

로드리고는 반군에 합류한 말콤을 보며 오늘 친구와 부인을 모두 얻어 기쁘다고 하는데, 말콤은 부인이 누구냐고 묻습니다. 로드리고는 누구인지 모르냐면서 엘레나를 보면 마음이 타오른다고 말하는데, 말콤은 그럴 수 없다는 반응을 보입니다.

이때 엘레나가 말콤에 대한 감정을 숨기지 못하자, 두 사람 사이가 심상치 않다는 것을 눈치챈 로드리고는 마음속으로 분노하고, 두글라스는 두글라스대로 자신의 의중을 알면서도 끝까지 따르지 않는 딸 엘레나를 원망합니다.

서로의 긴장이 고조되려는 순간, 두글라스의 부하 세라노가 급히 뛰어오며 지금 지아코모 국왕의 병사들이 공격해 오고 있다고 보고하고, 반군은 로드리고의 지휘하에 전투태세에 들어갑니다.

제2막

엘레나가 혼자 있을 때 우베르토, 즉 지아코모 국왕이 그녀 앞에 모습을 나타냅니다. 그는 이 곡을 부르며 엘레나에 대한 자신의 심정을 고백합니다.

우베르토 : 오 달콤한 불꽃이(Oh fiamma soave)

Oh fiamma soave in seno m'accendi,
오 내 가슴을 밝히는 달콤한 불꽃이

pietosa ti rendi a un fido amator.
충실한 연인에게 자비를 베푸는군요.

Oh fiamma soave, pietosa ti rendi a un fido amator.
오 달콤한 불꽃이 충실한 연인에게 자비를 베풀어요.

Per te forsennato affronto il periglio,
난 지금 당신을 위해 위험을 무릅쓰고 있어요,

non curo il mio stato, non ho più consiglio;
난 지금 내 안전도 돌보지 않고, 다른 사람의 조언도 듣지 않고 있어요.

vederti un momento, bearmi in quel ciglio
내가 잠시라도 당신을 보고, 당신의 눈빛을 보는 건

è il dolce contento, che anela il mio cor!
내 마음이 갈망하는 달콤한 행복이라오!

è il dolce contento, che anela il mio cor, che anela il mio cor,
che anela il mio cor!
그건 내 마음이 갈망하는, 내 마음이 바라는 달콤한 행복이에요!

Oh fiamma soave, oh fiamma soave in seno m'accendi
오 내 가슴을 밝혀주는 달콤한 불꽃, 아름다운 불꽃이

pietosa ti rendi a un fido amator.
충실한 연인에게 자비를 베푸는군요.

Oh fiamma accendi, ti rendi a un fido amator.
오 아름다운 불꽃이 충실한 연인에게 연민을 베푸는 거예요.

Per te forsennato affronto il periglio,
난 지금 당신을 위해 위험을 무릅쓰고 있어요,

non curo il mio stato, non ho più consiglio;
난 지금 내 안위를 돌보지 않고, 다른 사람의 조언도 듣지 않고 있어요.

vederti un momento, bearmi in quel ciglio
내가 잠시라도 당신을 보고, 당신의 눈빛을 보는 건

è il dolce contento, che anela il mio cor!
내 마음이 갈망하는 달콤한 행복이라오!

è il dolce contento, che anela il mio cor!
그건 내 마음이 갈망하는 달콤한 행복이라구요!

è il dolce contento, che anela il mio cor! che anela il mio cor!
내 마음이 갈망하는, 내 마음이 갈망하는 달콤한 행복!

che anela il mio cor! il mio cor! il mio cor! che anela il mio cor!
그건 내 마음이 갈망하는, 내 마음이 갈망하는 달콤한 행복이에요!

　우베르토를 바로 알아보지 못한 엘레나는 그에게 누구냐고 묻습
니다. 우베르토는 얼마 전 호숫가에서 엘레나가 자신에게 친절을 베
풀었던 사실을 상기시키며 아직도 알아보지 못하겠느냐고 되묻습

니다. 그때서야 우베르토를 알아본 엘레나는 무슨 일로 이곳에 오게 되었는지 묻습니다.

우베르토는 그녀에게 사랑한다는 말을 하기 위해 왔다며 엘레나에 대한 사랑을 호소합니다. 하지만 엘레나는 자신은 이미 연인 말콤에게 변하지 않을 사랑을 맹세했기 때문에 그의 사랑 고백은 받아들일 수 없다고 하고, 두 사람은 서로의 심경을 이 2중창으로 노래합니다.

엘레나, 우베르토 : 이성을 되찾고
(Alla ragion deh rieda l'alma)

(엘레나)
Alla ragion deh rieda l'alma agitata, l'alma agitata, agitata, oppressa,
흔들리고 억압받은 영혼이 이성을 되찾아,

ed all'amor succeda la tenera amistà, agitata, oppressa,
흔들리고 억압받은 영혼이 그 사랑을 우정으로 이어가기를,

ed all'amor succeda la tenera amistà, la tenera amistà, la tenera amistà, la tenera amistà.
사랑을 원만한 우정으로 이어가기를, 원만한 우정으로, 원만한 우정으로,

(우베르토)
Arcani sì funesti perché tacermi, perché tacermi, tacermi, ingrata!
나쁜 사람, 왜 그런 비밀에 대해 내게 아무 말도 하지 않았던 거요?

Allor che mi rendesti preda di tua beltà?
언제부터 내가 당신의 아름다움에 사로잡히게 만든 거요?

Arcani sì funesti perché tacermi, ingrata!
나쁜 사람, 왜 그런 비밀에 대해 내게 아무 말도 하지 않았던 거요?

Allor che mi rendesti preda di tua beltà? di tua, di tua beltà? di
tua, di tua beltà? di tua beltà? di tua beltà?
언제부터 내가 당신의 아름다움에, 당신의 아름다움에, 당신의 아름다
움에 사로잡히게 만든 거요?

(엘레나)
Che amavi io non sapea,
전 당신이 저를 사랑한다는 걸 몰랐어요,

(우베르토)
Non tel diss'io?
내가 말하지 않았소?

(엘레나)
Credea che gentilezza.
친절을 베푸신다고 생각했죠.

(우베르토)
Amore, amore,
그건 사랑, 사랑이지요.

Sì, in me possente amore fiamma, fiamma destò vorace.
맞아요, 강력한 사랑이 내 가슴 속에 뜨거운 불꽃을 일으켰지요.

e la sua cruda face struggermi appien saprà!
당신의 잔인한 얼굴은 나를 무너뜨리는 방법을 알고 있을 거요!

e la sua cruda face struggermi appien saprà!
당신의 잔인한 얼굴은 나를 무너뜨리는 방법을 알고 있을 거요!

e la sua cruda face struggermi appien saprà!
당신의 잔인한 얼굴은 나를 무너뜨리는 방법을 알고 있을 거란 말이요!

엘레나의 마음이 확고한 것을 확인한 우베르토, 즉 지아코모 국왕은 신사답게 물러나기로 합니다. 그리고 자신이 예전 커다란 위험에 처했던 스코틀랜드 왕을 구하고 그로부터 받은 것이라며, 엘레나에게 반지를 하나 건넵니다. 그리고는 나중에 그녀나 부모 또는 연인이 위험에 처했을 때 이 반지를 보여주면 도움을 받게 될 것이라고 말합니다.

두 사람이 헤어지려는 순간, 어떤 수상한 자가 진영에 숨어들었다는 소문을 들은 로드리고가 두 사람 앞에 나타납니다. 로드리고는 우베르토를 의심하며 누구냐고 캐묻다가, 혹시 왕의 친구냐고 묻습니다. 우베르토가 그렇다고 하자, 로드리고는 그를 겁쟁이라고 모욕하고, 우베르토도 로드리고를 나쁜 무리를 이끄는 사악한 지도자라고 받아치며 서로 감정이 격해집니다. 두 사람은 엘레나의 만류에도 불구하고 결투를 벌이기로 하고 밖으로 나갑니다.

한편, 말콤은 엘레나를 찾아다니던 도중, 세라노로부터 엘레나의 아버지 두글라스가 지아코모 국왕에게 평화를 호소하기 위해 왕궁으로 갔다는 소식을 듣습니다. 세라노는 두글라스가 그에게 엘레나를 지켜달라고 부탁했고, 만일 그의 죽음이 국왕의 분노를 가라앉혀 조국에 평화를 가져올 수 있다면 그건 감사한 일이라고 말했다고 덧붙입니다.

세라노로부터 엘레나가 이 모든 사실을 알고 아버지를 구하기 위해 왕궁으로 달려갔다는 말을 들은 말콤은, 자신에게 어떤 위험이 닥치더라도 연인 엘레나를 구해야겠다고 생각하며 이 곡을 부릅니다.

말콤 : 아! 죽음이 다가오고 있는데
(Ah! si pera ormai la morte)

Ah!~~~ si pera, ah! si pera ormai la morte, fia sollievo a' mali miei, fia sollievo a' mali miei,
아, 죽음이, 죽음이 다가오고 있는데, 과연 내 고통이 덜어질까,

se s'invola a me colei che mi resse, che mi resse in vita ognor?
항상 나를 지탱해 주던, 나를 지탱해 주던 그녀가 내게서 떠나 버린다면?

Ah, mio tesoro, io ti perdei! dolce speme, dolce speme del mio cor!
아, 내 사랑, 당신을 잃어버리다니! 내 마음의 달콤한 희망이던 당신을!

Mio tesoro, mio tesoro! io ti perdei! dolce speme del mio cor!
내 사랑, 내 사랑! 내 마음의 달콤한 희망이던 당신을 잃어버리다니!

ti perdei! ti perdei! dolce speme del mio cor!
당신을 잃어버리다니! 당신을! 내 마음의 달콤한 희망이었는데!

dolce speme del mio cor, dolce speme del mio cor!
내 마음의 달콤한 희망이었는데! 내 마음의 달콤한 희망이었는데!

그때 반란군 전사들이 지도자인 로드리고가 죽었다고 알리며, 두 글라스를 찾습니다. 반군 전사들은 그들이 처한 상황을 돌아보며, 향후 대응 방안을 찾으려 합니다.

한편, 왕궁에서 옛 제자인 지아코모 국왕을 만난 두글라스는 자신의 과거 행적에 대해 자비를 구하지 않겠으나, 다만 자신의 죽음으로써 피비린내 나는 전쟁을 끝냈으면 한다면서, 다른 이들에 대해서는 자비를 베풀어달라고 지아코모 국왕에게 간청합니다.

이때 국왕의 신하 베르트람이 들어와 어떤 여인이 예전에 지아코모 국왕이 끼었던 반지를 보여주며 울고 있다고 보고합니다. 지아코모는 그녀가 엘레나인 것을 알아차리고, 베르트람에게 그녀를 왕궁 안으로 들이라고 지시합니다. 베르트람의 안내를 받아 왕궁 안으로 들어온 엘레나는 예전 우베르토에게서 받은 반지로 아버지와 연인 말콤, 그리고 로드리고의 목숨을 살리겠다는 생각을 합니다.

지아코모는 엘레나가 옆방에서 대기 중인 것을 알고, 그녀의 사랑을 얻지 못한 아쉬움을 이 노래에 담아 부르고, 엘레나는 자연스럽게 이 노래를 듣게 됩니다.

우베르토 : 새벽이여! 넌 늘 내게 불길하게 밝아올 것이냐
(Aurora! ah, sorgerai avversa ognor per me?)

(우베르토)
Aurora! ah, sorgerai avversa ognor per me?
새벽이여! 아, 넌 늘 내게 불길하게 밝아올 것이냐?

D'Elena i vaghi rai mostrarmi, oh Dio! perché?
오 신이시여, 엘레나의 매혹적 눈길을 제게 보여주셨지요! 왜 그러셨나요?

e poi rapirmi, o barbara! quel don ch'ebb'io da te?
오 잔인한 분, 당신에게서 받은 선물을 제게서 빼앗아 가시는 건가요?

e poi rapirmi, o barbara! quel don ch'ebb'io da te?
오 잔인한 분, 당신에게서 받은 선물을 제게서 빼앗아 가시는 건가요?

(엘레나)
Stelle! sembra! egli stesso! ah qual sorpresa!
맙소사! 그분 같은데! 바로 그분이잖아! 아, 놀라워라!

Né mi pose in obblio?
그분이 날 잊지 않으셨던 거야?

Di me si duole! e che sperar poss'io?
날 걱정해 주시다니! 내가 무엇을 기대할 수 있을까?

잠시 후 지아코모 국왕이 엘레나 앞에 나타납니다. 지아코모를 우베르토로 알고 있는 엘레나는 무척 반가워하면서 자신을 국왕에게 데려다 달라고 부탁합니다. 지아코모는 잠시 기다려보라고 한 후, 신하들이 모두 모이자 자신이 바로 국왕이라고 밝힙니다.

깜짝 놀란 엘레나가 지아코모의 발 앞에 엎드리자, 지아코모는 엘레나에게 일어나라고 한 후, 바라는 것을 말해보라고 합니다. 엘레나가 아버지 두글라스를 용서해 줄 것을 청하자, 지아코모는 두글라스는 죄인이지만 엘레나에 대한 선물로 그를 사면한다면서, 두글라스가 예전에 가졌던 보스웰 경의 지위까지 회복시켜 줍니다. 이어 엘레나가 로드리고에 대한 사면을 요청하자, 지아코모는 그는 더 이상 이 세상 사람이 아니라고 말해줍니다.

지아코모는 사면은 충분히 베풀었다면서, 이제 정의를 실현하고

자 한다고 합니다. 그는 말콤에 대해서는 감히 그 누구도 자비를 구할 수 없을 것이라고 말하고는, 말콤에게 가까이 다가오도록 한 후, 엘레나와 말콤 두 사람이 서로 손을 잡도록 합니다.

엘레나와 말콤이 크게 감격하고, 모든 신하들이 국왕의 자비로움을 칭송하는 가운데, 엘레나는 이 곡을 부르며 국왕에게 감사를 표하고, 오페라는 막을 내립니다.

엘레나 : 이 순간 너무도 많은 감정이 밀려와
(Tanti affetti in tal momento)

Tanti affetti in tal momento mi si fanno al core intorno,
이 순간 너무 많은 감정이 제 마음속에 밀려와

che l'immenso, che l'immenso mio contento io non posso, io non posso a te spiegar.
제가 얼마나 행복한지를 전하께 설명할 수가 없네요.

Deh! il silenzio sia loquace,
오, 이 침묵이 웅변이 되고,

Tutto dica un tronco accento…
짧은 말이 모든 걸 말해 주었으면…

Ah signor! la bella pace tu sapesti a me donar,
아, 전하, 당신은 제게 아름다운 평화를 안겨주는 법을 아시네요,

tu sapesti a me donar, tu sapesti a me donar, tu sapesti a me donar.
전하는 아시네요, 전하는 아시네요, 전하는 알고 계시네요.

(합창)
Ah sì, torni in te la pace, puoi contenta respirar, respirar, respirar.
아, 그래, 그대에게 평화가 함께 하고, 행복하게 숨 쉴 수 있기를, 숨 쉴 수 있기를,

(엘레나)
Fra il padre e fra l'amante, oh qual beato istante!
아버지와 연인을 구했으니, 오 얼마나 행복한 순간인가!

Ah! chi sperar potea, ah! chi sperar potea tanta felicità, tanta felicità!
아! 누가 이런 행복을, 누가 이런 큰 행복을 바랄 수 있었겠어!

(전원)
Cessi di stella rea, la fiera avversità, avversità, avversità, avversità.
사악한 별자리와 험한 역경에서 벗어나기를.

(엘레나)
Fra il padre e fra l'amante oh qual beato istante!
아버지와 연인을 구했으니, 오 얼마나 행복한 순간인가!

Ah! chi sperar potea, ah! chi sperar potea tanta felicità, tanta felicità!
아! 누가 이런 행복을, 누가 이런 큰 행복을 바랄 수 있었겠어!

(전원)
Cessi di stella rea, la fiera avversità, avversità, avversità, avversità.
사악한 별자리와 험한 역경, 가혹한 역경에서 벗어나기를.

(엘레나)
Fra il padre e fra l'amante, oh qual beato istante!
아버지와 연인을 구했으니, 오 얼마나 축복받은 순간인가!

Ah! chi sperar potea, ah! chi sperar potea tanta felicità, tanta
felicità!
아! 누가 이런 행복을, 누가 이런 큰 행복을 바랄 수 있었겠어!

Fra il padre e fra l'amante, oh qual beato istante!
아버지와 연인을 구했으니, 오 얼마나 행복한 순간인가!

Ah! chi sperar potea, ah! chi sperar potea tanta felicità!
아! 누가 이런 큰 행복을 바랄 수 있었겠어!

Fra il padre e fra l'amante, oh qual beato istante!
아버지와 연인을 구했으니, 오 얼마나 축복받은 순간인가!

Ah! chi sperar potea tanta felicità!
아! 누가 이런 행복을, 누가 이런 큰 행복을 바랄 수 있었겠어!

Ah! chi sperar potea tanta felicità!
아! 누가 이런 행복을, 누가 이런 큰 행복을 바랄 수 있었겠어!

Ah! chi sperar potea tanta felicità!
아! 누가 이런 행복을, 누가 이런 큰 행복을 바랄 수 있었겠어!

felicità, felicità, felicità, felicità, felicità.
이런 행복, 행복, 행복, 행복, 행복을.

• 엘레나 : 오 아침의 여명이여(Oh mattutini albori)

엘레나가 호수 위의 배에 앉아 사랑하는 말콤을 그리며 부르는 곡

• 엘레나, 우베르토 : 작은 배로 내려와(Scendi nel piccol legno)

엘레나가 길을 잃었다고 말하는 우베르토를 딱하게 여겨 자신의 집으로 데리고 가기 위해 배에 타라고 권하고, 우베르토는 정체를 속인 채 배를 타고 가며 함께 부르는 2중창

• 말콤 : 행복한 성벽이구나(Mura felici)

말콤이 연인인 엘레나가 있는 성에 도착해 그녀와 함께 했던 추억을 회상하며 그녀에 대한 사랑을 재확인하며 부르는 곡

• 두글라스 : 조용히 해라, 그러길 바란다(Taci, lo voglio)

엘레나가 로드리고와의 결혼 이야기를 일부러 피하려 하자, 두글라스가 딸 엘레나에게 그녀가 로드리고와 결혼하기 바란다는 뜻을 전하는 곡

• 로드리고 : 제군들, 조국의 영광을 위하여(Eccomi a voi, miei prodi)

로드리고가 광장에 집결해 있는 부하들의 전의를 불태우고, 동시에 엘레나를 만나고 싶은 마음을 노래하는 곡

• 우베르토 : 오 달콤한 불꽃이(Oh fiamma soave)

엘레나의 거처로 찾아온 우베르토가 엘레나를 사랑하는 마음을 고백하는 곡

- 엘레나, 우베르토 : 이성을 되찾고(Alla ragion deh rieda l'alma)

우베르토의 사랑 고백을 받은 엘레나가 자신은 이미 말콤에게 사랑을 맹세해 우베르토의 사랑 고백을 받아들일 수 없다고 하면서, 두 사람이 서로의 심경을 노래하는 2중창

- 말콤 : 아! 죽음이 다가오고 있는데(Ah! si pera ormai la morte)

연인 엘레나가 아버지를 구하기 위해 왕궁으로 달려갔다는 말을 들은 말콤이 자신에게 어떤 위험이 닥치더라도 엘레나를 구해야겠다고 생각하면서 부르는 곡

- 우베르토 : 새벽이여! 넌 늘 내게 불길하게 밝아올 것이냐 (Aurora! ah sorgerai avversa ognor per me?)

지아코모가 왕궁으로 찾아온 엘레나를 옆방에 두고 그녀의 사랑을 차지하지 못한 아쉬움을 표현하는 곡

- 엘레나 : 이 순간 너무도 많은 감정이 밀려와(Tanti affetti in tal momento)

지아코모 국왕이 아버지 두글라스를 사면 복권시키고, 연인 말콤에게도 자비를 베풀자, 엘레나가 감격하며 국왕에게 감사를 표하는 곡

Gaetano Donizetti

가에타노 도니젯티

사랑의 묘약 L'elisir d'amore

람메르무어의 루치아 Lucia di Lammermoor

돈 파스콸레 Don Pasquale

가에타노 도니젯티에 대해

19세기 전반 이탈리아 벨칸토 오페라의 황금기를 이끈 가에타노 도니젯티Gaetano Donizetti는 1797년 이탈리아 북부 베르가모에서 전당포 관리인 아버지와 직물 직공 어머니 사이에서 3형제 중 막내로 태어났습니다. 어려서부터 경제적 어려움을 겪었던 도니젯티는 1806년 후원자의 도움으로 베르가모 음악학교에 입학한 후 음악적 재능을 꽃피우기 시작했으며, 이후 볼로냐로 이동해 그곳에서 작곡 공부를 하며 오페라 작곡가의 꿈을 키워나갔습니다.

도니젯티는 20세 때인 1818년 첫 오페라 〈보르고냐의 엔리코〉를 발표한 이래 70편 가까운 오페라를 남겼는데, 매우 빠른 속도로 여러 작품을 계속 쏟아내며 그만의 독창적 오페라 스타일을 구축해나갔습니다.

그는 대표적 걸작인 〈람메르무어의 루치아〉를 비롯, 〈안나 볼레나〉, 〈마리아 스투아르다〉, 〈로베르토 데브뢰〉의 튜더 3부작과 〈라 파보리타〉 등을 포함해 30편 넘는 오페라 세리아를 작곡했고, 오페라 부파도 〈사랑의 묘약〉, 〈연대의 딸〉, 〈돈 파스콸레〉 등 20편 넘는 작품을 남겼는데, 양 부문에서 공히 탁월한 재능을 보였습니다.

그는 콜로라투라, 피오라투라, 트릴 등 고난도 성악 기법을 많이 사용했는데, 이를 단순히 성악가의 기교를 과시하기 위한 수단 보다는, 등장인물의 감정 상태나 극의 흐름을 효과적으로 표현하는 수단으로 활용했습니다.

그는 오페라 역사상 가장 유명한 정신 착란 장면이라 할 〈람메르무어의 루치아〉의 광란의 장면에서와 같이 음악으로 인간 내면의 다양한 감정을 표현하려 했고, 아울러 19세기 이탈리아 오페라 아리아의 전형적 형식이라 할 카바티나와 카발렛타를 효과적으로 활용해 극의 진행과 등장인물의 심리를 묘사하는 데 탁월한 재능을 보였습니다.

초기 벨칸토 오페라에서는 관현악이 성악을 보조하는 수준에 머물렀던 경우가 많았던 것과 달리, 도니젯티는 같은 시대 작곡가인 롯시니나 벨리니에 비해 오케스트라의 비중을 점차 확대하며, 관현악이 단순 반주를 넘어 극의 분위기를 조성하고 등장인물의 심리를 반영하는 중요한 역할을 담당하도록 하고자 했는데, 이는 바로 뒤에 이어지는 베르디의 오페라에도 영향을 미쳤습니다. 롯시니가 벨칸토 오페라의 씨앗을 뿌리고 벨리니가 서정성의 꽃을 피웠다면, 도니젯티는 그 모든 것을 종합해 벨칸토 오페라를 완성했다는 평가를 받고 있습니다.

도니젯티의 개인적 삶은 기쁨과 행복보다는 고통과 비극이 더 많았습니다. 그는 30세 때인 1828년 비르지니아 바셀리Virginia Vasseli와 결혼해 1남 2녀를 얻었는데, 자녀 셋 모두 유아기에 사망하는 단장의 고통을 겪었습니다. 게다가 아내 비르지니아마저 1837년 불과 29살의 젊은 나이에 병으로 사망하면서 도니젯티는 부모를 포함한 모든 가족을 잃고 처절한 상실을 마주합니다.

그는 정신적, 육체적 건강이 모두 악화되면서 비참한 말년을 맞이했습니다. 아내의 때이른 죽음 이후 그는 심각한 정신질환 증세를 보이기 시작해, 결국 파리 근교 요양원에 입원하는 신세가 되었습니다. 조카의 도움으로 1845년 고향 베르가모로 돌아왔지만 그의 건강은 계속 악화되었고, 결국 매독성 정신 착란과 신경 발작으로 인해 언어 능력과 신체 제어 능력을 모두 상실한 채 1848년 50세를 일기로 세상을 떠났습니다.

4
—
사랑의 묘약
L'elisir d'amore

개요

도니젯티의 최고 대표작 중 하나인 이 작품은 1832년 5월 밀라노에서 초연되었는데, 초연 당시에는 큰 호평을 받지 못했으나, 이후 커다란 인기를 끌며 현재 전 세계 오페라 극장에서 널리 사랑받고 있는 걸작 오페라 부파입니다. 대본은 유명 대본작가 펠리체 로마니Felice Romani가 당초 다니엘 오베르Daniel Auber의 오페라 〈묘약〉을 위해 썼던 외젠 스크리브Eugène Scribe의 프랑스어 대본을 이탈리아어로 각색해 썼습니다.

이 작품은 단순한 오페라 부파를 넘어, 벨칸토 오페라의 미학을 아름답게 구현한 작품으로 평가받고 있습니다. 즉, 벨칸토 오페라의 핵심인 아름다운 선율과 성악가의 화려한 기교가 극적 요소와 유기적으로 결합되면서, 노래와 음악과 극이 모두 빛을 발하는 탁월한 작품을 만들어 낸 것입니다.

이 작품은 당시 이탈리아 관객들이 중시했던 유려한 선율, 생생한 캐릭터 묘사, 창의적 발상 등의 요구를 충족시키면서 시종 관객들에게 즐거움을 선사하는데, 내용상으로는 두 남녀 주인공의 순수함과 진실한 마음이 결국 사랑을 이루는 원동력이 된다는 점을 보여줌으로써 관객들에게 감동과 위안, 그리고 희망을 안겨줍니다.

이 오페라에서는 서정적 테너 네모리노, 콜로라투라 소프라노 아디나, 익살스런 바소 부포 둘카마라 등 캐릭터별로 개성 분명한 아리아가 계속 이어지고, 이들이 서로 다른 감정을 노래하면서도 조화된 하나의 음악적 그림을 만들어 내면서 관객을 집중시키는데, 작품 내내 이어지는 아름답고 기억하기 쉬운 선율과 섬세한 아리아들이 작품에 몰입하게 해줍니다.

소문난 속필답게 도니젯티는 불과 2주 만에 이 작품을 완성했는데, 그는 작품의 대성공을 통해 그가 오페라 세리아와 오페라 부파에 모두 능한 당대 최고의 오페라 작곡가 중 한 명임을 스스로 증명했습니다. 도니젯티는 이 작품을 통해 경제적으로도 큰 성공을 거두며, 이후 안정적 작곡 활동을 이어갈 수 있는 확고한 기반을 마련했습니다.

주요 등장인물

아디나(농장주의 딸/소프라노)

네모리노(젊은 농부/테너)

벨코레(하사관/바리톤)

둘카마라(엉터리 약장수/베이스)

자넷타(동네 처녀/소프라노)

시놉시스와 주요 아리아

제1막

한 전원 마을의 농장. 농장 주인의 딸인 아디나가 나무 그늘 아래에서 책을 읽고 있고, 젊은 농부 네모리노는 먼발치에서 그녀의 모습을 지켜봅니다. 네모리노는 아름답고 교양 있는 아미나의 모습에 반해 그녀를 좋아하지만, 딱히 내세울 것도 없는 데다 자신의 마음을 제대로 전하지도 못하는 신세를 아쉬워하며 이 곡을 부릅니다.

네모리노 : 얼마나 아름다운지(Quanto è bella)

Quanto è bella, quanto è cara!
얼마나 아름다운지, 얼마나 사랑스러운지!

più la vedo, e più mi piace.
그녀를 보면 볼수록, 그녀가 더 좋아지네.

ma in quel cor non son capace lieve affetto d'inspirar.
하지만 난 그녀 마음에 내 사랑을 전할 수가 없구나.

Essa legge, studia, impara,
그녀는 책을 읽고, 공부하고, 배워서,

non vi ha cosa ad essa ignota,
모르는 게 없는데,

io son sempre un idiota, io non so che sospirar.
난 늘 바보처럼, 한숨만 쉬고 있구나.

Quanto è cara, quanto è bella! ah!
얼마나 사랑스러운지, 얼마나 아름다운지! 아!

Quanto è bella, quanto è cara!
얼마나 아름다운지, 얼마나 사랑스러운지!

più la vedo, e più mi piace,
그녀를 보면 볼수록, 그녀가 더 좋아지네.

ma in quel cor non son capace lieve affetto d'inspirar.
하지만 난 그녀 마음에 내 사랑을 전할 능력이 없네.

in quel cor non son capace lieve affetto d'inspirar.
그녀에게 내 사랑을 전할 수가 없어.

in quel cor non son capace lieve affetto d'inspirar.
그녀에게 내 마음을 전할 수가 없구나.

lieve affetto in quel cor non son capace.
그녀에게 내 사랑을 전할 수가 없어.

Ah, non son capace lieve affetto d'inspirar.
아, 난 그녀에게 내 사랑조차 전할 수가 없구나.

이때 갑자기 아디나가 책을 보다가 웃음을 터뜨리는데, 자넷타와 주변 사람들은 무슨 내용인데 그렇게 크게 웃느냐고 궁금해합니다. 아디나가 트리스탄의 사랑 이야기라고 대답하자, 사람들은 책의 내용을 읽어달라고 부탁합니다. 그러자 아디나는 트리스탄이 사랑의 묘약을 마시고 그간 그에게 무정했던 이졸데의 사랑을 차지했다는 부분을 이 곡으로 들려줍니다.

아디나 : 무정한 이졸데를(Della crudele Isotta)

"Della crudele Isotta il bel Tristano ardea,
트리스탄은 무정한 이졸데를 사랑했어.

nè fil di speme avea di possederla un dì.
하지만, 그녀를 얻게 될 거라는 희망은 전혀 없는 사랑이었지,

Quando si trasse al piede di saggio incantatore,
그가 지혜로운 마술사에게 다가갔을 때

che in un vasel gli diede certo elisir d'amore,
마술사는 그에게 병에 담긴 사랑의 묘약을 주었어.

per cui la bella Isotta da lui più non, no non fuggì."
그래서 아름다운 이졸데는 더 이상, 더 이상 그에게서 도망가지 않았
지."

Elisir di sì perfetta, di sì rara qualità,
그렇게 완벽하고, 그렇게 드문 효능을 가진 묘약을

ne sapessi la ricetta, conoscessi chi ti fa!
만드는 비법을 알고 싶고, 그걸 만드는 사람을 만나고 싶어라!

(전원)
Elisir di sì perfetta, di sì rara qualità,
그렇게 완벽하고, 그렇게 드문 효능의 묘약을

ne sapessi la ricetta, conoscessi chi ti fa!
만드는 비법을 알고 싶고, 그걸 만드는 사람을 만나고 싶어라!

(아디나)
"Appena ei bebbe un sorso del magico vasello
그가 마법의 묘약을 한 모금 마시자

che tosto il cor rubello d'Isotta intenerì.
곧 이졸데의 마음이 부드러워졌어.

Cambiata in un istante, quella beltà crudele
그 무정했던 미인이 한순간에 바뀐 거야.

fu di Tristano amante, visse a Tristan fedele,
그녀는 트리스탄의 연인이 되어, 그에게 충실하게 살았어.

e quel primiero sorso per sempre, per sempre benedì."
그 첫 모금이 영원히, 영원히 축복받은 거지."

Elisir di sì perfetta, di sì rara qualità,
그렇게 완벽하고, 그렇게 희귀한 효능의 묘약을

ne sapessi la ricetta, conoscessi chi ti fa!
만드는 비법을 알고 싶고, 그걸 만드는 사람을 만나고 싶어라!

(전원)
Elisir di sì perfetta, di sì rara qualità,
그렇게 완벽하고, 그렇게 희귀한 효능의 묘약을

ne sapessi la ricetta, conoscessi chi ti fa!
만드는 비법을 알고 싶고, 그걸 만드는 사람을 알고 싶어!

ne sapessi la ricetta, conoscessi chi ti fa!
만드는 비법을 알고 싶고, 그걸 만드는 사람을 만나고 싶어!

ne sapessi la ricetta, conoscessi chi ti fa!
만드는 비법을 알고 싶고, 그 묘약을 만드는 사람을 만나고 싶어!

Ah, chi ti fa!
아, 묘약을 만드는 사람을!

ne sapessi la ricetta, conoscessi chi ti fa!
만드는 비법을 알고 싶고, 그걸 만드는 사람을 만나고 싶어!

ne sapessi la ricetta, conoscessi chi ti fa!
만드는 비법을 알고 싶고, 만드는 사람을 만나고 싶어라!

　이때 북소리와 함께 군대 지휘관인 벨코레가 병사들을 이끌고 농장에 도착합니다. 그는 아디나에게 인사를 하고 꽃다발을 건넨 후, 자랑스럽게 이 곡을 부릅니다.

벨코레 : 파리스가 한 것처럼(Come Paride vezzoso)

Come Paride vezzoso porse il pomo alla più bella,
파리스가 가장 아름다운 여인(미의 여신 아프로디테)에게 사과를 바쳤듯

mia diletta villanella, io ti porgo questi fior.
난 사랑하는 당신에게 이 꽃다발을 바칩니다.

Ma di lui più glorioso, più di lui felice io sono,
하지만 난 그보다 더 영광스럽고, 더 행복하지요.

poichè in premio del mio dono
왜냐하면 내 선물에 대한 보상으로

poichè in premio del mio dono ne riporto il tuo bel cor.
내 선물에 대한 보상으로, 당신의 아름다운 마음을 차지했으니 말이에요.

Veggo chiaro in quel visino ch'io fo breccia nel tuo petto.
난 당신 얼굴에서 나 때문에 당신 가슴 속에 구멍이 생긴 걸 분명히 보았지요.

Non è cosa sorprendente; son galante, son sergente,
그건 뭐 놀랄 일도 아니에요. 난 용감한 군인이니까요.

non v'ha bella che resista alla vista d'un cimiero;
이 군대 모자를 보고 반하지 않을 여자는 없지요.

cede a Marte iddio guerriero, fin la madre dell'amor.
사랑의 어머니조차 전쟁의 신 마르스에게는 반하고 말지요.

cede a Marte iddio guerriero, fin la madre dell'amor.
사랑의 어머니들도 군인에게는 반한다구요.

cede a Marte iddio guerriero, fin la madre dell'amor.
사랑의 어머니들도 군인에게는 반하고 만다구요.

벨코레는 아디나에게 혹시 자기를 좋아하면 당장 결혼하자고 하는데, 아디나는 서두르지 말라며 생각해 보겠다고 대답합니다. 벨코레가 계속 결정을 재촉하자, 아디나는 벨코레의 압박에 불편한 마음을 느낍니다.

곁에서 이 장면을 모두 지켜본 네모리노는 동네 사람들이 없는 틈을 타서 아디나에게 다가가 사랑을 고백하려고 합니다. 그러자, 아디나는 자신을 귀찮게 하지 말라며, 지금 그의 삼촌이 위독하다고 하니 굶어 죽지 않으려면 빨리 가서 삼촌을 돌보고 유산이라도 좀 받는 게 좋지 않겠느냐고 타이릅니다.

네모리노는 굶어 죽으나 사랑으로 죽으나 마찬가지라며 아디나에게 사랑을 호소하는데, 아디나는 쓸데없는 희망은 버리라며 이 곡을 부르고, 네모리노는 네모리노대로 변함없는 순정을 노래합니다.

아디나, 네모리노 : 다정한 바람에게 물어보세요
(Chiedi all'aura lusinghiera)

(아디나)
Chiedi all'aura lusinghiera
다정한 바람에게 물어보세요.

perché vola senza posa or sul giglio, or sulla rosa, or sul prato,
or sul ruscel,
왜 쉴 새 없이, 백합 위로, 장미 위로, 풀밭 위로, 시냇물 위로 날아다니
느냐고,

ti dirà che è in lei natura l'esser mobile e infedel.
그는 대답할 거예요, 그건 변덕스럽고 한결같지 못한 천성 때문이라고.

è natura, è natura l'esser mobile e infedel.
그건 천성 때문, 변덕스럽고 한결같지 못한 천성 때문이라고.

(네모리노)
Dunque io deggio?…
그럼 난 어떻게 해야 하나요?

(아디나)
All'amor mio rinunziar, fuggir da me.
저에 대한 사랑은 포기하고, 제게서 물러나세요.

(네모리노)
Cara Adina!… Non poss'io.
오, 아디나!… 난 그렇게 못해요.

(아디나)
Tu nol puòi? Perché? Perché? Perché?
못한다구요? 왜요? 왜? 왜 못해요?

(네모리노)
Perché! Perché!
왜냐구! 왜냐구요!

Chiedi al rio
강물에게 물어보세요.

perché gemente dalla balza ov'ebbe vita corre al mar,
왜 생명을 얻은 절벽을 등지고 바다로 달려갔다가

che a sé l'invita, e nel mar sen va a morir:
스스로 바다에서 스러져버리느냐고.

ti dirà che lo strascina un poter che non sa dir, un poter che
non sa dir.
그는 대답할 거예요, 그건 자기도 모르는 힘, 자기도 모르는 힘에 이끌
리기 때문이라고.

　　이때 트럼펫 소리와 함께 멋진 마차 한 대가 마을에 도착합니다.
마차에서 내린 사람은 약장수인 둘카마라였는데, 그는 광고지와 약
병을 손에 들고 내린 후 주위를 둘러싼 마을 사람들에게 흥겹게 이
곡을 부르며 영업에 나섭니다.

둘카마라 : 여러분, 들어보세요(Udite, udite o rustici)

Udite, udite, o rustici,
여러분, 자 들어보세요.

attenti, non fiatate.
자, 숨 죽이시고,

Io già suppongo e immagino che al par di me sappiate
이미 여러분께서 다 알고 계시겠지만,

ch'io sono quel gran medico, dottore enciclopedico chiamato
Dulcamara,
저로 말씀드릴 것 같으면 훌륭한 의사이자 척척박사인 둘카마라올시
다.

la cui virtù preclara e i portenti infiniti
제 뛰어난 실력과 끝없는 명성은

son noti al universo e in altri siti.
온 천하에 다 알려져 있지요.

Benefattor degli uomini, riparator dei mali,
저는 인류의 은인이자, 만병을 퇴치하는 사람이올시다.

in pochi giorni io sgombero io spazzo gli spedali,
병원에 있는 모든 환자를 며칠이면 다 낫게 하고

e la salute a vendere per tutto il mondo io vo.
온 세계 사람들에게 건강을 팔지요.

Compratela, compratela, per poco io ve la do.
자, 사세요, 사세요. 아주 싸게 드립니다.

Compratela, compratela, per poco io ve la do.
자, 사세요, 사세요. 아주 싸게 드릴게요.

Compratela, compratela, per poco io ve la do.
자, 사세요, 사세요. 아주 싸게 드려요.

È questo l'odontalgico mirabile liquore,
이건 놀라운 액체 치약인데,

dei topi e delle cimici possente distruttore,
쥐와 벼룩까지 모조리 없애주는 강력한 약입니다요.

i cui certificati autentici, bollati
도장이 찍힌 보증서도 있어요.

toccar, vedere e leggere a ciaschedun farò.
와서 만져보시고 읽어보세요,

Per questo mio specifico, simpatico mirifico, un uom,
이 약으로 말씀드릴 것 같으면, 어떤 남자분은

settuagenario e valetudinario,
70대의 비실비실한 분이셨는데,

nonno di dieci bamboli ancora diventò.
이 약을 드시고 지금은 손자 10명을 가진 할아버지가 되었어요.

di dieci bamboli ancora diventò.
10명의 손자를 거느린 할아버지가 되었다구요.

Per questo tocca e sana in breve settimana
이것 덕분에, 불과 일주일 만에

più d'un afflitto giovine di piangere cessò.
고통에 울던 젊은이들보다 더 많은 사람들이 눈물을 멈췄지요.

O voi, matrone rigide, ringiovanir bramate?
오 거기 아주머니들, 더 젊어지고 싶으세요?

Le vostre rughe incomode con esso cancellate.
이게 그 볼썽사나운 주름들을 다 없애줍니다.

Volete voi, donzelle, ben liscia aver la pelle?
거기 아가씨들, 매끄러운 피부를 원하나요?

Voi, giovani galanti, per sempre avere amanti?
거기 젊은 친구들, 늘상 애인을 거느리고 싶지?

Comprate il mio specifico, per poco io ve lo do.
제 약을 사세요, 아주 싸게 드려요.

per poco io ve lo do, per poco io ve lo do.
아주 싸게, 아주 싸게 드려요.

Da bravi giovanotti, da brave vedovette.
젊은이든, 과부든

comprate il mio specifico, per poco io ve lo do.
제 약을 사세요, 아주 싸게 드린다니까.

Ei move i paralitici, spedisce gli apopletici, gli asmatici, gli asfitici,
이건 중풍, 무력증, 천식, 질식,

gl'isterici, i diabetici, guarisce timpanitidi e scrofole e rachitidi,
히스테리, 당뇨병, 중이염, 음낭염, 구루병 환자를 모두 치료하고,

e fino il mal di fegato che in moda diventò.
심지어 요즘 유행하고 있는 간장병까지 다 고쳐줍니다.

Mirabile pel cimici, mirabile pel fegato,
빈대 잡기에도 좋고, 간에도 좋고

guarisce i paralitici, spedisce gli apopletici.
중풍이나 무력증에도 끝내줘요.

comprate il mio specifico, voi, vedove e donzelle,
거기 그 과부 아주머니들과 아가씨들, 제 약을 사세요.

voi, giovani galanti, per poco io ve lo do.
거기 젊은 분들, 아주 싸게 드릴게.

Avanti, avanti, o vedove,
거기 과부 어서 앞으로 오세요, 어서,

avanti, avanti, o bamboli,
거기 애들도 어서 이리로 와라, 어서,

comprate il mio specifico, per poco io ve lo do.
제 약을 사세요. 아주 싸게 드려요.

Sì, sì per poco io ve lo do, sì sì per poco io ve lo do.
네, 네, 아주 싸게 드려요, 네, 네, 아주 싸요,

L'ho portato per la posta da lontano mille miglia
나는 수천 리 밖에서 이것들을 여기로 가지고 왔어요.

mi direte: quanto costa? quanto vale la bottiglia?
여러분은 내게 그럼 얼마냐, 한 병에 얼마냐 하고 묻겠지요?

Cento scudi? No. Trenta? No. Venti? No.
100스쿠도? 아니요. 30스쿠도? 아니요. 그럼 20스쿠도? 그것도 아니에요.

Nessuno si sgomenti.
자, 놀라지 마세요.

Per provarvi il mio contento di sì amico accoglimento,
여러분들의 열렬한 환영에 대한 보답으로

io vi voglio, o buona gente, uno scudo regalar.
단돈 1스쿠도에 모시겠습니다.

(전체)
Uno scudo! Veramente?
1스쿠도라고! 정말?

più brav'uom non si può dar.
그보다 더 좋은 가격에 줄 사람은 없어.

(둘카마라)
Ecco qua: così stupendo, sì balsamico elisire
이렇게 뛰어난, 묘약이 여기 있습니다.

tutta Europa sa ch'io vendo niente men di nove lire:
모든 유럽 사람들은 제가 이걸 최소한 9리라 이상에 팔고 있다는 걸 다
압니다.

ma siccome è pur palese ch'io son nato nel paese,
하지만, 저는 이 나라 출신이니

per tre lire a voi lo cedo, sol tre lire a voi richiedo:
여러분들께는 특별히 3리라, 단돈 3리라에 모시겠습니다.

Musica!
자, 음악 주세요!

Così chiaro è come il sole, che a ciascuno che lo vuole,
오늘은 날도 좋으니, 원하시는 분들께

uno scudo bello e netto in saccoccia io faccio entrar.
1스쿠도만 내시게 해드립니다.

uno scudo bello e netto in saccoccia io faccio entrar.
1스쿠도만 내시게 해드려요.

(전체)
È verissimo porgete. Gran dottore, che voi siete!
진짜 그러네, 정말 대단한 박사님이시네요!

(둘카마라)
Eccolo. Tre lire. Avanti, avanti.
자, 여기, 3리라에요. 어서, 어서들 오세요.

(전체)
Noi ci abbiam del vostro arrivo lungamente a ricordar,
lungamente a ricordar.
우리는 당신이 이것에 온 것을 오래, 오래 기억할 거예요.

(둘카마라)
Ah! di patria il dolce affetto gran miracoli può far.
아! 조국에 대한 달콤한 애정은 큰 기적을 만들 수 있답니다.

Ah! di patria il dolce affetto gran miracoli può far.
아! 조국에 대한 달콤한 애정은 커다란 기적을 만들 수 있어요.

Ah! di patria il dolce affetto gran miracoli può far.
아! 조국에 대한 달콤한 애정은 큰 기적을 만들 수 있어요.

Ah! di patria il dolce affetto gran miracoli può far.
아! 조국에 대한 달콤한 애정은 커다란 기적을 만들 수 있지요.

Sì sì può far, sì sì può far, sì sì può far,
네, 네, 만들 수 있지요, 네, 네, 만들 수 있지요. 네, 만들 수 있어요.

　둘카마라의 설명에 혹한 네모리노는 그에게 다가가 혹시 이졸데
가 마셨다는 사랑의 묘약도 가지고 있느냐고 묻습니다. 둘카마라는
잠시 당황해 하다가 어리숙한 네모리노의 모습을 보고는, 자신이 바
로 그 약을 만든 사람이라고 천연덕스럽게 거짓말을 합니다.

그러자 네모리노는 지금 그 약을 살 수 있느냐고 묻는데, 둘카마라는 언제든 살 수 있다면서 1제키노를 받고 싸구려 포도주 한 병을 건넵니다. 그는 오늘 엉터리 약들을 많이 팔고 내일 마을을 떠날 생각으로, 네모리노에게는 약효가 나려면 하루가 걸린다고 거짓말을 합니다. 사랑의 묘약을 구했다고 생각한 네모리노는 다행이라며 기뻐하고, 둘카마라는 세상에 이런 바보는 처음 본다고 생각하면서, 네모리노에게 이 약을 판 사실을 당국이 알면 곤란해지니 꼭 비밀로 해달라고 당부합니다.

네모리노는 묘약으로 산 포도주를 마시고 벌써 기분이 좋아집니다. 노래까지 부르며 흥겨워하던 그는 아디나를 보자, 내일이면 그녀가 자신을 사랑하게 될 거라고 생각하며 짐짓 그녀를 외면합니다. 아디나가 다가가자 네모리노는 지금 그녀를 잊으려 하고 있다고 말하는데, 평소와 다른 네모리노의 모습에 아디나는 그게 그렇게 쉽지는 않을 거라고 말합니다.

이때 벨코레가 다시 나타나 아디나에게 결혼을 채근하는데, 갑자기 무심해진 네모리노의 태도에 마음이 상했는지, 아디나는 벨코레의 제의를 받아들입니다. 벨코레가 언제 결혼할 수 있느냐고 묻자, 아디나는 6일 후에 하자고 합니다.

아디나의 결혼 약속을 받은 벨코레는 무척 좋아하는데, 이들의 대화를 듣고 있던 네모리노도 내일이면 아디나의 사랑을 차지할 수 있다는 생각에 웃으며 좋아합니다. 네모리노가 웃으며 좋아하는 모습을 본 아디나는 자신의 결혼 소식에 네모리노가 저렇게 좋아할 수 있나 생각하면서 묘한 분노를 느낍니다.

그때 벨코레의 부하들이 전령으로부터 받은 서신을 벨코레에게 전달합니다. 서신을 읽은 벨코레는 내일 아침에 출동하라는 명령서라면서, 아디나에게 내일 일찍 이곳을 떠나야 하니 당장 오늘 저녁에 결혼식을 올리자고 합니다. 아디나는 네모리노를 한 번 쳐다본 후, 벨코레에게 승낙의사를 밝힙니다. 당황한 네모리노는 아디나에 게 내일까지만 좀 기다려달라고 부탁하면서 이 곡을 부릅니다.

네모리노 : 아디나, 날 믿어줘요(Adina, credimi)

Adina, credimi, te ne scongiuro.
아디나, 날 믿어줘요, 부탁할게요.

Non puòi sposarlo, te ne assicuro.
당신은 그와 결혼할 수 없어요, 내가 장담해요.

Aspetta ancora, un giorno solo,
조금만 기다려줘요, 딱 하루만요,

un breve giorno… io so perché.
조금만요, 난 왜 그런지 알거든요.

Domani, o cara, ne avresti pena,
오 내 사랑, 당신은 내일이면 미안함을 느낄 거예요.

te ne dorresti al par di me.
당신은 내게 미안해 할 거예요.

Domani, forse ne avresti pena,
내일이면 아마 당신도 미안해 할 거예요.

te ne dorresti al par di me.
당신은 내게 미안해 할 거예요.

아디나는 네모리노를 골려주어야겠다며 모든 사람을 결혼 축하 잔치에 초청하는데, 당황한 네모리노는 연신 둘카마라의 이름을 부르며 그를 찾아 떠납니다.

제2막

아디나의 농장 안 저택에서 결혼 축하 잔치가 열립니다. 흥겨운 분위기가 이어지는 가운데, 엉터리 약장수 둘카마라가 최근 나온 노래를 신부와 함께 부르면 좋겠다면서, 아디나에게 '뱃사공 아가씨와 원로원 의원'이라는 제목의 작은 노래책을 건네고 그녀와 함께 이 유쾌한 2중창을 부릅니다.

둘카마라, 아디나 : 나는 부자, 당신은 미인
(Io son ricco e tu sei bella)

(둘카마라)
Io son ricco e tu sei bella,
나는 부자, 당신은 미인.

io ducati, e vezzi hai tu:
나는 돈을, 당신은 매력을 가지고 있지요.

perché a me sarai rubella?
그런데 왜 그렇게 내게 무례하시오?

Nina mia! Che vuoi di più?
아가씨, 뭘 더 바라는 거요?

(아디나)
Quale onore! un senatore me d'amore supplicar!
대단한 영광이네요! 의원님께서 제게 사랑을 애원하시다니!

Ma, modesta gondoliera,
하지만, 저는 천한 뱃사공이라

un par mio mi vuo' sposar.
저와 맞는 짝과 결혼할 거예요.

(둘카마라)
Idol mio, non più rigor,
내 사랑, 그만 까다롭게 굴고

fa felice un senator.
날 행복하게 해주시오.

(아디나)
Eccellenza! Troppo onor,
나리! 너무 큰 영광이지만,

io non merto un senator.
저는 의원님께 맞지 않아요.

(마을사람들)
Brava, bra⋯
잘한다, 잘해

(둘카마라)
Adorata barcaruola,
사랑스런 뱃사공 아가씨,

prendi l'oro e lascia amor.
사랑 말고 돈을 택하시게.

Lieto è questo, e lieve vola,
사랑은 가벼워서 금방 날아가 버리지만,

pesa quello, e resta ognor.
돈은 묵직해서 항상 남아 있거든.

(아디나)
Quale onore! Un senatore me d'amore supplicar!
대단한 영광이네요! 의원님께서 제게 사랑을 애원하시다니!

Ma Zanetto è giovinetto che mi piace, e il vo' sposar.
하지만 자넷토는 제가 좋아하는 사람이라, 그와 결혼하고 싶어요.

(둘카마라)
Idol mio, non più rigor,
내 사랑, 그만 까다롭게 굴고

fa felice un senator.
나를 행복하게 해주시오.

(아디나)
Eccellenza! Troppo onor,
나리! 큰 영광이지만,

io non merto un senator.
저는 의원님께 맞지 않다니까요.

(마을사람들)
Bravo, bravo, Dulcamara!
좋아, 잘한다, 둘카마라!

La canzone è cosa rara.
아주 좋은 노래네.

Sceglier meglio non può certo il più esperto cantator.
경험 많은 가수도 이보다 더 좋은 곡을 고를 수 없을 거야.

(둘카마라)
Il dottore Dulcamara in ogni arte è professor.
둘카마라 박사는 뭐든 다 잘하지.

(아디나, 마을사람들)
In ogni arte è professor, in ogni arte è professor,
뭐든 다 잘해, 뭐든 다 잘하지!

in ogni arte è professor, in ogni arte è professor, profesor,
profesor, profesor!
뭐든 다, 뭐든 다, 뭐든 다 잘해! 잘하지, 잘해, 잘하지!

　이때 공증인이 도착해 결혼 공증을 하려는데, 아디나는 네모리노가 보이지 않자 제대로 복수가 이루어지지 못한다며 아쉬워합니다.

　모두 공증하러 간 사이 연회장에서 홀로 술을 마시고 있던 둘카마라 곁에 네모리노가 나타납니다. 그는 내일 이전에 좋아하는 여자의 사랑을 얻어야 하는데 상황이 절박하다고 하소연합니다. 둘카마라는 속으로 그가 제정신이 아니라고 생각하면서, 즉효를 보려면 자신의 묘약을 더 마시면 된다고 한술 더 뜹니다. 마음이 급해진 네모리노는 약을 한 병 더 달라고 하는데, 둘카마라는 돈을 가지고 오면 주겠다고 말하고 연회장을 빠져나갑니다.

어쩔 줄 몰라 하고 있는 네모리노 앞에 벨코레가 나타납니다. 네모리노를 발견한 벨코레는 왜 그렇게 풀이 죽어있느냐고 묻는데, 네모리노는 지금 당장 돈이 필요한데 돈이 없어서 그렇다고 대답합니다. 그러자, 벨코레는 그럼 군에 입대하라면서 그 경우 20스쿠도가 생긴다고 알려줍니다. 이 말을 들은 네모리노는 크게 반색하며 이 곡을 부릅니다.

네모리노, 벨코레 : 20 스쿠도!(Venti scudi!)

(네모리노)
Venti scudi!
20 스쿠도!

(벨코레)
E ben sonanti.
그것도 현금으로.

(네모리노)
Quando? Adesso?
언제요? 지금?

(벨코레)
Sul momento.
지금 당장.

(네모리노)
Che far deggio?
(독백으로) 어쩌지?

(벨코레)
E coi contanti, gloria e onore al reggimento.
현금과 함께, 부대에는 영광과 명예도 안기는 거지.

(네모리노)
Ah! non è, non è l'ambizione che seduce questo cor.
아! 내가 원하는 건 그런 야심이 아니에요.

(벨코레)
Se è l'amore, in guarnigione non ti può mancar l'amor, non ti
può mancar l'amor
만일 사랑을 원한다면, 군대에서는 틀림없이 얻을 수 있지.

(네모리노)
Ah, no! Ah, no!
아, 아니, 아니에요!

Ai perigli della guerra, io so ben che esposto sono,
제가 전쟁의 위험에 노출되어 있다는 건 잘 알아요.

(벨코레)
Venti scudi.
20 스쿠도라니까.

(네모리노)
Che domani la patria terra, zio, congiunti, ahimè, abbandono.
아이구, 내일이면 고향과 삼촌, 친척들을 모두 떠나는 거잖아요.

(벨코레)
e ben sonanti.
현금으로 준다니까.

(네모리노)
Ma so pur che, fuor di questa, altra strada a me non resta,
하지만, 이것 말고는 다른 방법이 없잖아.

per poter del cor d'Adina, solo un giorno trionfar.
아디나의 마음을 얻기 위해선 딱 하루밖에 없는데.

(벨코레)
Del tamburo al suon vivace, tra le file e le bandiere,
활기찬 북소리에 맞추어, 대열과 깃발 사이를 오가며

aggirarsi amor si piace con le vispe vivandiere:
사랑은 활기찬 여자들과 함께 즐기길 좋아하지.

(네모리노)
Ah! chi un giorno ottiene Adina
아! 언젠가 아디나를 얻는 사람은

(벨코레)
sempre lieto, sempre gaio ha di belle un centinaio di costanza
항상 기쁘고 항상 즐겁게 많은 미인들에게 둘러싸여

non s'annoia, non si perde a sospirar.
지루해하거나 한숨 쉴 일이 없지.

(네모리노)
fin la vita, fin la vita può lasciar
평생을, 평생을 그녀와 함께 할 수 있을 거야.

(벨코레)
Credi a me, la vera gioia accompagna il militar.
날 믿어, 진정한 기쁨은 군대에 있다는걸,

Credi a me: la vera gioia accompagna il militar.
날 믿으라구, 진정한 기쁨은 군대에 있다니까.

(네모리노)
Ah! chi un giorno ottiene Adina,
아! 어느 날 아디나를 얻는 사람은

Ah! chi un giorno ottiene Adina,
아! 어느 날 아디나를 얻는 사람은

fin la vita, fin la vita può lasciar
그녀와 평생을, 평생을 함께 할 수 있을 거야.

Ah! chi un giorno ottiene Adina,
아! 어느 날 아디나를 얻는 사람은

fin la vita, fin la vita può lasciar,
그녀와 평생을, 평생을 함께 할 수 있을 거야.

la vita, la vita, la vita può lasciar,
평생을, 평생을, 평생을 함께 할 수 있을 거야.

la vita, la vita, la vita può lasciar,
평생을, 평생을, 평생을 함께 할 수 있을 거야.

sì, può lasciar, sì, può lasciar.
함께 할 수 있을 거야.

Sì, sì, può lasciar.
그래, 그래, 그럴 수 있을 거야.

네모리노는 입대서류에 서명한 후 20스쿠도를 받아 둘카마라를 찾아 떠나고, 벨코레는 마음에 걸리던 연적을 자기 휘하의 병사로 만들어버린 것을 다행으로 여깁니다.

한편, 동네 아가씨들 사이에서 최근 세상을 떠난 네모리노의 삼촌이 네모리노에게 거액의 유산을 남겼다는 소문이 돌면서 네모리노를 바라보는 이들의 눈길이 사뭇 달라집니다. 삼촌 유산 상속 소식을 모른 채, 마을 아가씨들의 눈길이 예전과 다르다는 것을 느낀 네모리노는 드디어 사랑의 묘약이 약효를 내기 시작했다고 생각하며 기분 좋아합니다.

아디나는 네모리노에게 벨코레로부터 입대 사실을 전해 들었다면서 이야기를 좀 나누자고 하는데, 네모리노는 이제 아미나도 사랑의 묘약 때문에 자신에게 빠진 것으로 생각하고 거드름을 피웁니다.

아디나는 갑자기 변해버린 네모리노의 태도에 당황하는데, 둘카마라는 이게 모두 자기 덕분이라고 자랑을 늘어놓습니다. 아디나가 그게 무슨 말이냐고 묻자, 둘카마라는 이졸데와 사랑의 묘약을 언급하면서, 네모리노가 어떤 여인의 사랑을 얻기 위해 자신으로부터 사랑의 묘약을 사 갔으며, 약을 더 사기 위해 자유를 포기하고 군에 입대했다고 알려줍니다.

순진한 네모리노가 사랑의 묘약이 있다고 믿고 그 약을 살 돈을 마련하기 위해 군입대까지 했다는 사실을 알게 된 아디나는 네모리노의 진실한 사랑에 감동해 둘카마라와 함께 이 이 2중창을 부릅니다.

아디나, 둘카마라 : 대단한 사랑이구나(Quanto amore)

(아디나)
Quanto amore!
(혼잣말로) 대단한 사랑이구나!

Ed io, spietata, tormentai sì nobil cor!
난, 무정하게, 그런 그의 마음을 괴롭혔다니!

(둘카마라)
Essa pure è innamorata.
(혼잣말로) 그녀도 사랑에 빠진 게 틀림없군.

(아디나)
Spietata!
내가 무정했구나!

(둘카마라)
Ha bisogno del liquor.
그녀도 약을 필요로 하겠는데.

(아디나)
Spietata!
내가 너무했어!

Dunque adesso è Nemorino in amor sì fortunato?
그래서 네모리노는 저렇게 즐거운 건가요?

(둘카마라)
Tutto il sesso femminino è pel giovine impazzato.
모든 여자들이 다 그에게 반해 있어요.

Tutto il sesso femminino è pel giovine impazzato.
모든 여자들이 그에게 반해 있다구요.

(아디나)
Ah! E qual donna è a lui gradita?
아! 그중 어떤 여자가 그의 주목을 끄나요?

Qual fra tante è preferita?
누가 가장 인기 있는 여자예요?

(둘카마라)
Egli è il gallo della Checca tutte segue, tutte becca.
그는 암탉들 속 수탉 같아서, 모든 여자를 따라다니고, 모두를 쪼아대
고 있어요.

Egli è il gallo della Checca tutte segue, tutte becca.
그는 암탉들 속 수탉 같아서, 모든 여자를 따라다니고, 모두를 쪼아대
고 있다구요.

(아디나)
Ed io sola, sconsigliata…
나 혼자, 어리석게…

(둘카마라)
Essa pure è innamorata, essa pure è innamorata:
그녀도 틀림없이 사랑에 빠졌어, 틀림없어.

(아디나)
possedea sì nobil cor!
그런 마음을 가지고 있었어!

(둘카마라)
Ha bisogno del liquor, ha bisogno del liquor.
약이 필요해, 약이 필요해.

(아디나)
Ed io sola, sconsigliata, possedea sì nobil cor!
나 혼자서 어리석게 그런 마음을 가지고 있었어!

sconsigliata, sconsigliata, possedea sì nobil cor!
어리석게, 어리석게 그런 마음을 가지고 있었어!

(둘카마라)
Egli è il gallo della Checca, egli è il gallo della Checca,
그는 암탉들 속 수탉이에요, 암탉들 속 수탉 말이에요,

tutte segue, tutte becca, utte segue, tutte becca.
모든 여자를 따라다니고, 모두를 쪼아대고 있어요.

Essa pure è innamorata, essa pure è innamorata,
그녀는 틀림없이 사랑에 빠졌어, 틀림없어.

Essa pure è innamorata, essa pure è innamorata,
그녀는 틀림없이 사랑에 빠졌어, 틀림없어.

Ha bisogno del liquor, ha bisogno del liquor.
그녀도 약을 필요로 해, 약을 필요로 해.

(아디나)
sconsigliata, possedea sì nobil cor!
어리석게 그런 마음을 가지고 있었어!

sconsigliata, sconsigliata, possedea sì nobil cor!
어리석게 그런 마음을 가지고 있었어!

(둘카마라)
Essa pure è innamorata, essa pure è innamorata:
그녀는 틀림없이 사랑에 빠졌어, 틀림없어.

Essa pure è innamorata, essa pure è innamorata:
그녀는 틀림없이 사랑에 빠졌어, 틀림없어.

abbisogna, abbisogna, abbisogna del liquor,
그녀도 약을 필요로 해, 약을 필요로 해.

abbisogna, abbisogna, abbisogna del liquor,
그녀도 약을 필요로 해, 약을 필요로 해.

abbisogna, abbisogna, abbisogna del liquor!
그녀도 약을 필요로 해, 약을 필요로 한다구!

아디나도 네모리노를 좋아하고 있다고 느낀 둘카마라는 아디나에게도 자신이 만든 사랑의 묘약(?)을 팔아보려 하는데, 아디나는 둘카마라의 묘약 말고 자신의 얼굴과 눈, 그리고 사랑스런 눈길이 바로 묘약이라면서 기쁨의 눈물을 흘립니다. 이 모습을 본 네모리노는 아디나도 자신을 사랑하고 있다는 것을 느끼고 큰 기쁨에 겨워서 이 아름다운 로만짜를 부릅니다.

네모리노 : 남몰래 흘리는 눈물(Una furtiva lagrima)

Una furtiva lagrima negli occhi suoi spuntò.
남들 모르게 그녀의 눈에서 눈물이 흘렀어.

quelle festose giovani invidiar sembrò.
즐거워하는 젊은 아가씨들을 부러워하는 것 같아.

Che più cercando io vo? Che più cercando io vo?
내가 뭘 더 바라겠어? 뭘 더 바래?

M'ama, sì m'ama,
그녀가 날 사랑해, 날 사랑한다구.

lo vedo, lo vedo.
난 알아, 알 수 있어.

Un solo istante i palpiti del suo bel cor sentir!
한순간이라도 그녀 가슴이 뛰는 걸 느낄 수 있다면!

I miei sospir confondere per poco a' suoi sospir!
나의 숨결과 그녀의 숨결이 하나가 될 수 있다면!

I palpiti, i palpiti sentir, confondere i miei co' suoi sospir!
가슴이 뛰고, 서로의 숨결이 하나로 섞일 수 있다면!

il cielo, si può morir,
하늘이여, 전 죽어도 좋아요.

di più non chiedo, non chiedo,
전 더 이상 바라는 게 없어요.

O cielo, si può, si può morir,
오 하늘이여, 전 죽어도 좋아요.

di più non chiedo, non chiedo,
전 더 이상 바라는 게 없어요.

si può morir, si può morir d'amor!
사랑 때문에 전 죽어도, 죽어도 좋아요!

　네모리노를 만난 아디나는 그에게 왜 입대하기로 했는지 묻자, 네모리노는 보다 나은 운명을 열어가기 위해서였다고 대답합니다. 이 말을 들은 아미나는 네모리노의 목숨이 소중해 벨코레로부터 그의 입대 계약서를 되사왔다고 말하고, 그에게 그 입대 계약서를 건네면서 이 곡을 부릅니다.

아디나 : 받으세요, 이제 당신은 자유예요
(Prendi, per me sei libero)

Prendi, prendi per me sei libero,
받으세요, 이제 당신은 자유에요.

resta nel suol natio,
당신 고향에 계속 남으세요.

non v'ha destin sì rio che non si cangi un dì resta
그렇게 나쁜 운명은 없으니, 언젠가는 바뀌겠지요,

Qui, dove tutti t'amano, saggio, amoroso, onesto, saggio, onesto, ah!~
이곳에서는 모든 사람이 현명하고, 사랑스럽고, 정직한 당신을 사랑하는군요.

sempre scontento e mesto no, non sarai così, ah no,
항상 불만스럽고 슬프지는 않을 거예요, 그렇지는 않을 거예요.

sempre scontento e mesto no, non sarai, sarai così. ah!
항상 불만스럽고 슬프지는 않을 거예요, 그렇지는 않을 거예요!

non sarai, no, non sarai ah, no così, ah no, ah no,
그렇지는 않을 거예요. 안 그럴 거예요.

no, non sarai, no no così.
그렇지 않을 거예요.

no~~~ non sarai così.
그렇지는 않을 거라구요.

네모리노는 아디나에게 그녀의 사랑을 얻지 못할 바에는 차라리 군대에 가겠다고 하자, 아디나는 그를 사랑한다고 고백합니다. 마침내 아디나의 소중한 사랑을 얻은 네모리노는 큰 행복을 느끼며 아디나를 끌어안습니다.

다음 날 아침, 벨코레는 세상에 여자는 많다면서 쿨(?)하게 부대를 인솔해 마을을 떠나고, 둘카마라는 온갖 약들을 모두 팔아치운 후, 마을 사람들의 따뜻한 환송까지 받으며 유유히 마을을 떠납니다.

- 네모리노 : 얼마나 아름다운지(Quanto è bella)

네모리노가 먼 발치에서 아미나를 지켜보며, 아름답고 교양 있는 그녀를 좋아하지만, 자신은 내세울 것도 없고 마음을 제대로 전하지도 못하는 것을 아쉬워하며 부르는 곡

- 아디나 : 무정한 이졸데를(Della crudele Isotta)

아디나가 트리스탄의 사랑 이야기를 읽다가 주위 사람들로부터 재미있는 부분을 읽어달라는 요청을 받고, 트리스탄이 사랑의 묘약을 마시고 깐 자신에게 무정했던 이졸데의 사랑을 차지했다는 내용을 들려주는 곡

- 벨코레 : 파리스가 한 것처럼(Come Paride vezzoso)

벨코레가 병사들을 이끌고 아디나의 농장에 도착한 후, 아디나에게 꽃다발을 건네며 부르는 곡

- 네모리노, 아디나 : 다정한 바람에게 물어보세요(Chiedi all'aura lusinghiera)

네모리노가 아디나에게 사랑을 고백하려 하자, 아디나가 헛된 희망을 버리라고 하고, 네모리노도 이에 굴하지 않고 자신의 변함없는 순정을 노래하는 곡

- 둘카마라 : 여러분, 들어보세요(Udite, udite o rustici)

둘카마라가 마을에 도착해 마을 사람들에게 자신이 가져온 다양한 약들을 팔기 위해 영업을 하는 곡

- 네모리노 : 아디나, 날 믿어줘요(Adina, credimi)

벨코레와 아디나가 갑자기 오늘 저녁 결혼식을 올리게 되는 상황이 되자, 당황한 네모리노가 아디나에게 약효가 나타날 내일까지 하루만 결혼식을 미뤄달라고 부탁하는 곡

- 둘카마라 : 나는 부자, 당신은 미녀(Io son ricco e tu sei bella)

둘카마라가 최근 나온 노래라면서 마을 사람들 앞에서 아디나와 함께 부르는 2중창 곡

- 네모리노 : 20 스쿠도!(Venti scudi!)

네모리노가 벨코레로부터 군에 입대하면 20스쿠도를 준다는 말을 듣고 반색하며 부르는 곡

- 아디나, 둘카마라 : 대단한 사랑이구나(Quanto amore)

네모리노가 그녀의 사랑을 얻기 위해 사랑의 묘약을 사고 군 입대를 결정했다는 사실을 알게 된 아디나가, 네모리노의 진실한 사랑에 감동해 둘카마라와 함께 부르는 2중창 곡

- 네모리노 : 남몰래 흘리는 눈물(Una furtiva lagrima)

네모리노가 아디나도 자신을 사랑하고 있다는 것을 알고, 기쁨에 겨워서 부르는 곡

- 아디나 : 받으세요, 이제 당신은 자유예요(Prendi, per me sei libero)

네모리노의 순수한 사랑에 감동한 아미나가 벨코레로부터 네모리노의 입대 계약서를 되사온 후 네모리노에게 입대 계약서를 돌려주며 부르는 곡

5

—

람메르무어의 루치아
Lucia di Lammermoor

개요

이 작품은 영국의 유명 작가 월터 스콧Walter Scott(1771-1832)이 스코틀랜드의 한 신부가 신혼 첫날 밤 신랑을 칼로 찔러 죽인 실화를 바탕으로 1819년 '래머무어의 신부'The Bride of Lammermoor라는 제목의 소설을 발표하자, 도니젯티가 이 소설에 기초해 대본작가 살바토레 캄마라노Salvatore Cammarano와 호흡을 맞춰 만든 작품으로 1835년 나폴리에서 초연되었습니다.

이 작품은 벨칸토 스타일을 최고조로 끌어올린 걸작으로 평가받고 있는데, 벨칸토 오페라의 핵심이라 할 화려하고 기교적인 아리아들이 기본 바탕을 이루고, 주요 인물들 간 2중창, 3중창, 나아가 6중창의 앙상블이 관객들에게 음악적 충만함을 느끼게 하는 명작입니다. 도니젯티는 초기 벨칸토 오페라에서 주로 성악을 보조하는 역할에 머물렀던 오케스트라에 극적 분위기 조성과 인물의 감정 변화를 보여주도록 보다 적극적인 역할을 부여했습니다.

이 작품은 3년 전인 1832년 발표한 〈사랑의 묘약〉을 통해 오페라 부파에 뛰어난 재능을 보였던 도니젯티가 〈안나 볼레나〉(1830), 〈루크레치아 보르지아〉(1833) 등에서 보듯 오페라 세리아에서도 당대 최고의 벨칸토 오페라 작곡가임을 과시한 작품이기도 합니다.

타이틀 롤인 여주인공 루치아는 벨칸토 콜로라투라 소프라노의 진수를 보여주어야 하는 무척 어렵고 중요한 배역인데, 그녀의 아리아들은 단순히 까다로운 성악 기교를 과시하는 차원을 넘어, 인물의 내면적 고뇌와 비극적 감정을 섬세하고 유려한 선율로 표현해야 합니다.

루치아의 대표 아리아는 광란의 장면mad scene으로 유명한 '당신의 부드러운 음성이 들려요!'Il dolce suono mi colpì di sua voce!입니다. 19세기 벨칸토 오페라에서는 냉엄한 현실을 뛰어넘지 못하는 순수 영혼의 주인공들이 정신 이상을 일으키는 설정을 많이 채택했습니다. 벨칸토 시대에 광란이라는 설정은 정신 이상이라는 용인된 극적 도구를 이용해 정상적 정신 상태에서는 표현하기 어려운 절묘한 성악적 기교와 심리 묘사를 자유롭게 활용함으로써 작품의 극적 긴장감을 높이고 관객의 공감을 끌어내는 유용한 수단이었던 것입니다. 도니젯티의 다른 작품 〈안나 볼레나〉와 벨리니의 걸작 〈청교도〉에도 벨칸토 오페라 작품답게 광란의 장면이 등장합니다.

유려한 음악 속에 정신 착란을 일으킨 루치아의 노래가 더해지면 관객은 자연스럽게 작품 속으로 빨려 들어가게 되는데, 이 루치아가 만들어 내는 장면은 모든 오페라 작품을 통틀어 가장 유명한 광란의 장면이라 해도 과언이 아닐 것입니다. 특히 이 장면에서 루치아는 플룻과 마치 2중주를 펼치듯 서로 음악을 주고받는데, 플룻의 선율이 루치아의 순수하면서도 병적인 환상을 음악적으로 시각화해서 보여주는 것 같은 느낌을 받게 됩니다.

이 작품은 후대 작곡가, 특히 벨칸토 오페라 시대를 잇는 베르디의 초기 작품들과, 비극적 사랑, 광기, 죽음 등을 다루는 19세기 낭만주의 오페라에도 큰 영향을 미쳤습니다.

주요 등장인물

루치아(엔리코의 여동생/소프라노)
엔리코(람메르무어의 영주/바리톤)
에드가르도(루치아의 연인/테너)
아르투로(루치아의 신랑/ 테너)
라이몬도(람메르무어 목사/베이스)
노르만노(엔리코의 가신/테너)
알리사(루치아의 시녀/메조소프라노)

시놉시스와 주요 아리아

제1막

16세기 후반의 스코틀랜드. 애쉬턴 가문과 레이븐스우드 가문은 서로 앙숙지간입니다. 애쉬턴 가문인 람메르무어의 영주 엔리코는 레이븐스우드 가문과의 오랜 대립으로 가세가 기울자, 집안을 일으키기 위해 자신의 누이동생 루치아를 부유한 세력가 집안 출신의 아르투로와 정략결혼을 시키려 합니다.

하지만 운명의 장난인지, 루치아는 원수 가문인 레이븐스우드 가문의 에드가르도와 이미 사랑하고 있는 사이였습니다. 엔리코의 가신인 노르만노는 엔리코에게 예전 루치아가 야외에서 들소의 공격을 받았을 때 에드가르도가 그녀를 구해준 적이 있는데, 그날 이후 두 사람이 매일 새벽에 만나 사랑을 속삭이고 있다고 보고합니다.

루치아가 원수 가문의 에드가르도와 사랑하고 있다는 뜻밖의 사실을 알게 된 엔리코는 여동생 루치아를 원망하며 이 곡을 부릅니다.

엔리코 : 잔인하고 무서운 생각을(Cruda, funesta smania)

Cruda, funesta smania tu m'hai svegliato in petto!
네가 내 가슴 속에 잔인하고 무서운 생각을 일깨워 주는구나!

È troppo, è troppo orribile questo fatal sospetto!
이런 치명적 의심은 너무도, 너무도 끔찍한데!

Mi fa gelare e fremere, solleva in fronte il crin!
날 오싹하게 하고, 떨게 하고, 머리털까지 곤두서게 하는구나!

ah, mi fa gelare e fremere, solleva in fronte, solleva in fronte il crin!
아, 날 오싹하게 하고, 떨게 하고, 머리털, 머리털까지 곤두서게 해!

Colma di tanto obbrobrio chi suora a me nascea!
내 동생에게 이런 모욕을 당하다니!

Ah! pria che d'amor sì perfido a me svelarti rea,
오, 네가 내게 그런 배신적 사랑을 한 사실을 드러내기 전에

se ti colpisse un fulmine, se ti colpisse un fulmine, fora men rio, fora men rio dolor!
만약 네게 번개가 떨어진다면, 차라리 그 고통이 덜할 것 같구나!

ah! fora men rio, fora men rio, fora men rio dolor!
아, 차라리 그게 덜 고통스러울 거야!

　루치아는 시녀 알리사와 함께 연못가에서 에드가르도를 기다리고 있습니다. 그를 기다리는 동안, 루치아는 전에 한 남자가 사랑하

던 여인을 질투심 때문에 칼로 찔러 연못으로 밀어뜨렸는데 연못이 그 여인의 무덤이 되어버렸고, 자신에게는 죽은 여인의 유령이 보인 다고 말하면서 이 곡을 부릅니다. 알리사는 불길한 징조라며 에드가르도와의 사랑을 그만두라고 하지만, 루치아는 에드가르도는 자신에게 빛과 같은 존재라고 말합니다.

루치아 : 어둡고 깊은 밤이 고요히 찾아왔고
(Regnava nel silenzio)

Regnava nel silenzio alta la notte e bruna,
어둡고 깊은 밤이 고요히 찾아왔고

colpìa la fonte un pallido raggio di tetra luna.
어두운 달빛이 희미하게 물 위를 비추고 있었어.

Quando sommesso un gemito fra l'aure udir si fè,
산들바람 사이로 낮은 신음 소리가 들려왔을 때

ed ecco, ecco su quel margine, l'ombra mostrarsi, l'ombra mostrarsi, a me, ah!
저 연못가에서 유령이 내 앞에 나타났지, 아!

Qual di chi parla, muoversi il labbro suo vedea,
(얼굴을 감싸며) 그녀는 내게 뭔가를 말하려는 듯 입술을 움직였고

e con la mano esanime, chiamarmi a sè parea.
생기 없는 손으로 날 부르는 것 같았어.

Stette un momento immobile, poi ratta dileguò,
그녀는 잠시 멈춰 서 있다가 금세 사라졌고,

e l'onda pria sì limpida di sangue rosseggiò!
방금까지 맑았던 물이 피로 붉게 물들어 버렸지!

sì, pria sì limpida di sangue rosseggiò!
그래, 방금까지 맑았던 물이 피로 붉게 물들어 버린 거야!

sì, pria sì limpida, ah, sì rosseggiò!
그래, 맑았던 물이 붉게 물들어 버린 거야!

(알리사)
Chiari, oh Dio! ben chiari e tristi nel tuo dir presagi intendo!
맙소사! 아가씨 말에는 슬픈 예감이 담겨 있네요!

Ah! Lucia, Lucia, desisti da un amor così tremendo.
아! 루치아 아가씨, 그런 끔찍한 사랑은 그만두세요.

(루치아)
Egli è luce a giorni miei, è conforto, è conforto al mio, al mio
penar.
그이는 내 삶에 빛이 되고, 내 괴로움에 위로가 되는 분이야!

Quando rapito in estasi del più cocente ardore,
그이가 열정의 황홀경에 휩싸였을 때,

col favellar del core, mi giura eterna fè, eterna fè,
날 영원히, 영원히 사랑하겠다고 내게 맹세했을 때,

in estasi del più cocente ardore,
그이가 열정의 황홀경에 휩싸여

col favellar del core, mi giura eterna fè,
날 영원히 사랑하겠다고 내게 맹세했을 때,

gli affanni miei dimentico, gioia diviene il pianto.
난 모든 괴로움을 잊었고, 내 눈물은 기쁨으로 변했어.

Parmi che a lui d'accanto, si schiuda il ciel per me!
그이 곁에 있으면, 내겐 천국이 열리는 것 같아!

si schiuda il ciel per me, si schiuda il ciel per me!
내겐 천국이 열리는 것 같다구!

(알리사)
Ah! Giorni d'amaro pianto s'apprestano per te!
아! 쓰린 눈물의 날들이 아가씨에게 다가오고 있어요!

Ah! Lucia, ah! desisti!
아! 루치아 아가씨! 그만두세요!

(루치아)
Ah! Quando rapito in estasi del più cocente ardore,
그이가 불같이 타오르는 사랑의 정열에 도취되어,

col favellar del core, mi giura eterna fè,
날 영원히 사랑하겠다고 내게 맹세했을 때,

gli affanni miei dimentico, gioia diviene il pianto.
난 모든 괴로움을 잊어버렸고, 내 눈물은 기쁨으로 변했어.

Parmi che a lui d'accanto, si schiuda il ciel per me!
그이 곁에 있으면, 내겐 천국이 열리는 것 같아!

si schiuda il ciel per me, si schiuda il ciel per me!
내겐 천국이, 내겐 천국이 열리는 것 같다구!

(알리사)
Giorni d'amaro pianto, sì s'apprestano per te!
쓰라린 눈물의 날들이 아가씨에게 다가오고 있다구요!

그때 에드가르도가 나타납니다. 그는 루치아에게 스코틀랜드의 운명에 대한 협상을 위해 내일 아침 일찍 프랑스로 떠나야 한다면서, 프랑스로 떠나기 전 루치아의 오빠 엔리코를 만나 두 가문의 화해와 평화를 요청하고자 한다고 합니다. 그러나, 루치아는 강하게 반대하면서, 당분간 두 사람의 사랑은 비밀로 하자고 합니다.

루치아의 완강한 입장을 확인한 에드가르도는 알겠다고 하고, 사실 돌아가신 아버지의 무덤 앞에서 앙숙인 애쉬턴 가문과의 영원한 전쟁을 맹세했었는데, 루치아를 만난 이후 분노 대신 사랑하는 마음이 싹텄다고 고백합니다.

그리고는 자신이 끼고 있던 반지를 루치아에게 주면서 그녀의 남편이 되겠다고 맹세합니다. 그러자, 루치아도 끼고 있던 반지를 에드가르도에게 건네며 그의 여인이 되겠다고 서약하고, 두 사람은 이 애절한 2중창을 함께 부릅니다.

루치아, 에드가르도 : 바람에 실려 당신에게 날아가고
(Verranno a te sull'aure)

(루치아)
Ah! Verranno a te sull'aure i miei sospiri ardenti,
아! 제 뜨거운 한숨은 바람에 실려 당신에게 날아가고,

udrai nel mar che mormora l'eco de' miei lamenti.
당신은 잔잔한 바다에 울려 퍼지는 제 탄식의 메아리를 듣게 되겠지요.

Pensando ch'io di gemiti mi pasco e di dolor,
당신은 제가 슬픔과 고통 속에서 산다고 생각하면서,

spargi un' amara lagrima su questo pegno allor!
우리의 약속을 떠올리며 쓰린 눈물을 흘리겠지요!

ah! su questo pegno allor! ah! su questo pegno allor! ah! su questo pegno allor!
우리의 약속을, 우리의 약속을, 우리의 약속을 떠올리면서!

(에드가르도)
Ah! Verranno a te sull'aure i miei sospiri ardenti,
아! 내 뜨거운 한숨은 바람에 실려 당신에게 날아가고,

udrai nel mar che mormora l'eco de' miei lamenti.
당신은 잔잔한 바다에 울려 퍼지는 내 탄식의 메아리를 듣게 되겠지요.

Pensando ch'io di gemiti mi pasco e di dolor,
당신은 내가 슬픔과 고통 속에 살고 있다고 생각하면서,

spargi un' amara lagrima su questo pegno allor!
우리의 약속을 떠올리며 쓰라린 눈물을 흘리겠지요!

ah! su questo pegno allor! ah! su questo pegno allor! ah! su questo pegno allor!
우리의 약속을, 우리의 약속을, 우리의 약속을 떠올리면서!

(루치아)
Il tuo scritto sempre viva la memoria in me terrà
당신의 편지는 언제나 제 기억을 생생하게 해줄 거예요.

(에드가르도)
Cara! Sì, sì, Lucia, sì, sì,
내 사랑! 그래요! 루치아, 맞아요.

(루치아, 에드가르도)
Ah! Verranno a me sull'aure i tuoi sospiri ardenti,
아! 당신의 뜨거운 한숨은 바람에 실려 내게 날아오고,

udrò nel mar che mormora l'eco de' miei lamenti.
내 탄식 소리는 파도를 타고 당신에게 속삭이겠지요.

(루치아)
Pensando ch'io di gemiti mi pasco e di dolor.
당신은 제가 슬픔과 고통 속에 살고 있다고 생각하면서,

(에드가르도)
spargi un' amara lagrima su questo pegno allor!
우리의 약속을 떠올리며 쓰라린 눈물을 흘리겠지요!

(루치아, 에드가르도)
ah! su questo pegno allor! ah! su questo pegno allor! ah! su
questo pegno allor!
우리의 약속을, 우리의 약속을, 우리의 약속을 떠올리면서!

Sì, sì, allor, sì, sì, allor!
맞아요, 우리의 약속을, 네, 약속을 떠올리면서!

(에드가르도)
Io parto.
난 이제 가겠소.

(루치아)
Addio…
다녀오세요…

(에드가르도)
Rammentati! Ne stringe il Ciel!
기억해요! 하늘에 맹세한 우리의 약속을!

(루치아)
Edgardo!
에드가르도!

(에드가르도)
Addio!
잘 있어요!

제2막

루치아와 에드가르도의 운명 같은 사랑에도 불구하고, 엔리코는 여동생 루치아를 아르투로와 결혼시키기로 작정하고, 결혼식을 밀어붙입니다. 엔리코는 루치아의 결혼식을 준비시키는 한편, 가신인 노르만노를 시켜 프랑스에 가 있는 에드가르도가 루치아에게 보내온 편지를 중간에서 가로채 마치 에드가르도에게 다른 여자가 생긴 것처럼 편지 내용을 위조합니다.

이윽고 엔리코가 창백한 얼굴로 나타난 루치아에게 오늘처럼 기쁜 날 왜 아무런 표정도 말도 없느냐고 묻자, 루치아는 오빠를 원망하며 이 곡을 부릅니다.

루치아 : 제 얼굴을 뒤덮은 끔찍하고 섬뜩한 창백함이
(Il pallor funesto orrendo)

(루치아)
Il pallor funesto orrendo che ricopre il volto mio
제 얼굴을 뒤덮은 끔찍하고 섬뜩한 창백함이,

ti rimprovero tacendo il mio strazio, il mio dolore.
제 괴로움과 고통에 대해 침묵으로 오빠를 원망하고 있어요.

Perdonar ti possa Iddio l'inumano tuo rigor,
신께서 오빠의 비인간적 처사를 용서해 주시길 바라요.

Perdonar ti possa Iddio, ah! l'inumano tuo rigor,
신께서 오빠의, 아, 비인간적 처사를 용서해 주시길 바랄게요.

l'inumano tuo rigor, il tuo rigor, il tuo rigor e il mio dolor!
신께서 오빠의 비인간적 처사와 저의 고통을 용서해 주시길 바랄게요.

(엔리코)
A ragion mi fe' spietato quel che t'arse indegno affetto.
네게 타오른 그 부질없는 사랑이 나를 냉정하게 만든 건 당연했다.

Ma si taccia del passato, tuo fratello, tuo fratello io sono ancor.
하지만 지난 일은 잊어버리자꾸나. 난 여전히 네 오빠야, 네 오빠라구.

Spenta è l'ira nel mio petto, spegni tu l'insano amor!
내 마음속 노여움은 이제 사라졌으니, 너도 부질없는 사랑은 단념하
거라!

Spenta è l'ira nel mio petto, spegni tu l'insano amor!
내 마음속 노여움은 사라졌으니, 너도 부질없는 사랑은 이제 단념해!

sì spegni tu l'insano amor, ah, spegni tu l'insano amor!
부질없는 사랑은, 네 그 부질없는 사랑은 이제 단념해!

l'insano amor, l'insano amor, spegni tu l'insano amor!
그 부질없는 사랑, 그 부질없는 사랑은 이제 단념하라구!

Nobil sposo⋯
네 자랑스런 남편은⋯

(루치아)
Cessa, cessa!
그만, 그만하세요!

(엔리코)
Come?
뭐라구?

(루치아)
Ad altr'uom giurai mia fè.
전 이미 장래를 약속한 사람이 있어요.

(엔리코)
Nol potevi⋯
(화를 내면서) 그건 안 돼.

(루치아)
Enrico!
오빠!

(엔리코)
Nol potevi!
안 된다니까!

(루치아)
Ad altro giurai, ad altro giurai mia fè.
전 이미 그 사람과 장래를 약속했어요!

(엔리코)
Basti!
그만해라!

Questo foglio appien ti dice
이 편지가 네게 다 말해줄 거다.

qual crudel, qual empio amasti!
네가 얼마나 잔인하고 나쁜 놈을 사랑했었는지!

Leggi!
읽어봐라!

(루치아)
Ah! il core mi balzò!
(편지를 읽으며, 놀라움과 슬픔으로 안색이 변하고 몸을 떨며) 아, 가슴
이 터질 것 같아!

　　오빠가 건넨 가짜 편지를 읽고, 믿었던 연인 에드가르도가 변심
했다고 오해한 루치아는 자신의 신세를 원망하며 애처롭게 이 곡
을 부릅니다.

루치아 : 울면서 괴로워하고, 고통으로 힘들었는데
(Soffriva nel pianto, languìa nel dolore)

Soffriva nel pianto, languìa nel dolore
그간 울면서 괴로워하고, 고통으로 힘들었는데,

la speme, la vita riposi in un cor, l'istante di morte è giunto per me!
이제 희망도 삶도 모두 사라지고, 죽음의 순간이 내게 다가왔구나!

Quel core infedele ad altra, ad altra si diè!
그이가 날 배신하고 다른 여자에게 마음을 주었다니!

(엔리코)
Un folle t'accese, un perfido amore, tradisti il tuo sangue per vil seduttore
나쁜 녀석이 널 불타게 했고, 넌 그 비열한 놈 때문에 우리 가문을 배신했어!

Ma degna del cielo ne avesti mercè, quel core infedele ad altra si diè!
하지만 하늘이 자비를 베푸셔서 그의 충실치 못한 마음을 다른 여자에게 주도록 하신 거야!

(루치아)
Oh! Dio! Ahimè!
오, 신이여! 이럴 수가!

L'istante tremendo è giunto per me,
내게 끔찍한 시간이 다가왔구나,

sì, quel core infedele ad altra si diede,
그이가 다른 여자에게 마음을 주다니,

quel core infedele ad altra si diè, core infedele,
그이가 다른 여자에게 마음을 주다니,

quel core infedele ad altra si diè!
다른 여자에게 마음을 주다니!

ad altra si diè, ad altra, ad altra si diè!
다른 여자에게, 다른 여자에게, 다른 여자에게 마음을 주다니!

엔리코는 왕이 죽고 새로운 왕이 즉위하면서 가문의 운명이 위태로워졌는데, 루치아가 세력 가문 출신의 아르투로와 결혼하면 집안이 무사할 수 있다면서, 루치아에게 아르투로와의 결혼을 강요합니다. 루치아는 이미 사랑을 맹세한 사람이 있다며 저항해 보지만, 엔리코는 만일 자신의 말을 듣지 않으면 그가 원한에 사무친 유령이 되어 그녀의 꿈속에 나타날 거라며 동생을 계속 압박합니다.

엔리코가 나간 후, 루치아는 집안의 목사인 라이몬도에게 그녀가 쓴 편지가 프랑스에 있는 에드가르도에게 무사히 전달되었는지 묻습니다. 라이몬도는 자신이 직접 편지를 가지고 가서 그에게 전했는데 아직 아무런 답이 없는 걸로 보아 그가 변심한 것 같다고 말합니다. 절망한 루치아는 라이몬도에게 어떻게 하면 좋을지 조언을 구하는데, 라이몬도가 운명을 받아들이고 가문을 생각해 희생하라고 하자, 더욱 절망에 빠집니다.

결혼식이 열릴 성 안의 큰 홀. 엔리코를 비롯한 일가친척들과 귀족들이 성장을 하고 기다리고 있는 가운데 신랑이 될 아르투로가 등장합니다. 아르투로는 한껏 기분이 고조된 채 이제 친구이자 형제이

자 수호자로서 애쉬턴 가문의 영화를 되찾아 주겠다면서 힘차게 이
곡을 부르고 하객들도 합창으로 화답합니다.

아르투로 : 잠시 어둠 속으로(Per poco fra le tenebre)

Per poco fra le tenebre sparì la vostra stella,
여러분들의 별이 잠시 어둠 속으로 사라졌는데,

io la farò risorgere più fulgida, più bella.
제가 이제 그 별이 더 밝고, 더 아름답게 빛나도록 만들겠습니다!

la man mi porgi, Enrico, ti stringi a questo cor.
엔리코, 당신이 제 손을 잡아주고, 저를 이렇게 맞아주시니

a te ne vengo amico, fratello e difensor.
저도 당신의 친구, 형제, 그리고 수호자가 되어드리겠습니다.

(하객 합창)
Ah! per te d'immenso giubilo tutto s'avviva intorno
아! 당신 덕분에, 주변의 모든 것이 커다란 기쁨으로 살아나고,

per te veggiam rinascere della speranza il giorno
당신 덕분에 희망으로 다시 태어난 하루를 봅니다.

qui l'amistà ti guida, qui ti conduce amore,
여기서 우정이 당신을 인도하고, 여기서 사랑이 당신을 인도합니다.

tutto s'avviva intorno, qui ti conduce amor,
주변의 모든 것이 살아나고, 이곳에서 사랑이 당신을 인도하네요.

qual astro in notte infida, qual riso nel dolor.
마치 어두운 밤에 빛나는 별처럼, 슬픔 속에서 느끼는 웃음처럼.

(아르투로)
A te ne vengo amico, fratello e difensore,
제가 이제 당신의 친구이자 형제이자 수호자가 되어드리겠습니다.

A te ne vengo amico, fratello e difensor,
당신의 친구이자 형제이자 수호자가 되어드릴게요.

fratello e difensor, fratello e difensor,
형제이자 수호자, 형제이자 수호자가 될게요.

difensor, difensor, fratello e difensor,
수호자, 수호자, 형제이자 수호자가 될게요.

a te ne vengo difensor.
당신의 수호자가 되어드릴게요.

　　그런데, 정작 신부인 루치아가 보이지 않자, 아르투로는 엔리코에게 루치아는 어디 있느냐고 묻습니다. 엔리코는 루치아가 어머니를 잃은 상심 때문에 괴로워하고 있다고 둘러대는데, 바로 그때 무척 낙담한 표정의 루치아가 그들 앞에 나타납니다.

　　엔리코는 루치아에게 아르투로를 소개하고, 이어 두 사람에게 혼인서약서에 서명하도록 안내합니다. 아르투로가 행복한 표정으로 혼인서약서에 서명을 마치자, 엔리코는 루치아에게도 어서 빨리 혼인서약서에 서명하라고 눈짓합니다. 머뭇거리던 루치아는 자신의 처지를 원망하며 어쩔 수 없다는 표정으로 서약서에 서명하고는 몸을 가누지 못합니다.

그때 갑자기 문이 쾅 열리며 프랑스에 갔던 에드가르도가 사람들 앞에 나타납니다. 그러자 루치아는 깜짝 놀라 잠깐 혼절하고 맙니다. 에드가르도는 눈앞에서 벌어지고 있는 광경을 보고 분노에 차서 자신의 심경을 노래하고, 잠시 후 의식을 회복한 루치아, 오빠 엔리코, 신랑 아르투로, 집안 목사인 라이몬도, 그리고 루치아의 시녀인 알리사가 모두 각각의 심경을 노래하는 유명한 6중창을 동시에 부릅니다.

에드가르도, 엔리코, 루치아, 라이몬도, 아르투로, 알리사 :
지금 이 순간 누가 날 가로막을 것이냐?
(Chi mi frena in tal momento?)

(에드가르도)
Chi mi frena in tal momento?
지금 이 순간 누가 날 가로막을 것이냐?

Chi troncò dell'ire il corso?
누가 이 분노를 막아설 것이냐?

Il suo duolo, il suo spavento
그녀의 저 고통은, 그녀의 저 두려움은

son la prova, son la prova d'un rimorso!
그녀가 후회하고 있다는 증거잖아!

Ma, qual rosa inaridita, ella sta fra morte e vita!
하지만, 시들어가는 장미처럼, 그녀는 삶과 죽음의 기로에 놓여 있구나!

Io son vinto··· son commosso.
나는 졌지만··· 감동받았소.

T'amo, ingrata, t'amo ancor!
당신을 사랑하오! 무정한 사람, 난 아직도 당신을 사랑해요!

(엔리코)
Chi trattiene il mio furore e la man che al brando corse?
누가 내 분노를, 칼을 뽑으려는 내 손을 막을 것이냐?

Della misera in favore nel mio petto un grido sorse!
내 가슴 속에서 가여운 내 동생의 외침이 솟아오르는구나!

È il mio sangue! io l'ho tradita!
루치아는 내 혈육인데, 내가 그녀를 배반하다니!

Ella sta fra morte e vita!
그녀가 삶과 죽음의 기로에 서 있구나!

Ah! che spegnere non posso un rimorso nel mio cor!
아, 내 마음속에서 솟아오르는 후회를 떨쳐버릴 수가 없구나!

(루치아)
Io sperai che a me la vita tronca avesse il mio spavento,
(의식을 회복한 후 알리사에게) 난 두려움 때문에 차라리 죽기를 바랐어,

Ma la morte non m'aita, vivo ancor per mio tormento!
그런데, 죽음도 날 돕지 않고, 난 아직 고통 속에 살아있구나!

Da' miei lumi cadde il velo, mi tradì la terra e il cielo!
내 눈은 베일로 가려지고, 땅도 하늘도 이제 다 나를 외면하는구나!

Vorrei pianger, ma non posso, ah, mi manca il pianto ancor!
울고 싶은데, 울 수가 없구나, 아, 울고 싶어!

(라이몬도)
Qual terribile momento! più formar non so parole!
끔찍한 순간이구나! 무슨 말을 해야 할지 모르겠구나!

Densa nube di spavento par che copra i rai del sole!
두려움의 먹구름이 태양의 빛을 뒤덮어버렸구나!

Come rosa inaridita, ella sta fra morte e vita!
마치 시들어가는 장미처럼 그녀는 삶과 죽음의 기로에 처해 있어!

Chi per lei non è commosso ha di tigre in petto il cor.
그녀 때문에 가슴 아파하지 않는 사람은 호랑이의 심장을 가진 사람
이겠지.

(엔리코)
È mio sangue! L'ho tradito!
그녀는 내 혈육인데, 내가 그녀를 배반했어!

Io l'ho tradita! ah! sì!
내가 내 동생을 배반했어! 그랬어!

Ella sta fra morte e vita,
그녀는 삶과 죽음의 갈림길에 놓여 있구나.

(에드가르도)
Chi mi frena in tal momento?
누가 이 순간 나를 가로막을 수 있단 말이냐?

(알리사, 합창)
Come rosa inaridita
마치 시들어가는 장미처럼

(아르투로)
Qual terribile momento!
끔찍한 순간이구나!

　　에드가르도의 등장에 깜짝 놀란 엔리코가 칼을 뽑자, 에드가르도도 칼을 뽑아 들며 일촉즉발의 위기를 맞이합니다. 그러자 라이몬도가 루치아가 서명한 혼인서약서를 에드가르도에게 보여주며 상황을 진정시키려 합니다.

　　루치아가 혼인서약서에 서명한 것을 직접 눈으로 확인한 에드가르도는 분노하면서 루치아가 전에 자신에게 주었던 반지를 손가락에서 빼 루치아에게 돌려주고는, 자신의 반지를 돌려달라고 합니다. 이미 제 정신을 잃은 루치아가 예전 에드가르도가 주었던 반지를 손에서 빼자, 에드가르도는 그 반지를 바닥에 내던진 후 발로 밟아버리며 그녀를 저주합니다.

　　엔리코와 아르투로는 에드가르도에게 어서 나가라고 소리치고, 루치아는 거의 실신 상태에서도 하늘에 에드가르도를 보호해 달라고 기도합니다.

제3막

　　한밤중 폭풍우가 몰아치는데, 엔리코가 폭풍우를 뚫고 에드가르도의 숙소로 찾아옵니다. 엔리코는 에드가르도가 결혼식장에서 자신의 가문을 모욕했다며 결투를 신청합니다. 에드가르도는 결투 신청을 받아들이면서 결투 시간과 장소를 묻는데, 엔리코는 다음 날 새벽 동틀 녘에 에드가르도 가문의 묘지에서 만나자는 말을 남기고 그곳을 떠납니다.

람메르무어 성안의 연회실에서는 루치아의 결혼 축하연이 열립니다. 하객들은 루치아의 결혼을 축하하면서 경쾌하고 힘차게 다 같이 이 곡을 합창합니다.

합창 : 커다란 환희의 함성이(D'immenso giubilo)

D'immenso giubilo s'innalzi un grido,
커다란 환희의 함성이 울려 퍼지게 해라,

d'immenso giubilo s'innalzi un grido,
커다란 환희의 함성이 울려 퍼져,

corra la Scozia di lido in lido,
저 스코틀랜드 너머까지 퍼지게 해라,

e avverta i perfidi nostri nemici
교활한 우리의 적들에게는 경고해라,

che a noi sorridono le stelle ancor,
별들은 여전히 우리에게 미소 짓고 있다고,

e avverta i perfidi nostri nemici
교활한 우리의 적들에게 경고해라,

che a noi sorridono le stelle ancor,
별들은 여전히 우리에게 미소 짓고 있고,

che più terribili, che più felici
우리가 더 용맹스럽고, 더 행복하도록

ne rende l'aura d'alto favor
높은 은총의 기운이 만들어지고 있다고.

e avverta i perfidi nostri nemici
그리고 교활한 우리의 적들에게 경고해 주어라,

che a noi sorridono le stelle ancor,
별들은 여전히 우리에게 미소 짓고 있다고,

che a noi sorridono le stelle ancor,
별들은 여전히 우리에게 미소 짓고 있다고,

le stelle ancor, le stelle ancor.
별들은 여전히, 별들은 여전히 우리에게 미소 짓고 있다고.

그때 라이몬도가 숨을 헐떡이며 뛰어 들어와 축하연을 당장 멈추라고 소리칩니다. 라이몬도는 방금 전 루치아의 신방에서 비명이 들려 황급히 달려갔더니 루치아가 신랑인 아르투로를 칼로 찔러 죽이고 칼을 든 채 실성한 모습으로 서 있었다고 상황을 설명합니다.

이 말을 들은 하객들이 모두 경악하고 있을 때, 피 묻은 하얀 속옷 차림의 루치아가 사람들 앞에 나타납니다. 그리고는, 사랑하는 에드가르도를 생각하며 광란의 아리아로 유명한 이 대곡을 부릅니다.

루치아 : 당신의 부드러운 음성이 들려요
(Il dolce suono mi colpì di sua voce)

Il dolce suono mi colpì di sua voce!
당신의 부드러운 음성이 들려요!

Ah, quella voce m'è qui nel cor discesa!
아, 그 음성이 제 가슴속 깊이 파고드네요!

Edgardo! Io ti son resa.
에드가르도! 전 당신 여자예요.

Edgardo! Ah, Edgardo mio! Sì, ti son resa,
에드가르도! 아, 나의 에드가르도! 네, 전 당신의 여자예요.

fuggita io son da' tuoi nemici, da' tuoi nemici
전 당신의 적들, 당신의 적들로부터 도망쳤어요.

Un gelo mi serpeggia nel sen!
제 가슴 속으로 한기가 퍼져오네요!

Trema ogni fibra, vacilla il piè!
온몸이 떨리고, 다리가 휘청거려요!

Presso la fonte, meco t'assidi alquanto!
연못가에 잠시 저와 함께 앉아주세요!

sì, presso la fonte, meco t'assidi!
네, 연못가에서, 제 곁에요!

Ohimè! Sorge il tremendo fantasma e ne separa!
아, 이런! 무서운 유령이 나타나서 우리를 갈라놓네!

Ohimè! Ohimè! Edgardo!··· Edgardo!
이런, 어쩌나! 에드가르도!··· 에드가르도!

Ah! Il fantasma, il fantasma ne separa!
아, 유령이, 유령이 우리를 갈라놓네요!

Qui ricovriamo, Edgardo, a piè dell'ara.
우리 여기로 숨어요, 에드가르도, 제단 밑으로요.

Sparsa è di rose!
장미꽃이 뿌려져 있네요!

Un'armonia celeste, di', non ascolti?
천상의 화음도 있어요. 말해보세요, 안 들리세요?

Ah, l'inno suona di nozze!
아, 결혼식 음악이 연주되고 있어요!

Ah! Ah! Ah! l'inno di nozze!
아, 아, 아! 결혼식 음악이에요!

Il rito per noi, per noi s'appresta! Oh, me felice!
우리 결혼식이 가까워지고 있어요! 아, 행복해요!

Edgardo! Edgardo! Oh me felice!
에드가르도, 에드가르도! 오, 행복해요!

Oh, gioia che si sente, oh, gioia che si sente, e non si dice!
오, 이 행복감, 오, 이 행복감은 말로 다할 수 없어요!

Ardon gl'incensi, splendono le sacre faci, splendon intorno!
향이 타오르고, 성스러운 촛불이 타오르며 모든 곳을 비춰주네요!

Ecco il ministro!
저기 목사님이 계시네요!

Porgimi la destra, oh lieto giorno! oh lieto!
제게 오른손을 주세요, 오 기쁜 날이에요! 기쁜 날!

Alfin son tua, alfin sei mio!
마침내 저는 당신의 여인이 되었고, 마침내 당신도 제 남자가 되었네
요!

A me ti dona, a me ti dona un Dio.
신이 제게 당신을, 제게 당신을 데려다주었어요.

Ogni piacer più grato, sì ogni piacer mi fia con te diviso.
당신과 함께라면, 모든 즐거움이 더 커지고, 더 달콤할 거예요.

con te, con te, del ciel ciemente, del ciel ciemente,
당신과, 당신과 함께라면, 평화로운 하늘, 평화로운 하늘의

un riso la vita a noi sarà, la vita a noi, a noi sarà,
미소가 우리 삶에 함께 할 거예요,

del ciel ciemente, del ciel ciemente,
평화로운 하늘, 평화로운 하늘의

un riso la vita a noi, a noi sarà, la vita a noi sarà, a noi sarà, sarà,
미소가 우리 삶에 함께 할 거예요, 그럴 거예요, 그럴 거예요.

Che chiedi? Che chiedi?
(엔리코가 다가오자) 뭘 바라시는 거예요?

Ah, me misera!
아, 참담해라!

Non mi guardar sì fiero…
(엔리코에게) 그렇게 화나서 절 쳐다보지 마세요…

Segnai quel foglio, è vero, sì sì sì è vero.
(아르투로와의) 혼인서약서에 서명했어요, 네, 맞아요, 네, 맞다구요.

Nell'ira sua terribile calpesta, oh Dio, l'anello!
어쩌나, 그이가 화가 나서 제 반지를 내팽개쳐 버렸어요,

Mi maledice!
절 저주했어요!

Ah! vittima fui d'un crudel fratello,
아! 저는 잔인한 오빠 때문에 희생자가 되었어요.

Ma ognor, ognor, t'amai, ognora, Edgardo.
하지만, 저는 항상 당신을 사랑했어요, 에드가르도,

sì ognor, ognor t'amai,
네, 전 늘 당신을 사랑했어요.

Ah! e t'amo ancor, Edgardo mio,
아, 나의 에드가르도, 전 여전히 당신을 사랑해요,

sì te lo giuro, ognor t'amai, e t'amo
네, 당신께 맹세해요, 늘 당신을 사랑했고, 지금도 당신을 사랑하고 있
어요.

ognor, ognor, ognor t'amai, ah! t'amo ancor.
늘 당신을 사랑했고, 아, 지금도 당신을 사랑해요.

ah! t'amo, t'amo ancor, ah! t'amo ancor, t'amo, t'amo ancor.
아, 당신을 사랑해요, 지금도 당신을 사랑해요. 사랑해요.

Chi mi nomasti? Arturo!
누가 날 부르지? 아르투로네!

Tu nomasti, Arturo!
당신이 날 불렀군요, 아르투로!

Ah! non fuggir, ah! per pietà, no, non fuggir.
아, 가지 말아요, 아 제발, 가지 말아요.

ah, perdon! ah, perdon! perdon!
아, 용서해 주세요! 아, 용서해 줘요! 용서해 주세요!

Ah! ah, no, non fuggir, Edgardo!
아, 가지 말아요, 에드가르도!

Spargi d'amaro pianto il mio terrestre velo,
당신은 제 면사포에 쓰라린 눈물을 흘리시는군요,

mentre lassù nel cielo io pregherò, pregherò per te,
전 천국에서 기도할게요, 당신을 위해 기도할게요,

Al giunger tuo soltanto fia bello il ciel per me.
당신이 오시면 저 천국도 제겐 아름답겠지요.

ah! sì, ah! sì, ah! sì per me fia bello il ciel, il ciel per me,
아, 네! 아, 맞아요! 천국은 제게 아름다울 거예요,

ah! sì, ah! sì per me, per me, sì per me, per me, per me,
아, 네! 아, 맞아요! 그럴 거예요, 그럴 거예요.

Spargi d'amaro pianto, il mio terrestre velo,
당신은 제 면사포에 쓰라린 눈물을 흘리시는군요,

mentre lassù nel cielo io pregherò, pregherò per te…
전 천국에서 기도할게요, 당신을 위해 기도할게요.

Al giunger tuo soltanto fia bello il ciel per me!
당신이 오실 때 저 천국이 아름답겠지요.

ah! sì, ah! sì, ah! sì per me, fia bello il ciel, il ciel per me!
아, 네! 아, 맞아요! 제게 천국이 아름다울 거예요,

ah! sì, ah! sì per me, per me, sì per me, per me, per me,
아, 네! 아, 맞아요! 그럴 거예요, 그럴 거예요.

Ah! ch'io spiri accanto a te, accanto a te,
아! 당신 곁에서, 당신 곁에서 죽게 해주세요,

sì ch'io spiri accanto a te, accanto a te,
네, 당신 곁에서, 당신 곁에서 죽게요,

appresso a te, appresso a te, a te…
당신 곁에서, 당신 곁에서요…

실성한 채 광란의 아리아를 마친 루치아는 그만 혼절하고 맙니다.
한편, 루치아가 그렇게도 애타게 찾고 있는 에드가르도는 다음 날 새벽에 있을 엔리코와의 결투를 앞두고 한밤중에 조상들의 무덤을 찾아 가문의 명예를 위해 희생할 각오를 다지며 비감하게 이 곡을 부릅니다.

에드가르도 : 조상님들의 무덤(Tombe degl'avi miei)

Tombe degl'avi miei,
조상님들의 무덤,

l'ultimo avanzo d'una stirpe infelice, deh, raccogliete voi.
불운한 가문의 마지막 후손인 내가 이제 조상님들 곁으로 가는구나.

Cessò dell'ira il breve foco, sul nemico acciaro abbandonar mi vo'.
잠시 타올랐던 분노의 불길은 사그라들었고, 이제 원수에게 날 버리려 하네.

Per me la vita è orrendo peso!
삶은 내게 끔찍하게 버겁구나!

l'universo intero è un deserto per me senza Lucia!
루치아 없는 세상은 내게는 황량한 사막이지.

Di faci tuttavia splende il castello!
(축하연이 열리고 있는) 성은 여전히 밝게 빛나고,

Ah! scarsa fu la notte al tripudio! Ingrata donna!
아! 승리의 밤은 내게 찾아오지 않는구나! 무정한 여인 같으니!

mentr'io mi struggo in disperato pianto,
내가 절망의 눈물을 흘리며 죽어가는 동안

tu ridi, esulti accanto al felice consorte!
당신은 웃으며, 행복해하는 남편 곁에서 기뻐하고 있겠지!

Tu delle gioie in seno, tu delle gioie in seno,
당신이 가슴속에서 기쁨을 느낄 때, 당신이 기쁨을 느낄 때,

io della morte, io della morte!
난 죽음을, 난 죽음을 느끼게 되겠지!

Fra poco a me ricovero darà negletto avello,
잠시 후에는 이 버려진 무덤이 내 안식처가 되고

una pietosa lagrima non scenderà su quello!
내 무덤 위에는 그 누구도 동정의 눈물을 흘리지 않겠지!

Ah! fin degli estinti, ahi misero, manca il conforto a me!
아, 가련한 내 영혼은 죽어서도 위로를 얻지 못하겠지!

Tu pur, tu pur dimentica quel marmo dispregiato,
당신, 버림받은 내 묘지는 차라리 잊어주시오.

Mai non passarvi, o barbara, del tuo consorte a lato.
오, 비정한 여인, 당신의 남편(자신)을 그냥 지나치지는 말아 주시오.

Ah! rispetta almen le ceneri di chi moria per te.
아! 최소한 당신을 위해 죽은 사람의 유해에는 예를 갖추어 주시오.

rispetta almen le ceneri di chi moria per te!
최소한 당신을 위해 죽은 사람의 유해에는 예를 갖추어 주시오!

Mai non passarvi, tu lo dimentica, rispetta almeno chi muore per te,
그냥 지나치지 말고, 최소한 당신을 위해 죽은 사람은 존중해 주시오.

mai non passarvi, tu lo dimentica, rispetta almeno chi muore, chi muore per te,
그냥 지나치지 말고, 최소한 당신을 위해 죽은 사람의 유해를 존중은 해주시오.

Oh, barbara, rispetta almen le ceneri, ah, di chi moria, di chi moria per te!
오, 잔인한 사람! 최소한 당신을 위해 죽은 사람, 당신을 위해 죽은 사람의 유해는 존중해주시오.

그때 람메르무어 사람들이 성에서 나오며 루치아가 불쌍하다며 수군덕거립니다. 에드가르도는 루치아에게 무슨 일이 생겼느냐고 묻는데, 마을 사람들은 불행한 결혼을 했던 그녀가 지금 죽어가고 있으며 에드가르도의 이름을 애타게 불렀다고 말해줍니다. 그 순간 라이몬도가 에드가르도 앞에 나타나 루치아가 이승을 떠나 하늘나라로 갔다고 말해줍니다.

처참한 심경에 휩싸인 에드가르도는 루치아를 그리워하며 이승에서 못 이룬 사랑을 저승에서는 이루자며 슬프게 이 곡을 부릅니다.

에드가르도 : 날개를 펴 하늘로 날아간 그대
(Tu che a Dio spiegasti l'ali)

Tu che a Dio spiegasti l'ali,
날개를 펴 하늘로 날아간 그대,

O bell'alma, innamorata,
오 사랑스럽고 아름다운 영혼이여,

ti rivolgi a me placata.
진정하고 날 봐요.

Teco ascenda, teco ascenda il tuo fedel.
나도 당신과 함께 가겠소,

Ah! se l'ira dei mortali fece a noi sì cruda guerra,
세상의 분노가 우리에게 이토록 잔인한 고통을 안겨주었고,

se divisi fummo in terra,
이 땅에서 우리를 갈라놓았으니,

ne congiunga il Nume in ciel!
신께서 천국에서는 우리를 맺어주실 거요!

O bell'alma, innamorata, bell'alma, innamorata,
오 사랑스럽고 아름다운 영혼, 내 사랑,

ne congiunga il Nume in ciel.
신께서 천국에서 우리를 맺어주실 거요.

Io ti seguo.
나도 당신을 따르리다.

Morir voglio, morir voglio,
죽고 싶소, 죽고 싶어.

No, no, no!
안 돼, 안 돼, 안 돼!

A te vengo, o bell'alma,
당신에게 가리다, 내 사랑.

ti rivolgi, ah, al tuo fedel⋯
진정하고, 아, 당신을 사랑하는 사람을 바라봐요.

Ah se l'ira dei mortali sì cruda guerra, o bell'alma,
오 내 사랑, 세상의 분노가 우리에게 이토록 잔인한 고통을 안겨주었
으니,

ne congiunga il Nume in ciel!
신께서 천국에서 우리를 맺어주실 거요!

O bell'alma, innamorata, bell'alma, innamorata,
오 사랑스럽고, 아름다운 영혼,

ne congiunga il Nume in ciel!
신께서 천국에서 우리를 하나로 맺어주실 거요!

O bell'alma, innamorata, bell'alma, innamorata,
오 아름다운 내 사랑,

ne congiunga il Nume in ciel!
신께서 천국에서 우리를 맺어주실 거요!

ne congiunga il Nume in ciel!
신께서 천국에서 우리를 맺어주실 거요!

ne congiunga il Nume in ciel!
신께서 천국에서 우리를 하나로 맺어주실 거요!

il Nume in ciel! il Nume in ciel! il Nume in ciel!
신께서 천국에서, 신께서 천국에서!

　루치아를 잃은 슬픔을 이기지 못한 에드가르도는 칼로 자신의 가
슴을 찔러 결국 사랑하는 루치아의 뒤를 따릅니다.

- 엔리코 : 잔인하고 무서운 생각을(Cruda, funesta smania)

  여동생 루치아가 원수 가문의 에드가르도와 사랑하고 있다는 뜻밖의 사실을 알게 된 엔리코가 루치아를 원망하며 부르는 곡

- 루치아 : 어둡고 깊은 밤이 고요히 찾아왔고(Regnava nel silenzio)

  시녀 알리사와 함께 연못가에서 에드가르도를 기다리고 있던 루치아가 알리사에게 이 연못에 관한 전설을 들려주며 부르는 곡

- 루치아, 에드가르도 : 바람에 실려 당신에게 날아가고 (Verranno a te sull'aure)

  루치아와 에드가르도가 서로의 반지를 교환하며 서로의 사랑이 되겠다고 맹세하는 2중창

- 루치아 : 제 얼굴을 뒤덮은 끔찍하고 섬뜩한 창백함이(Il pallor funesto orrendo)

  엔리코가 아르투로와의 원치 않는 결혼식을 앞둔 루치아에게 오늘처럼 기쁜 날 왜 아무런 표정도 말도 없느냐고 묻자, 루치아가 오빠 엔리코를 원망하며 부르는 곡

- 루치아 : 울면서 괴로워하고 고통으로 힘들었는데(Soffriva nel pianto, languìa nel dolore)

  엔리코가 루치아에게 에드가르도의 가짜 편지를 건네자, 사랑하는 에드가르도가 변심했다고 오해한 루치아가 자신의 신세를 원망하며 애처롭게 부르는 곡

• 아르투로 : 잠시 어둠 속에서(Per poco fra le tenebre)

루치아와의 결혼을 앞둔 아르투로가 이제 애쉬턴 가문의 친구이자 형제이자 수호자로서 애쉬턴 가문의 영화를 되찾아 주겠다며 부르는 곡

• 에드가르도, 엔리코, 루치아, 라이몬도, 아르투로, 알리사 : 지금 이 순간 누가 날 가로막을 거야?(Chi mi frena in tal momento?)

루치아가 아르투로와의 혼인서약서에 서명한 직후, 에드가르도가 결혼식장에 나타나 분노에 차서 자신의 심경을 노래하고, 루치아, 엔리코, 아르투로, 라이몬도, 알리사가 모두 각자의 심경을 노래하는 6중창

• 합창 : 커다란 환희의 함성이(D'immenso giubilo)

루치아와 아르투로의 결혼 축하연에 참석한 하객들이 루치아의 결혼을 축하하며 다 함께 부르는 합창곡

• 루치아 : 당신의 부드러운 음성이 들려요(Il dolce suono mi colpì di sua voce)

아르투로를 칼로 찔러 죽인 루치아가 피가 묻은 하얀 속옷 차림으로 하객들 앞에 나타나, 에드가르도를 생각하며 부르는 곡(광란의 아리아)

• 에드가르도 : 조상님들의 무덤(Tombe degl'avi miei)

에드가르도가 다음날 새벽 엔리코와의 결투를 앞두고 한밤중에 조상들의 무덤을 찾아 가문의 명예를 위해 희생할 각오를 다지며 부르는 곡

• 에드가르도 : 날개를 펴 하늘로 날아간 그대(Tu che a Dio spiegasti l'ali)

루치아가 이미 세상을 떠났다는 소식을 들은 에드가르도가 루치아를 그리며 이승에서 못다 이룬 사랑을 저승에서 이루자며 부르는 곡

6
—

돈 파스콸레
Don Pasquale

개요

도니젯티의 음악적 원숙미와 예술적 경륜이 잘 드러나는 이 작품은 도니젯티가 정신 질환으로 인해 작곡 활동을 중단하기 직전에 완성한 말년의 걸작으로, 1843년 1월 파리에서 초연되었습니다.

도니젯티는 안젤로 아넬리Angelo Anelli(1761-1820)가 썼던 〈마르칸토니오 각하〉라는 제목의 오페라 대본을 조반니 루피니Giovanni Ruffini와 함께 직접 수정하며 대본 작업에도 의욕을 보였는데, 아넬리의 대본은 영국의 극작가 벤 존슨Ben Jonson(1572-1637)의 희곡 '말없는 여인, 에피코이네'를 원작으로 했다고 합니다.

이 작품은 20편이 넘는 도니젯티의 오페라 부파 가운데 〈사랑의 묘약〉과 함께 가장 인기 있는 작품인데, 도니젯티가 음악적 우아함과 희극적 웃음 코드를 절묘하게 조화시켰기 때문이 아닌가 생각합니다. 작품을 감상하다 보면, 벨칸토 오페라다운 아름다운 선율이 계속 이어지고, 등장인물들도 곡을 통해 자신들의 매력을 충분히 어필하며, 극의 흐름, 즉 스토리가 보는 이들에게 이해와 공감을 불러일으킨다는 느낌을 받게 됩니다.

이 작품은 베이스가 타이틀 롤을 맡고 있다는 점에서 이채로운데, 성악적으로는 뛰어난 벨칸토 기교를 뽐내는 소프라노 노리나, 서정미를 담아 감미롭게 노래하는 테너 에르네스토와 함께, 바소 부포

basso buffo인 파스콸레의 매력을 한껏 느낄 수 있는 작품이기도 합니다. 특히 제3막에서 노리나와의 밀회 현장을 잡아 복수할 꿈에 부푼 파스콸레와 모든 전후 상황을 다 알고 있는 말라테스타 두 사람이 함께 부르는 스트렛타는 매우 흥겹고, 동시에 보고 듣는 재미가 매우 큰 유명한 부분입니다.

이 작품은 18세기부터 발전해 온 이탈리아 오페라 부파의 전통을 계승하면서도, 거기에 벨칸토 스타일의 우아하고 서정성 넘치는 음악을 더함으로써 이탈리아 오페라 부파의 정수를 보여주는 마지막 걸작이라는 찬사와 함께, 후대 작곡가들이 오페라 부파를 작곡할 때 참고가 되는 수준 높은 기준을 제시했다는 평가를 받고 있습니다.

주요 등장인물

돈 파스콸레(구두쇠 독신 노인/베이스)
에르네스토(돈 파스콸레의 조카/테너)
말라테스타(돈 파스콸레의 친구 겸 주치의/바리톤)
노리나(에르네스토의 과부 연인/소프라노)

시놉시스와 주요 아리아

제1막

로마에 사는 돈 많은 구두쇠 독신 노인 파스콸레의 집. 파스콸레는 자신의 친구이자 주치의인 말라테스타가 빨리 오기를 마음 졸이며 기다리고 있습니다. 얼마 전 말라테스타에게 자신의 신부감을 찾아달라고 부탁했는데 오늘 말라테스타가 그 결과를 가지고 오기로 했기 때문입니다.

말라테스타가 도착하자 파스콸레는 어떻게 되었느냐고 물어보는데, 말라테스타는 그의 신부감을 찾았다면서 예비 신부감의 면모를 이 노래로 소개합니다.

말라테스타 : 천사처럼 아름답고(Bella siccome un angelo)

(말라테스타)
Bella siccome un angelo in terra pellegrino,
지상의 천사처럼 아름답고,

fresca siccome il giglio che s'apre sul mattino,
아침에 피어나는 백합처럼 상큼하고,

occhio che parla e ride, sguardo che i cor conquide.
말하며 웃음 짓는 눈, 마음을 사로잡는 시선,

chioma che vince l'ebano, sorriso incantator, sorriso incantator.
새까만 머리카락, 그리고 매혹적인 미소를 가졌다네.

(돈 파스콸레)
Sposa simile! Oh, giubilo!
좋은 아내감이군! 오, 기쁜데!

Non cape in petto il cor.
너무 좋아서 가슴이 막 떨리는구먼!

(말라테스타)
Alma innocente, ingenua, che sè medesima ignora,
자기 자신은 신경 쓰지 않는 순수하고 진실한 영혼,

modestia impareggiabile, bontà che v'innamora,
비교할 데 없는 겸손함, 사람을 사랑하게 만드는 상냥함,

ai miseri pietosa, gentil, dolce, amorosa, ah!
불쌍한 사람들에게는 자비롭고, 친절하고, 부드럽고, 사랑스럽다네!

il ciel l'ha fatta nascere per far beato un cor, beato un cor.
하늘은 사람들에게 기쁨을 주려고 그녀를 이 세상에 태어나게 하셨어.

(돈 파스콸레)
Oh giubilo!
오 기쁘네!

(말라테스타)
Il ciel l'ha fatta nescere, per far beato un cor, per far beato un
cor.
하늘은 사람들에게 기쁨을 주려고 그녀를 이 세상에 태어나게 하셨어.

Il ciel l'ha fatta nescere, per far beato, beato, per far beato un
cor.
하늘은 사람들에게 기쁨을 주려고 그녀를 이 세상에 태어나게 하셨다
니까.

　　파스콸레는 무척 기뻐하며 그녀의 집안 배경을 묻는데, 말라테스
타는 사실 자신의 여동생이라고 소개합니다. 파스콸레는 잘 되었다
면서 지금 당장 그녀를 보고 싶다고 조바심을 냅니다. 말라테스타는
진정하라며 무슨 말을 더하려고 하는데, 파스콸레는 그의 말을 가로
막고는 기쁨과 기대감에 부풀어 이 노래를 부릅니다.

파스콸레 : 아! 내 마음속에서 심상치 않은 불길을
(Ah! un foco insolito)

Ah! un foco insolito mi sento addosso,
아! 내 마음속에서 심상치 않은 불길을 느끼네.

omai resistere io più non posso.
더 이상 저항할 수가 없구만.

Dell'età vecchia scordo i malanni,
내가 노년의 고통을 잊고

mi sento giovine come a vent'anni.
마치 스무 살 같은 젊음을 느낀다니까.

Deh! cara, affrettati, venni, sposina!
오, 내 사랑스러운 신부감, 어서 와요!

Ecco di bamboli mezza dozzina già veggo nascere,
난 벌써 아이 여섯 명이 태어나,

già veggo crescere, a me d'intorno veggo scherzar.
자라고, 내 주위에서 놀고 있는 모습을 이미 보고 있어.

veggo già nascere, veggo già crescere, a me d'intorno veggo scherzar.
태어나고, 자라고, 내 주위에서 놀고 있는 모습을 이미 보고 있다구.

Vieni, vieni, che un foco insolito mi sento addosso,
어서 와요, 어서 와, 내 마음속에서 심상치 않은 불길을 느낀다니까.

o casco morto qua!
오지 않으면, 이 자리에서 죽어버릴 것 같아!

Ah! un foco insolito, mi sento addosso,
오, 내 마음속에서 심상치 않은 불길을 느끼는데,

omai resistere io più non posso.
더 이상 저항할 수가 없어.

Dell'età vecchia scordo i malanni,
내가 노년의 고통을 잊고

mi sento giovine come a vent'anni.
마치 스무 살 같은 젊음을 느낀다니까.

Deh! cara, affrettati, venni, sposina!
오, 내 사랑스러운 신부감, 빨리 와요!

Ecco di bamboli mezza dozzina già veggo nascere,
난 벌써 아이가 여섯 명 태어나,

già veggo crescere, a me d'intorno veggo scherzar.
자라고, 내 주위에서 놀고 있는 모습을 이미 보고 있다네.

veggo già nascere, veggo già crescere, a me d'intorno veggo
scherzar.
태어나고, 자라고, 내 주위에서 놀고 있는 모습을 이미 보고 있다니까.

Deh! vieni, affrettati, bella sposina!
오, 내 사랑스러운 신부감, 서둘러 와요!

Già, già, di bamboli mezza dozzina, a me d'intorno veggo
scherzar.
아이 여섯 명이 내 주위에서 뛰어놀고 있는 걸 이미 보고 있어.

Deh! vieni, affrettati, bella sposina!
오, 내 사랑스러운 신부감, 빨리 와요!

Già, già, di bamboli mezza dozzina, a me d'intorno veggo
scherzar,
여섯 명의 애들이 내 주위에서 뛰어놀고 있는 걸 이미 보고 있다니까.

a me d'intorno veggo scherzar, a me d'intorno veggo scherzar, a
me d'intorno veggo scherzar.
내 주위에서 뛰어놀고 있는, 내 주위에서 뛰어놀고 있는 모습을 이미
보고 있다구.

　이때 파스콸레의 조카인 에르네스토가 들어옵니다. 파스콸레는
사실 에르네스토에게 그가 결혼을 하면 자기가 큰돈을 주는 것뿐
아니라, 만일 자기가 죽으면 자기 재산을 모두 그에게 주겠다며 결
혼을 채근했는데, 에르네스토가 과부인 노리나와 결혼하겠다고 하
자, 그 경우에는 재산은 물려주지 않을 것이며 차라리 자기가 결혼
해서 아기를 낳은 후 자식들에게 유산을 물려주겠다고 선언한 상
태였습니다.

　파스콸레는 에르네스토에게 얼마 전 어떤 처자를 신부감으로 소
개해 준 일을 상기시키면서 그 처자와의 결혼을 재차 제안하는데,
에르네스토는 노리나와 결혼하겠다는 마음을 굽히지 않습니다. 화
가 난 파스콸레는 에르네스토에게 그럼 자기가 곧 결혼할 예정이니
이 집에서 나갈 준비나 하라고 통보합니다. 에르네스토는 삼촌에게
정말 결혼하느냐고 물으며 당황하고, 노리나와의 결혼 계획이 위기
를 맞게 되자 자기 처지를 한탄하는 이 노래를 부릅니다.

<h1 style="text-align:center">에르네스토 : 달콤하고 순수했던 꿈이여</h1>
(Sogno soave e casto)

Sogno soave e casto de' miei prim'anni, addio.
내 젊은 시절의 달콤하고 순수했던 꿈이여, 안녕.

Bramai ricchezze e fasto solo per te, ben mio,
내 사랑, 난 오직 당신만을 위해 부와 화려함을 갈망했는데,

(돈 파스콸레)
Ma veh, che originale!
오, 아주 독창적이구나!

(에르네스토)
povero, abbandonato,
이젠 불쌍하게 버림받고,

(돈 파스콸레)
Che tanghero ostinato!
정말 고집 세네!

(에르네스토)
caduto in basso stato,
이젠 나락으로 떨어져 버렸어,

pria che vederti misera, cara, cara, cara,
사랑스러운, 사랑스러운 당신이 내 비참한 모습을 보기 전에,

rinunzio a te,
난 차라리 당신을 단념하겠소,

pria che vederti misera, cara, rinunzio a te,
사랑스러운, 사랑스러운 당신이 내 비참한 모습을 보기 전에 당신을 단념하겠소.

sì cara, cara, cara rinunzio, rinunzio a te, rinunzio a te, rinunzio,
그래요, 사랑스러운 당신을 단념하겠어, 당신을 떠나겠어,

pria che vederti misera, rinunzio, oh, cara, a te.
사랑스러운 당신이 내 비참한 모습을 보기 전에 내가 당신을 떠나겠소.

에르네스토는 파스콸레에게 이런 일은 혼자 결정하지 말고 친구인 말라테스타의 조언을 받아보라고 합니다. 그러자, 파스콸레는 이미 말라테스타와도 이야기를 했으며, 말라테스타의 여동생이 바로 신부라고 말해주는데, 에르네스토는 믿었던 말라테스타가 그를 배신했다며 큰 실망감을 감추지 못합니다.

한편 노리나는 집에서 책을 읽고 있습니다. 그녀는 리까르도라는 기사가 어떤 여인의 시선에 마음을 빼앗겨 사랑에 빠지는 부분을 읽다가 이 부분을 이 노래로 들려줍니다.

노리나 : 그녀의 시선이 기사의 마음을 꿰뚫자
(Quel guardo il cavaliere)

"Quel guardo il cavaliere in mezzo al cor trafisse
"그녀의 시선이 기사의 가슴을 꿰뚫고 흔들자,

piegò il ginocchio e disse: son vostro cavalier!
그는 무릎을 꿇고 말했어, "저는 당신의 기사입니다!" 라고.

E tanto era in quel guardo sapor di paradiso,
그녀의 시선을 통해 천국의 맛을 본

che il cavalier Riccardo, tutto d'amor conquiso,
기사 리까르도는 완전히 사랑에 사로잡혀

giurò che ad altra mai non volgeria il pensier."
다른 사람 생각은 절대 하지 않겠다고 맹세했어.”

Ah, ah! Ah, ah!
아, 아!, 아, 아!

　　노리나는 책에서 리까르도가 사랑에 빠진 것은 사실 남자를 유혹하는 여인의 기교 때문이라고 하면서, 자신도 그런 사랑의 기술은 알고 있다며 이 곡을 부릅니다.

노리나 : 저도 마법의 힘을 알아요
(So anch'io la virtù magica)

So anch'io la virtù magica d'un guardo a tempo e loco,
저도 때와 장소에 맞춰 눈길을 사용하는 마법의 힘을 알아요,

so anch'io come si bruciano i cori a lento foco,
상대의 마음을 서서히 달아오르게 하는 법도 알지요,

d'un breve sorrisetto conosco anch'io l'effetto, di menzognera
lagrima, d'un subito languor.
잠깐의 미소와 거짓 눈물, 그리고 갑자기 초췌해진 모습이 어떤 효과를
가지는 지도 잘 안답니다.

Conosco i mille modi dell'amorose frodi,
저는 수천 가지의 연애 사기 수법과

i vezzi, e l'arti facili per adescare un cor.
매력, 그리고 마음을 유혹하는 쉬운 기술도 알고 있지요.

D'un breve sorrisetto conosco anch'io l'effetto,
저도 잠깐 미소 지어주는 것의 효과를 알아요.

conosco, conosco, d'un subito languor.
갑자기 초췌해 보이는 것의 효과도 알지요.

so anch'io la virtù magica per inspirare amor.
사랑을 불러일으키기 위한 마법의 힘을 알아요.

conosco l'effetto, ah! sì, ah! sì, per inspirare amor.
맞아요, 사랑을 느끼게 하는 그 효과를 알지요.

Ho testa bizzarra, son pronta, vivace, son pronta, vivace,
저는 머리가 좀 이상해요, 눈치도 빠르고 활발하죠,

brillare mi piace, mi piace scherzar, mi piace scherzar,
저는 빛나고 싶고, 장난도 치고 싶어요.

Se monto in furore di rado, sto al segno,
만일 화가 나면, 잘 참지를 못해요,

ma in riso lo sdegno fo presto a cangiar.
하지만, 금방 화를 웃음으로 바꾸지요.

Ho testa bizzarra, son pronta, ma core eccellente, ma core eccellente.
저는 머리가 좀 이상해요, 눈치가 빠른데, 그래도 심성은 고와요.

Ah! So anch'io come si bruciano i cori a lento foco,
아! 전 상대의 마음을 서서히 달아오르게 하는 방법을 알지요,

d'un breve sorrisetto conosco anch'io l'effetto, di menzognera lagrima, d'un subito languor.
잠깐의 미소와 거짓 눈물, 그리고 갑자기 초췌해진 모습이 어떤 효과를 가지는지도 잘 안답니다.

Conosco i mille modi dell'amorose frodi,
저는 수천 가지의 연애 사기 수법과

i vezzi, e l'arti facili per adescare un cor.
매력, 그리고 마음을 유혹하는 쉬운 기술도 알고 있지요.

D'un breve sorrisetto conosco anch'io l'effetto,
저도 잠깐 미소 지어주는 것의 효과를 알아요.

conosco, conosco, d'un subito languor.
갑자기 초췌해 보이는 것의 효과도 알지요

so anch'io la virtù magica per inspirare amor.
저도 사랑을 불러일으키기 위한 마법의 힘을 알아요.

conosco l'effetto, ah! si, ah! si, per inspirare amor.
맞아요, 사랑을 느끼게 하는, 그 효과를 알고 있지요.

Ho testa bizzarra, son pronta e vivace
저는 머리가 이상해요, 눈치가 빠르고 활발하죠,

brillare mi piace, mi piace scherzar, ah!~
저는 빛나고 싶고, 장난도 치고 싶어요.

mi piace, mi piace scherzar,
장난치는 걸 좋아해요.

ho testa viviace, mi piace scherzar,
저는 활발하고, 장난치는 걸 좋아해요.

ho testa viviace, mi piace scherzar,
저는 활발하고, 장난치는 걸 좋아해요.

mi piace, mi piace scherzar, ah!~
저는 장난치는 걸 좋아해요. 아!

mi piace, mi piace scherzar.
저는 장난치는 걸 좋아한답니다.

　　노리나는 말라테스타가 자신에게 파스콸레를 속이기 위한 계획을 전에 한 번 말해주었는데 그때 제대로 이해하지 못했다면서, 그에게 자세히 물어보기 위해 말라테스타가 오기를 기다리고 있습니다. 그때 그녀의 하인이 에르네스토가 보낸 편지를 가지고 들어오는데, 그 편지를 읽은 노리나는 당황합니다.

　　말라테스타가 도착해 기쁜 소식이라며 전하려 하자, 노리나는 에르네스토가 보내온 편지를 그에게 보여줍니다. 그 편지는 삼촌인 파스콸레가 말라테스타의 여동생과 결혼할 예정이며, 이에 따라 자신의 재산 상속권은 박탈되고, 노리나를 사랑하지만 자신은 가진 게 아무것도 없기 때문에 그녀를 단념하고 당장 로마를 떠날 예정이라며, 노리나의 행복을 기원하는 내용이었습니다.

노리나가 크게 걱정하자, 말라테스타는 걱정하지 말라고 안심시킨 후, 사실 자신이 노리나를 자신의 여동생 소프로니아로 소개해 파스콸레와 결혼하도록 하고, 결혼 후에는 노리나가 파스콸레를 혼내준 후 그녀를 에르네스토와 맺어주려 한다는 계획을 설명합니다.

노리나는 사랑을 이루기 위해서라면 어떤 연극이라도 하겠다고 하면서 어떻게 처신해야 하느냐고 묻습니다. 말라테스타는 도도하게 굴거나, 슬퍼하거나, 울고불고하면 안 되고, 아주 단순한 여인의 모습을 보이라고 주문합니다. 두 사람은 파스콸레를 골탕 먹이고 노리나가 에르네스토와 사랑을 이룰 수 있도록 작당하기로 의기투합합니다.

제2막

에르네스토는 파스콸레의 집에서 쫓겨나게 된 데다 믿었던 말라테스타에게도 뒤통수를 맞고 사랑하는 노리나까지 떠나야 하는 처량한 신세가 되었다고 한탄하면서, 이제 이곳에서 멀리 떠나 잃어버린 사랑을 한탄하며 살아가겠다는 착잡한 심경을 이 곡으로 노래합니다.

에르네스토 : 멀리 떨어진 곳을 찾아가
(Cercherò lontana terra)

Cercherò lontana terra, dove gemer sconosciuto,
난 멀리 떨어진 곳을 찾아가 아무도 모르게 한숨짓고

là vivrò col cuore in guerra deplorando il ben perduto,
deplorando il ben perduto.
잃어버린 사랑을 한탄하며, 착잡한 마음을 안고 살아가련다.

Ma né sorte a me nemica, né frapposti monti e mar,
하지만 적대적 운명도, 나와의 사이에 놓인 산과 바다도

ti potranno, o dolce amica, dal mio core cancellar.
오 내 사랑, 당신을 내 마음속에서 지울 수는 없을 거야.

non ti potranno dal mio core cancellar,
당신을 내 마음속에서 지울 수는 없을 거야.

ti potranno, o dolce amica, dal mio core cancellar, dal mio core
cancellar.
오 내 사랑, 당신을 내 마음속에서, 내 마음속에서 지울 수는 없을 거야.

E se fia che ad altro oggetto tu rivolga un giorno il core,
만일 어느 날 당신이 다른 남자에게 마음을 준다 해도,

se mai fia che un nuovo affetto spenga in te l'antico ardore,
만일 새로운 사랑이 당신 마음속 옛사랑의 불길을 꺼뜨리는 일이 생
긴다 해도,

non temer che un infelice te spergiura accusi al ciel;
이 불행한 사람이 당신을 부정한 여인이라며 하늘에 대고 비난할까 두
려워 하지는 말아요.

se tu sei, ben mio, felice, sarà pago il tuo fedel, sarà pago il tuo
fedel, sarà pago il tuo fedel.
사랑하는 당신만 행복하다면, 이 충실한 연인은 그걸로 만족할 거요.

Cercherò lontana terra, dove gemer sconosciuto, sì! sì!
난 아무도 모르게 한숨지을 먼 곳을 찾아갈 거요, 그래, 그럴 거요!

Ah!~~~ e se fia che ad altro oggetto tu rivolga un giorno il core,
아~ 만일 어느 날 당신이 다른 남자에게 마음을 준다 해도,

se mai fia che un nuovo affetto spenga in te l'antico ardore,
만일 새로운 사랑이 당신 마음속 옛사랑의 불길을 꺼뜨리는 일이 생
긴다 해도,

non temer che un infelice te spergiura accusi al ciel;
이 불행한 사람이 당신을 부정한 여인이라며 하늘에 대고 비난할까 두
려워 하지는 말아요.

se tu sei, ben mio, felice, sarà pago il tuo fedel,
사랑하는 당신만 행복하다면, 이 충실한 연인은 만족할 거요.

sarà pago il tuo fedel, sarà pago il tuo fedel.
이 충실한 연인은 만족할 거요, 이 충실한 연인은 만족할 거요.

se tu sei, ben mio, felice, sarà pago il tuo fedel,
사랑하는 당신만 행복하다면, 이 충실한 연인은 그걸로 만족할 거요.

sì sarà pago, sarà pago il tuo fedel, il tuo fedel, il tuo fedel, il tuo
fedel.
이 충실한 연인은 만족할 거요, 이 충실한 연인은 그럴 거요, 이 충실
한 연인은.

　이때 파스콸레의 집에 말라테스타와 여동생 소프로니아 역할을
할 노리나가 함께 나타납니다. 말라테스타는 자신의 여동생이 이제

막 수도원에서 나와서 몹시 수줍어하는 성격이라고 합니다. 파스콸레가 이런저런 질문을 하자, 노리나는 수도원에서 생활해 다른 사람들과 잘 어울리지 않았고, 자신은 재봉, 자수, 뜨개질, 요리 같은 일을 좋아한다며 조신한 모습을 보입니다.

파스콸레는 매우 만족해하며 지금 당장 공증인을 불러 결혼 절차를 진행하자고 합니다. 그러자 말라테스타는 미리 대기시켜 둔 자신의 조카를 공증인으로 불러 절차를 진행합니다. 노리나의 모습에 반한 파스콸레는 공증서에 자신의 재산 절반을 당장 그녀에게 양도한다는 내용까지 추가하라고 합니다. 공증서에 신랑 신부의 서명을 받으려 할 때 이 계획에 대해 아무것도 모르는 에르네스토가 들이닥치고, 에르네스토를 본 노리나는 서명하려던 펜을 그만 떨어뜨리고 맙니다.

노리나와 말라테스타가 함께 당황하고 있을 때, 파스콸레는 마침 공증서에 증인이 한 명 더 필요했는데 잘되었다면서 에르네스토에게 결혼 증인이 되라고 합니다. 에르네스토는 삼촌과 결혼할 신부가 말라테스타의 여동생이 아닌 자신의 연인 노리나인 것을 보고, 이럴 수는 없다고 소리칩니다. 그러자 말라테스타는 에르네스토를 잠깐 옆으로 불러내, 이 모든 게 그를 위한 것이니 이 절차가 빨리 진행되도록 가만히 있으라고 다독거립니다.

이윽고 공증인은 파스콸레와 노리나 두 사람이 부부가 되었다고 선언한 후, 슬그머니 빠져나갑니다. 일단 결혼이 선언되자, 방금까지 조신한 모습을 보이던 노리나가 180도 돌변합니다.

노리나는 파스콸레에게 그처럼 늙고 뚱뚱한 사람이 자기 같은 젊은 여자를 안내하기는 어려울 테니 에르네스토를 그녀의 수행 기사로 삼겠다고 선언합니다. 파스콸레가 반대하자, 노리나는 파스콸레의 의견은 중요하지 않으며 이 집에 있는 사람은 누구든 자기 말을 따라야 한다고 큰소리를 칩니다. 파스콸레가 돌변한 신부의 모습에 크게 당황하고 있을 때, 말라테스타는 더욱 상황을 부추기고, 에르네스토도 이제 어떻게 돌아가는 상황인지 조금씩 감을 잡아갑니다.

노리나는 집안에 있는 하인들을 모두 집합시킵니다. 집사를 포함한 하인들이 모두 집합하자, 노리나는 집사의 월급을 당장 2배로 올려주겠다고 하는 한편, 마차 2대를 새로 구입할 것과, 집안 가재도구를 모두 새로 구입할 것, 그리고 자신의 전속 미용사, 재단사, 보석사를 모두 구할 것을 지시합니다.

파스콸레가 펄쩍 뛰며 그녀를 막아보려 하지만, 노리나는 파스콸레를 더 몰아붙이고, 파스콸레는 속았다고 씩씩거립니다. 상황을 모두 지켜본 에르네스토는 이제 어떻게 돌아가는지 알겠다면서 노리나의 손을 잡습니다.

제3막

파스콸레의 집에 노리나가 새로 산 옷가지와 모자, 모피, 부채, 장갑 등 신상품이 계속 들어오고, 파스콸레는 보석, 마차, 옷과 같은 비싼 제품들의 청구서를 보고 울상을 짓습니다.

이때 노리나가 외출하려고 옷을 빼입고 나서자, 파스콸레는 어디를 가느냐고 묻습니다. 노리나가 극장에 간다고 하자 파스콸레는 외출하지 말라고 말립니다. 두 사람은 나간다, 못 나간다 실랑이를 벌이다가 오가는 말과 감정이 격해지더니, 급기야 화가 난 노리나가 파스콸레의 뺨을 때립니다. 노리나가 기어이 나가겠다고 우기자, 화가 난 파스콸레는 그럼 나가서 다시는 집에 돌아오지 말라면서 이혼을 하겠다고 씩씩거립니다.

노리나는 집을 나서면서, 일부러 쪽지 한 장을 살짝 떨어트립니다. 상품 구입 청구서인 줄 알고 쪽지를 집어 든 파스콸레는 쪽지 내용을 보고는 소스라치게 놀랍니다. "사랑하는 소프로니아에게"로 시작되는 연애편지였는데, 오늘 밤 9시에서 10시 사이에 집 정원 뒤에서 몰래 만나자는 내용이었습니다. 분노한 파스콸레는 말라테스타를 만나 따지기로 합니다.

파스콸레가 말라테스타를 만나러 집에서 나가자, 지금까지 이 상황을 모두 지켜본 집안의 모든 하인들이 모여 집안의 정신없는 모습을 이 곡으로 노래합니다.

하인들 : 얼마나 끝도 없이 왔다 갔다 하는지
(Che interminabile andririvieni!)

Che interminabile andririvieni!
얼마나 끝도 없이 왔다 갔다 하는지!

Tin tin di qua, tin tin tin tin
여기서 딩 딩 딩 딩 딩 딩

ton ton di là, ton ton ton ton.
저기서 동 동 동 동 동 동

in pace un attimo giammai si sta, in pace un attimo giammai si sta.
한시도 조용할 때가 없네, 한순간도 평온할 때가 없어.

Tin tin tin tin, Ton ton ton ton.
딩 딩 딩 딩 동 동 동 동,

Tin tin tin tin, Ton ton ton ton.
딩 딩 딩 딩 동 동 동 동,

in pace un attimo mai non si sta! in pace un attimo mai non si sta!
한시도 조용할 때가 없다네! 한순간도 조용할 때가 없어!

Tin tin tin tin ton ton ton ton.
딩 딩 딩 딩 동 동 동 동.

Ma··· casa buona, montata in grande,
그래도 집은 좋아, 아주 크고,

si, casa buona, montata in grande,
그래, 좋은 집이야, 아주 크고.

Si spende e spande, c'è da scialar, c'è da scialar.
돈을 엄청나게 쓰던데, 즐길 게 많고, 즐길 것도 많아.

Finito il pranzo, vi furon scene.
점심 식사 후에 한바탕 소동이 있었어.

Comincian presto. Contate un po'
일찍 시작했네, 좀 이야기해 봐.

Dice il marito: "Restar conviene".
남편은 "집에 있어"라고 했는데,

Dice la sposa: "Sortire io vo".
아내가 "외출할 거예요." 라고 한 거야.

Oh!
오!

Il vecchio sbuffa, segue baruffa.
영감이 코웃음을 치니까, 싸움이 벌어진 거지.

ma la sposina l'ha da spuntar, l'ha da spuntar si.
그런데, 아내가 이겨.

V'è un nipotino guastamestieri che tiene il vecchio sopra pensieri.
(속삭이듯) 영감님이 걱정하는 말썽꾸러기 조카가 하나 있어요.

Quel nipotino guastamestieri che tiene il vecchio sopra pensieri
그 조카는 영감님 두통거리야.

La padroncina è tuttafoco.
안주인 성깔이 대단하다며.

Par che il marito…lo conti poco, lo conti poco…
남편은 별로 중요하지 않은 것 같던데…

Zitti, prudenza!
쉿, 조심!

Alcuno viene;
누가 오고 있어.

Si starà bene,
괜찮을 거야,

Zitti, zitti.
쉿, 조용히.

C'è da scialar, c'è da scialar, c'è da scialar.
보고 즐길 게 많아, 즐길 게 많아, 즐길 게 많아,

Zitti, zitti, zitti
쉿, 쉿, 쉿

Alcun viene;
누가 오고 있어!

Zitti, zitti, zitti, Sì, sì, c'è da scialar,
쉿, 쉿, 쉿, 맞아, 맞아, 즐길 게 많아,

Si starà bene, c'è da scialar, c'è da scialar, c'è da scialar, Sì, c'è da scialar,
괜찮을 거야, 즐길 게 많아, 즐길 게 많아,

Zitti, zitti, alcun viene,
누가 오고 있어,

Zitti, zitti, c'è da scialar, c'è da scialar,
쉿, 쉿, 볼거리가 많아요, 볼거리가 많아.

Sì, c'è da scialar,
맞아, 즐길 거리가 많아,

　이 시간 말라테스타와 에르네스토는 함께 작전을 짜고 있었습니다. 말라테스타는 에르네스토에게 오늘 밤 노리나와 만나고 있다가 자기와 파스콸레가 나타나는 소리가 들리면 얼른 도망가라고 코치를 하고, 에르네스토는 알겠다고 한 후 자리를 뜹니다.

잠시 후 파스콸레가 죽을상을 하고 말라테스타 앞에 나타납니다. 그는 노리나가 돈을 물 쓰듯 하는 이야기와 자기 뺨까지 때린 이야기를 하는데, 말라테스타는 자기 동생은 그럴 사람이 아니라며 파스콸레의 말을 못 믿겠다는 반응을 보입니다.

그러자 파스콸레는 노리나가 흘리고 간 쪽지를 보여주며, 말라테스타에게 그녀의 부정을 확인하는 증인이 되어달라고 부탁합니다. 두 사람은 그럼 오늘 밤에 노리나와 연인이 만날 예정인 정원의 수풀 사이에 웅크리고 있다가 바람을 피우는 증거가 나오면 그들 앞에 나타나 노리나를 쫓아내 버리기로 합니다.

그날 밤, 이제는 모든 상황을 알고 있는 에르네스토가 파스콸레의 집 정원 밖에서 노리나와의 밀회를 기다리며 이 아름다운 아리아를 부릅니다.

에르네스토 : 이 얼마나 아름다운 4월 중순의 밤인가
(Com'è gentil la notte a mezzo april!)

Com'è gentil la notte a mezzo april!
이 얼마나 아름다운 4월 중순의 밤인가!

è azzurro il ciel, la luna è senza vel.
하늘은 푸르고, 달도 밝구나.

Tutto è languor, pace, mistero, amor!
모든 것이 나른하고, 평화롭고, 신비롭고, 사랑스러워라!

Ben mio, perché ancor non vieni a me?
내 사랑, 그대는 왜 아직 내게 오지 않는 거요?

Formano l'aure d'amore accenti, del rio nel murmure sospiri senti,
사랑스러운 산들바람이 불어오고, 졸졸거리는 시냇물 소리가 들리네.

Ben mio, perché ancor non vieni a me, perché, perché ancor non vieni a me?
내 사랑, 그대는 왜 아직, 내게 오지 않는 거요, 왜, 왜 안 오는 거요?

Poi quando sarò morto, piangerai,
내가 죽으면, 당신은 눈물을 흘리겠지,

ma richiamarmi in vita non potrai.
하지만, 내게 삶을 돌려주지는 못해요,

Com'è gentil la notte a mezzo april!
이 얼마나 아름다운 4월 중순의 밤인가!

è azzurro il ciel, la luna è senza vel.
하늘은 푸르고, 달도 밝구나.

Tutto è languor, pace, mistero, amor!
모든 것이 나른하고, 평화롭고, 신비롭고, 사랑스러워라!

Ben mio, perché ancor non vieni a me?
내 사랑, 그대는 왜 아직 내게 오지 않는 거요?

Il tuo fedele si strugge di desir.
당신의 충실한 연인은 당신에 대한 갈망으로 괴로워하고 있어요.

Nina crudele, nina crudel,
잔인한 당신, 잔인한 사람 같으니,

Il tuo fedele si strugge di desir
당신의 충실한 연인은 갈망으로 괴로워하고 있는데,

Nina crudele, mi vuoi veder morir?
잔인한 사람, 당신은 내가 죽기를 바라는 거요?

Poi quando sarò morto, piangerai,
내가 죽으면, 당신은 눈물을 흘리겠지,

ma richiamarmi in vita, no, non potrai.
하지만, 내게 삶을 돌려주지는 못해요,

lo in vita, no, non potrai.
삶을 다시 돌려주지는 못해요.

　　이어 정원에서 재회한 노리나와 에르네스토 두 사람은 서로 변치
말자고 다짐하며 이 사랑의 2중창을 부릅니다.

에르네스토, 노리나 : 내게 사랑한다고 말해줘요
(Tornami a dir che m'ami)

Tornami a dir che m'ami, dimmi che mia/mio tu sei,
내게 사랑한다고 말해줘요, 당신은 내 것이라고 말해줘요,

quando tuo ben mi chiami, la vita addoppi in me.
당신이 나를 사랑이라고 불러줄 때, 내 삶은 두 배가 돼요.

La voce tua sì cara rinfranca il core oppresso, il core oppresso,
사랑스러운 당신의 목소리는 내 짓눌린 마음을 위로해 주지요.

ah!~~ sicuro/sicura a te dappresso, tremo lontan da te, da te,
아! 당신 곁에 있으면 마음이 안정되고, 멀리 떨어져 있으면 떨려요.

sicuro/sicura a te dappresso, ah! tremo lontan da te,
당신 곁에 있으면 마음이 안정되고, 멀리 떨어져 있으면 떨려요.

tremo lontan da te, tremo lontan da te, da te, da te, da te,
당신 곁에서 멀리 떨어져 있으면, 멀리 떨어져 있으면 내 마음은 떨려
요.

　파스콸레와 말라테스타는 정원 부근 수풀 사이로 몸을 숨깁니다.
노리나와 한 남자가 함께 있는 것을 본 파스콸레는 노리나 앞에 등
불을 비추며 나타나는데, 노리나는 도둑이야! 라고 외치며 도움을
청합니다. 이때 에르네스토는 얼른 정원에서 빠져나와 집 안으로 들
어가 버립니다.

　파스콸레는 정부는 어디로 갔느냐고 추궁하는데, 노리나는 무슨
소리를 하는 거냐고 오히려 큰소리를 치면서 빨리 꿈에서 깨어나라
고 합니다. 증거 확보에 실패한 파스콸레가 이 시간에 정원에서 혼
자 뭘 하고 있느냐고 묻자, 노리나는 태연하게 시원한 바람을 쐬는
중이었다고 답합니다.

　파스콸레는 노리나에게 빨리 이 집에서 나가라고 하는데, 노리나
는 이 집은 자기 집이니 절대 나갈 수 없다고 버팁니다. 그때 말라
테스타가 나서 상황을 해결해 보겠다고 하면서 파스콸레에게 잠깐
빠져 있으라고 합니다.

말라테스타는 노리나에게 조용한 목소리로 이제 화가 많이 난 듯 연극을 하자고 하고는, 내일 이 집에 새 부인이 들어올 것이라고 외칩니다. 노리나가 어떤 여자가 온다는 거냐고 묻자, 말라테스타는 에르네스토의 부인인 노리나가 올 거라고 답합니다.

그러자, 노리나는 그 교활하고 요염한 여자와는 절대 한 집에서 살 수 없다며 당장 집에서 나가겠다고 합니다. 그러다가 그 결혼이 사기 결혼일 수도 있으니 확인해야겠다고 나섭니다. 말라테스타는 파스콸레에게 돌아와 그의 아내가 제발로 집에서 걸어 나가게 하기 위해서는 에르네스토와 노리나를 결혼시킬 수밖에 없을 것 같다고 운을 띄우고는, 집안에서 기다리고 있던 에르네스토를 정원으로 부릅니다.

말라테스타는 파스콸레에게 에르네스토와 노리나 두 사람의 결혼을 승낙하고 매년 4,000 스쿠도의 생활비를 지원하는 방안을 제시하자, 노리나로부터 하루빨리 벗어나고 싶은 파스콸레는 그 조건에 동의한다면서, 에르네스토가 노리나를 데리고 오면 즉시 결혼시켜 주겠다고 약속합니다.

말라테스타는 노리나가 이곳에 벌써 와있다고 말하는데, 파스콸레는 그게 무슨 소리냐고 반문합니다. 말라테스타는 파스콸레의 부인이 바로 에르네스토의 연인인 노리나라고 설명합니다. 파스콸레는 그럼 소프로니아는 어디 있느냐고 묻는데, 말라테스타는 아직 수도원에 있다고 사실을 고백합니다.

말라테스타는 모든 것이 에르네스토와 노리나를 맺어주기 위한 자신의 계획이었다며 파스콸레의 용서를 구하고, 에르네스토와 노리나도 파스콸레에게 용서를 구합니다. 제대로 한 방 먹은 파스콸레는 노리나로부터 벗어난 안도감 속에 모두를 용서하겠다고 하고, 두 사람의 행복을 빌어줍니다.

- 말라테스타 : 천사처럼 아름답고(Bella siccome un angelo)

말라테스타가 파스콸레에게 그가 찾은 파스콸레 신부감의 면모를 소개하는 곡

- 파스콸레 : 아! 내 마음속에서 심상치 않은 불길을(Ah! un foco insolito)

파스콸레가 말라테스타로부터 자신의 신부가 될 말라테스타의 여동생에 대한 이야기를 듣고는 기쁨과 기대감에 부풀어 부르는 곡

- 에르네스토 : 달콤하고 순수했던 꿈이여(Sogno soave e casto)

삼촌인 파스콸레의 결혼 소식을 들은 에르네스토가 파스콸레의 집에서 쫓겨나고 사랑하는 노리나와 결혼하려는 계획이 위기를 맞게 되자, 자신의 처지를 한탄하는 곡

- 노리나 : 그녀의 시선이 기사의 마음을 꿰뚫자(Quel guardo il cavaliere)

노리나가 집에서 책을 읽던 도중, 리까르도라는 기사가 어떤 여인의 사랑스런 시선에 마음을 빼앗겨 사랑에 빠지는 부분을 읽다가 이 부분을 노래로 들려주는 곡

- 노리나 : 저도 마법의 힘을 알아요(So anch'io la virtù magica)

노리나가 책에서 기사가 사랑에 빠진 것은 사실 남자를 유혹하는 여인의 기교 때문이라고 하면서, 자신도 그런 사랑의 기술을 알고 있다며 부르는 곡

- 에르네스토 : 멀리 떨어진 곳을 찾아가(Cercherò lontana terra)

  에르네스토가 노리나를 떠나야 하는 처량한 신세가 되었음을 한탄하면서, 이제 멀리 떠나 잃어버린 사랑을 한탄하며 살아가겠다는 착잡한 심경을 노래하는 곡

- 하인들 : 얼마나 끝도 없이 왔다 갔다 하는지(Che interminabile andririvieni!)

  파스콸레와 노리나 부부의 모습을 지켜본 집안의 모든 하인들이 집안의 정신없는 모습을 노래하는 합창곡

- 에르네스토 : 이 얼마나 아름다운 4월 중순의 밤인가(Com'è gentil la notte a mezzo april!)

  모든 상황을 알고 있는 에르네스토가 파스콸레의 집 정원 밖에서 노리나가 오기를 기다리는 동안 행복한 마음으로 부르는 곡

- 에르네스토, 노리나 : 내게 사랑한다고 말해줘요(Tornami a dir che m'ami)

  에르네스토와 노리나가 밤에 정원에서 재회해 서로 변치 말자고 다짐하며 부르는 사랑의 2중창

Vincenzo Bellini

빈첸쪼 벨리니

몽유병 여인 La Sonnambula

노르마 Norma

청교도 I Puritani

빈첸쪼 벨리니에 대해

19세기 전반 이탈리아 벨칸토 오페라의 황금기를 수놓은 선율의 마법사 빈첸쪼 벨리니Vincenzo Bellini는 1801년 이탈리아 시칠리아섬 카타니아에서 7남매 중 맏아들로 태어났습니다. 그의 할아버지는 작곡가이자 교회 오르간 연주자였고, 아버지 역시 오르간 연주자이자 음악 교사였습니다. 음악 가문의 후손답게 벨리니는 어려서부터 음악에 놀라운 재능을 보였고, 손자의 특별한 음악적 재능을 알아본 할아버지는 그에게 피아노와 화성학, 그리고 작곡의 기초를 가르쳤습니다.

음악 신동의 재능이 알려지면서, 벨리니는 18세가 되던 1819년 시칠리아주 장학금을 받아 나폴리 왕립음악원에 입학하게 되고, 그곳에서 집중적인 작곡 수업을 받게 됩니다. 그는 음악원 졸업작품이자 첫 오페라인 〈아델손과 실바니〉를 포함, 〈해적〉, 〈몽유병 여인〉, 〈노르마〉, 〈청교도〉 등 10개의 주옥같은 작품을 남겼는데, 모두 벨칸토 오페라의 정수로 꼽는 데 부족함이 없는 작품들입니다.

벨리니는 오페라를 작곡하면서, 성악가의 화려한 기교를 과시하는 곡보다는 인간의 목소리가 낼 수 있는 가장 아름다운 선율을 만들어 내고자 했고, 단순히 아름다운 노래를 넘어 극의 내용과 등장인물의 감정선에 충실한 음악을 창조해 내고자 했습니다.

벨리니는 오케스트라는 성악을 보조하면서 성악가의 목소리가 가장 빛날 수 있도록 해야 한다는 생각이 강했는데, 그 덕분에 성악가들은 벨리니가 작곡한 유려하고 고상한 선율을 통해 자신이 가진 모든 성악적 기교와 감성을 아낌없이 쏟아낼 수 있었습니다.

벨리니의 곡들은 깨끗하고 부드러운 발성, 정확한 음정과 리듬, 유려한 프레이징 등이 함께 어우러지며 인간 목소리의 아름다움을 극대화하는데, 그래서인지 오늘날에도 많은 성악가들이 실력을 연마하고 또 과시하기 위한 레퍼토리로 벨리니의 곡을 많이 선택하는 듯합니다.

그는 대본작가 펠리체 로마니Felice Romani(1788-1865)와 특별한 파트너쉽을 보였습니다. 로마니는 100편 가까운 오페라 대본을 쓴 당대 최고 대본작가 중 한 명이었는데, 1827년 벨리니와 〈해적〉을 처음 함께 작업하면서 벨리니의 재능에 매료되어, 이후 〈몽유병 여인〉, 〈노르마〉, 〈카풀렛티가와 몬테키가〉 등 총 6개 작품을 함께 합니다. 벨리니도 로마니의 대본에 대해서는 그의 시구는 음표가 된다고 극찬하며, 그가 쓴 서정적 대본에 음악적 의미를 더하고 등장인물의 심리를 음악적으로 더 깊이 있게 표현하고자 했습니다.

벨리니는 로마니의 시적 운율에 맞춰 끊어지지 않고 길게 이어지는 아름다운 선율을 많이 창조해 냈고, 이는 성악가들이 호흡을 길게 가져가며 감정을 더욱 풍부하게 표현하는 것을 가능하게 했습니다. 벨리니는 유려하면서도 긴 선율을 자주 구사했다고 해서 '카타니아의 백조Il cigno di Catania'라는 별명을 얻었는데, 여기에는 로마니의 서정적 대본도 한몫한 것이 분명해 보입니다.

벨리니는 만성 장염으로 인한 합병증으로 인해 1835년 9월 34세라는 젊은 나이에 파리 근교에서 세상을 떠납니다. 그의 죽음은 그의 열 번째이자 마지막 오페라가 되어버린 〈청교도〉가 파리에서 큰 성공을 거두고 있던 시기였는데, 당시 음악계에 상당한 충격을 주었습니다. 벨리니가 갑작스럽게 세상을 떠나자, 벨칸토 오페라의 선배 거장 롯시니가 장례식을 주관했고, 도니젯티는 그의 죽음을 슬퍼하는 진혼곡을 헌정하며 그를 추모했습니다.

벨리니의 유해는 처음 파리 근교 페르 라셰즈 묘지에 안장되었다가, 1876년 고향 카타니아로 이장되어 현재 카타니아 대성당에서 영면을 누리고 있습니다.

7

—

몽유병 여인
La Sonnambula

개요

벨리니가 그의 나이 30세 때 단짝 대본작가인 펠리페 로마니와 호흡을 맞춰 작곡한 이 작품은 1831년 3월 밀라노에서 초연되었습니다. 로마니는 프랑스 극작가 외젠 스크리브Eugène Scribe(1791-1861)가 쓴 '몽유병 여인'La Somnambule(1819)이라는 제목의 불어 희곡을 아름다운 이탈리아어 오페라 대본으로 빚어냈습니다.

스위스의 평온한 산골 마을을 배경으로 소박한 목가적 이야기를 아름답고도 고상한 벨칸토 선율로 풀어낸 이 작품은, 뒤이어 소개하는 〈노르마〉, 〈청교도〉와 함께 흔히 벨리니의 3대 오페라로 평가받고 있습니다.

이 작품은, 벨리니가 선율의 마법사로 불리는 이유를 스스로 증명이라도 하듯, 시종 감미로운 선율과 벨벳처럼 부드러운 아리아로 가득해 마치 향기롭고 잘 숙성된 메를로 와인을 마시는 것 같은 느낌을 갖게 합니다. 벨칸토 기교를 자랑하는 콜로라투라 소프라노 아미나, 유려한 미성을 선보이는 렛지에로 테너 엘비노, 그리고 든든한 베이스 로돌포까지 모두 아름다우면서도 들으면 행복해지는 아리아를 선사합니다.

19세기 유럽에서는 낭만주의가 유행했는데, 오페라에서는 등장인물이 정신 착란 등으로 인해 제정신이 아닌 상태에서 광란의 장면mad scene을 연출하는 경우가 종종 있었습니다. 앞서 소개한 도니 젯티의 〈람메르무어의 루치아〉에 나오는 광란의 장면과, 뒤에서 소개할 벨리니의 〈청교도〉에 나오는 광란의 장면이 대표적 예입니다.

몽유병도 당시 광란의 장면 계열에 포함되었는데, 등장인물이 제정신이 아닌 상태에서 화려한 성악 기교를 극대화해서 보여주는 극적 수단으로 활용할 수 있었기 때문입니다. 벨리니와 로마니도 이 점을 효과적으로 활용하기로 뜻을 모은 것으로 생각됩니다.

작품에서 미지의 신사로 나오는 로돌포는 사실 아미나의 아버지인데, 대본을 쓴 로마니는 그가 아미나의 아버지로 밝혀지는 장면을 대본에 포함시키고자 했다고 합니다. 그러나, 벨리니가 작품이 진행되는 동안 충분히 힌트가 주어진다며 이에 동의하지 않아, 대본에는 명시되지 않았다고 합니다. 그만큼 벨리니가 음악은 물론, 대본에도 세심함을 보였다는 사례로 이해됩니다.

벨리니는 만성 장염으로 인한 합병증으로 1835년 34세의 젊은 나이에 요절하고 마는데, 그의 고향 카타니아 성당에 있는 그의 묘비석에는 이 작품에서 가장 유명한 아리아의 첫 구절인 '아, 꽃송이야, 난 네가 이렇게 빨리 시들어 버렸다는 걸 믿지 못하겠어.'라는 문장이 새겨져 있습니다. 사람들은 벨칸토 오페라를 대표하던 벨리니라는 꽃이 그토록 빨리 저버렸다는 것을 정말로 믿고 싶지 않았을 것 같습니다.

주요 등장인물

아미나(테레사의 양녀/소프라노)
엘비노(부유한 젊은 지주/테너)
로돌포(성주 아들/베이스)
테레사(아미나의 양모/메조소프라노)

리사(여관 주인/소프라노)
알렛시오(마을 청년/바리톤)

시놉시스와 주요 아리아

제1막

스위스의 한 작은 산골 마을. 아미나와 엘비노의 결혼을 앞두고 마을 사람들은 효녀인 아미나의 사람 됨됨이를 칭찬하면서 다 함께 마을의 경사를 축하합니다. 모두가 두 사람의 결혼을 축하해주고 있는데, 엘비노를 좋아하는 여관 주인 리사는 혼자 불편한 마음을 숨기지 못합니다. 그 와중에 리사를 좋아하는 알렛시오는 리사에게 계속 자신의 사랑을 호소해 보지만, 리사는 오히려 불쾌한 반응을 보입니다.

아미나는 결혼을 축하해주는 마을 사람들 앞에서, 고아였던 자신을 거두어 키워준 어머니 테레사에게 감사를 표하고, 아울러 모든 마을 사람들에게 감사와 기쁨을 표현하는 이 카바티나를 부릅니다.

아미나 : 얼마나 평온한지요(Come per me sereno)

Come per me sereno oggi rinacque il dì!
다시 시작된 오늘 하루가 제게 얼마나 평온한지요!

Come il terren fiorì, come fiorì più bello, più bello e ameno!
땅에 피어난 꽃들이 얼마나 아름답고 발랄한지요!

Mai, mai di più lieto aspetto, natura, natura non, non brillò, non brillò,
자연이 이보다 더 즐거운 모습으로 빛난 적은 없었어요,

amor, amor la colorò, amor del mio, del mio diletto,
사랑이, 저의 행복한 사랑이 자연을 이렇게 물들였네요.

amor, amor la colorò, amor, amor, ah sì, ah sì, del mio amor.
맞아요, 제 사랑이 자연을 이렇게 아름답게 물들인 거예요.

   마을 사람들이 그녀의 행복을 축원하자, 아미나는 기뻐하면서 어머니 테레사를 껴안고 테레사의 손을 자기 가슴에 가져다 대며 이 카발렛타를 부릅니다.

아미나 : 제 가슴에 당신 손을 얹고
(Sovra il sen la man mi posa)

Sovra il sen la man mi posa, palpitar, balzar, balzar lo senti,
제 가슴에 당신 손을 얹고, 제 가슴의 요동을 느껴 보세요,

egli è il cor che i suoi contenti non ha forza a sostener,
그건 행복을 주체할 수 없는 제 마음이에요.

ah, non ha forza a sostener
아, 행복을 주체할 수가 없어요,

ah~ no, ah~ no, ah~ no, ah~ no, ···a sostener.
아, 주체할 수가, 주체할 수가 없어요.

Sovra il sen la man mi posa, palpitar, balzar, balzar lo senti,
제 가슴에 당신 손을 얹고, 제 가슴의 요동을 느껴 보세요,

egli è il cor che i suoi contenti non ha forza a sostener,
그것은 행복을 주체할 수 없는 제 마음이에요.

Ah, sì! Ah, sì! Ah, sì!
아, 맞아요! 아, 네, 맞아요!

   결혼 공증인이 도착하고, 이어 신랑이 될 엘비노도 도착합니다.
공증인이 엘비노에게 신부에게 무엇을 선물할 것이냐고 묻자, 엘비
노는 자신의 땅과 집, 이름 등 그가 가진 모든 것을 선물하겠다고
대답합니다.

   공증인은 아미나에게도 같은 질문을 합니다. 아미나가 자기는 가
진 게 마음밖에 없다고 하자, 엘비노는 마음이 전부라면서 따뜻하게
그녀를 감쌉니다. 입회인들이 공증 서류를 챙기는 사이, 엘비노는
가져온 반지를 아미나의 손에 끼워주며 이 곡을 부릅니다.

엘비노 : 이 반지를 받아요(Prendi l'anel ti dono)

Prendi l'anel ti dono
당신에게 주는 이 반지를 받아요,

che un dì, che un dì recava all'ara l'alma beata e cara
예전에 아름답고 사랑스러운 우리들의 영혼을 제단으로 이끌었던 반
지에요,

che arride al nostro, al nostro amor, al nostro amor.
우리 사랑, 우리 사랑에 미소 짓던 반지에요.

Sacro ti sia, sacro ti sia tal dono come fu sacro a lei,
그녀에게 신성했던 것처럼, 이 반지가 당신에게도 신성한 것이 되기를,

ah~, sia de' tuoi voti e miei fido custode, fido custode, custode ognor.
아~ 이 반지가 언제나 당신과 나의 맹세를 지켜 줄 충실한 수호자가 되
기를 바라요.

엘비노와 아미나가 서로 사랑을 확인하며, 다음 날 아침 날이 밝는 대로 교회로 가서 결혼식을 올리자고 말하고 있을 때, 한 신사가 마차를 타고 마을 사람들 앞에 나타납니다.

그는 예전 성주의 아들 로돌포였는데, 마을 사람들에게 성까지 가려면 얼마나 남았는지 묻습니다. 그러자, 리사가 성까지는 3마일 정도 남아 있지만 날이 어둡고 가는 길도 험해 오늘 중 도착은 어려울 거라며, 마을에서 하룻밤 자고 갈 것을 권합니다.

마을 사람들이 모두 이 신사가 누구인지 궁금해하고 있을 때, 로돌포는 마을을 주욱 둘러보며 감회에 젖어 이 곡을 부릅니다.

로돌포 : 다시 보는구나, 오 사랑스러운 곳
(Vi ravviso, o luoghi ameni)

Vi ravviso, o luoghi ameni,
다시 보는구나, 오 사랑스러운 곳,

in cui lieti, in cui sereni sì tranquillo i di passai della prima,
della prima gioventù!
내 어릴 때 평온하고 즐거운 시절을 보냈던 곳!

Cari luoghi, io vi trovai, cari luoghi, io vi trovai,
사랑스러운 곳, 사랑스러운 곳을 찾아 왔는데,

ma quei di non trovo più!
지난 시절은 이제 찾을 수가 없구나!

Vi ravviso, o luoghi ameni,
다시 보는구나, 오 사랑스러운 곳,

in cui lieti i di passai della prima gioventù!
어릴 때 즐거운 시절을 보냈던 곳!

Cari luoghi, io vi trovai, cari luoghi, io vi trovai,
사랑스러운 곳, 사랑스러운 곳을 찾아 왔는데,

ma quei di non trovo più!
지난 시절은 더 이상 찾을 수가 없구나!

cari luoghi, io vi trovai, ma quei di non trovo più,
사랑스러운 곳을 찾아 왔는데, 지난 시절은 더 이상 찾을 수가 없어!

non trovo più, non trovo, non trovo più!
더 이상, 더 이상 찾을 수가 없어!

　로돌포는 마을 사람들에게 무슨 기쁜 일이 있느냐고 묻는데, 사람들은 아미나의 결혼을 축하해 주고 있는 중이라고 알려줍니다. 로돌포는 아미나를 보고는 아주 아름답고 매력적이라고 칭찬하는데, 자기 신부가 될 아미나에 대한 외간 남자의 찬사를 들은 엘비노는 마냥 달갑지만은 않은 기색을 보입니다.

　엘비노는 로돌포에게 전에 이 마을에 와 본 적이 있느냐고 묻는데, 로돌포는 예전에 성주와 함께 이 마을에서 살았었다고 답변합니다. 테레사가 성주는 4년 전에 이미 작고했고, 성주의 외아들은 현재 행방불명되어 근황을 모른다고 하자, 로돌포는 그는 살아있다고 말하며 자신이 바로 그 성주의 아들임을 암시합니다.

　날이 어두워지자, 사람들은 이 시간쯤 마을에 나타나는 유령 이야기를 하며 발길을 재촉합니다. 로돌포는 그게 무슨 이야기냐며 궁금해하는데, 사람들은 밤이 되면 흰 잠옷 차림으로 머리를 길게 늘어뜨린 유령이 마을에 나타나곤 한다고 말합니다. 로돌포는 유령 이야기를 믿을 수 없다면서, 자신이 직접 그 유령을 보고 싶다고 합니다.

로돌포는 아미나에게 덕담과 함께 작별 인사를 건네고, 엘비노에게는 아미나의 마음을 차지해 행복하겠다고 말한 후, 여관 주인인 리사와 함께 오늘 밤 묵을 숙소로 향합니다.

엘비노는 아미나에게 그녀가 로돌포와 대화할 때 눈을 맞추며 좋아하더라면서 질투 섞인 핀잔을 주는데, 아미나는 무슨 그런 말을 하느냐며 서로 깊은 사랑을 확인하는 이 2중창을 함께 부릅니다.

엘비노, 아미나 : 산들바람에도 질투를 느껴요
(Son geloso del zefiro errante)

(엘비노)
Son geloso del zefiro errante che ti scherza, che ti scherza, col crine, col velo,
난 당신 머리카락과 베일을 나부끼게 하는 산들바람에도 질투를 느끼고,

fin del sol che ti mira dal cielo, fin del rivo che specchio ti fa!
하늘에서 당신을 바라보는 태양에도, 당신 얼굴을 비춰주는 시냇물에도 질투를 느껴요.

(아미나)
Son, mio bene, del zefiro amante, perchè adesso il tuo nome confido;
내 사랑, 저는 산들바람이 당신 이름을 말하기에 그를 사랑하고

amo il sol perchè teco il divido,
당신과 함께 나누고 있기에 태양을 사랑하며,

amo il rivo perchè l'onda ti dà,
당신에게 물살을 주기에 시냇물을 사랑한답니다.

amo il sol perchè teco il divido,
당신과 함께 나누기에 태양을 사랑하고,

amo il rivo perchè l'onda ti dà,
당신에게 물살을 주기에 시냇물을 사랑한다구요.

(엘비노)
Ah! perdona all'amore il sospetto!
아! 사랑을 의심한 걸 용서해 줘요!

(아미나)
Ah! per sempre, ah! per sempre sgombrarlo dêi tu.
아! 영원히, 아! 의심은 영원히 없애버리세요.

(엘비노)
Sì, per sempre.
그래요, 영원히.

(아미나)
E il prometti?
약속하시는 거죠?

(엘비노)
Il prometto.
약속해요.

(아미나)
Mai più dubbi?
더 이상 의심 안 하시는 거죠?

(엘비노)
Mai più dubbi.
더 이상 의심 안 해요.

(아미나)
Timori mai più?
더 이상 걱정 안 하시는 거죠?

(엘비노)
Timori mai più.
더 이상 걱정 안 해요.

(아미나)
Ah!~~~ Mio bene!
아!~~~ 내 사랑!

(엘비노)
Ah! Mio bene!
아! 내 사랑!

(아미나, 엘비노)
Ah~~~~, sì, mio bene!
아, 그래요, 내 사랑!

E sembiante a sereno mattino per noi sempre la vita sarà.
우리 삶은 항상 맑은 아침 같을 거예요.

per noi sarà, per noi sarà, per noi sempre sarà, sarà,
우리에겐 늘 그럴 거예요, 그럴 거예요, 그럴 거예요,

per noi sarà, per noi sarà, per noi sarà, per noi sarà, per noi sarà,
우리에겐 그럴 거예요, 우리에겐 그럴 거예요, 그럴 거라구요.

(아미나)
Mio caro, addio!
(서로 멀어지며) 잘 가요, 내 사랑!

(엘비노)
Mia cara, addio!
내 사랑, 잘 가요!

A me pensa.
(다시 돌아오며) 내 생각 해요.

(아미나)
E tu ancora.
당신도 제 생각 하세요.

(아미나, 엘비노)
Pur nel sonno il mio cor ti vedrà,
(껴안으며) 자는 동안에도 난 당신을 볼 거예요.

Pur nel sonno, pur nel sonno il mio cor ti vedrà,
자면서도, 자는 동안에도 난 당신을 볼 거예요.

Addio!
잘 가요.

Pur nel sonno il mio cor ti vedrà,
자는 동안에도 난 당신을 볼 거예요.

Pur nel sonno, pur nel sonno il mio cor ti vedrà,
자면서도, 자는 동안에도 당신을 볼 거예요.

Addio! addio!
잘 가요! 잘 가요!

　로돌포가 여관에 도착해 쉬고 있을 때 여관 주인 리사가 방으로 찾아와 로돌포를 백작이라 부르며 방은 괜찮은지 묻습니다. 로돌포는 자신의 신분이 드러난 것에 놀라면서도, 리사에게 정말 아름답다며 치근대려 합니다.

　두 사람의 은밀한 대화가 깊어지려 할 때, 창문 쪽에서 무슨 소리가 나자 당황한 리사는 방 안에 있는 화장실로 급히 몸을 숨깁니다. 리사는 급히 움직이다가 그녀의 손수건을 떨어뜨리는데, 로돌포는 바닥에 떨어진 리사의 손수건을 집어 소파 위로 던져둡니다.

　이때 창문이 열리고 흰 잠옷 차림의 아미나가 잠에 든 채로 방 안으로 들어옵니다. 아미나는 잠든 상태에서 엘비노의 이름을 부르는데, 로돌포는 그녀가 몽유병 환자임을 알아차립니다. 화장실 안에서 로돌포와 아미나가 함께 있는 장면을 지켜본 리사는 아미나를 배신자라고 부르며 방에서 빠져나갑니다.

　아미나는 잠결에도 엘비노에 대한 사랑을 표현하며, 로돌포를 엘비노로 잘못 알고는 그에게 안아달라고 부탁합니다. 로돌포는 엘비노에 대한 그녀의 사랑이 깊은 것을 보고 감동을 받습니다.

　로돌포가 아미나를 홀로 남겨두고 방에서 나가려는 순간, 마을 사람들이 다가오는 소리가 들립니다. 이들은 로돌포가 옛 성주의 아들인 것을 알고 그에게 인사를 하기 위해 몰려오고 있는 것이었습니다. 로돌포는 문으로 나가려다 말고, 불필요한 오해를 피하려고 창문을 통해 몰래 방에서 빠져나갑니다.

마을 사람들은 열려있는 방 문을 통해 침대 위에 백작이 아닌 웬 여인이 잠들어 있는 것을 보고 놀랍니다. 그때 리사가 엘비노와 테레사를 데리고 나타나, 백작의 방 안에서 아미나가 자고 있는 모습을 보게 합니다. 상황을 오해한 엘비노는 분노하는데, 사람들 소리에 잠에서 깬 아미나는 엘비노를 보자 무척 반가워하며 그에게 달려갑니다.

하지만 화가 난 엘비노는 아미나에게 꺼지라고 외치면서 이제 결혼식은 없다고 선언합니다. 청천벽력 같은 선언에 놀란 아미나는 무슨 나쁜 짓을 한 것은 아무것도 없다며 결백을 호소합니다. 하지만, 엘비노의 분노는 가시지 않고, 마을 사람들도 모두 아미나를 탓하며 자리를 뜹니다. 서러움이 북받친 아미나는 어머니 테레사의 품에 쓰러지고, 테레사는 아미나를 위로하다가 소파 위에 놓여있던 리사의 손수건을 발견하고 집어 듭니다.

제2막

마을 사람들은 백작이 아미나의 결백을 밝혀주기를 기대하며 그를 찾아갑니다. 아미나와 테레사도 백작에게 가던 도중, 상심한 모습의 엘비노를 보게 됩니다. 엘비노는 이제 모든 게 끝났다며 괴로운 심경을 노래하고, 아미나는 아미나대로 자신의 결백을 호소합니다.

엘비노, 아미나 : 모두 끝이구나(Tutto è sciolto)

(엘비노)
Tutto è sciolto, più per me, per me non v'ha conforto.
(두 모녀를 못 본 채) 모두 끝이구나, 이제 내겐, 내겐 아무런 위안이 없어.

Il mio cor per sempre è morto alla gioia ed all'amor.
기쁨과 사랑에 대한 내 마음은 이제 영원히 죽어버렸어.

(아미나)
M'odi, Elvino!
(엘비노에게 다가서며) 제 말 좀 들어보세요, 엘비노!

(엘비노)
Tu··· e tant'osi?
당신이··· 어떻게?

(아미나)
Deh! ti calma!
제발, 진정하세요!

(엘비노)
Va! spergiura!
가시오! 가증스런 사람 같으니!

(아미나)
Credi, colpa alcuna in me non è.
저를 믿어주세요, 저는 아무 잘못이 없어요.

(엘비노)
Tu m'hai tolto ogni conforto.
당신은 내게서 모든 행복을 빼앗아 갔소.

(아미나)
Sono innocente.
저는 결백해요.

(엘비노)
Va!
꺼지라구!

(아미나)
Io tel giuro,
당신께 맹세해요,

(엘비노)
Va…
꺼지라니까…

(아미나)
colpa alcuna in me non è.
저는 아무 잘못한 게 없어요.

(엘비노)
Ingrata!
나쁜 여자 같으니라구!

Pasci il guardo e appaga l'alma dell'eccesso, dell'eccesso de'
miei mali,
당신 눈으로 내 쓰라린 고통을 보며 실컷 즐기시오.

il più triste de' mortali sono, o cruda, e il son per te.
아, 잔인한 사람, 난 당신 때문에 가장 슬픈 사람이 되었소.

ah, il più triste de' mortali sono,
아, 가장 슬픈 사람이,

e il più triste de' mortali, ah, il son per te!
당신 때문에 이 세상에서 가장 슬픈 사람이 되었다구!

이때 마을 사람들이 세 사람 앞에 나타나 백작이 방금 아미나의 결백을 증언했으며 지금 이곳으로 오고 있다고 말합니다. 하지만 분노가 가시지 않은 엘비노는 아미나의 손에서 어제 그녀에게 주었던 반지를 빼앗고, 이 곡을 부른 후 낙심해 떠나 버립니다.

엘비노 : 아! 나는 왜 당신을 미워할 수 없을까
(Ah! perchè non posso odiarti)

(엘비노)
Ah! perchè non posso odiarti, infedel, com'io vorrei!
아! 나는 왜 부정한 당신을 내가 원하는 대로 미워할 수 없을까!

Ah! del tutto ancor non sei cancellata, cancellata dal mio cor.
아! 당신은 아직 내 마음에서 완전히 지워지지 않네.

Possa un altro, ah! possa amarti qual t'amò quest'infelice!
다른 사람이, 이 불행한 내가 당신을 사랑했던 것처럼, 당신을 사랑할 수 있기를!

Altro voto, o traditrice, no, ah! non temer, non temer dal mio dolor,
배신자, 내 고통으로부터 다른 해코지는 없을 것이니 걱정하지 말아요,

altro voto ah non temer, non temer dal mio dolor,
내 고통 때문에 다른 해코지 같은 건 없을 것이니 걱정하지는 말아요,

altro voto ah non temer, non temer dal mio dolor.
내 고통으로부터 다른 건 없을 테니 걱정하지는 말라구요,

(마을사람들)
Ah! crudel, pria di lasciarla, vedi il Conte, al Conte parla:
아! 잔인하시네, 그녀를 떠나기 전에 백작님을 만나 말씀 나눠 보세요,

ei di rendere è capace a te pace, a lei l'onore,
그분이 당신 마음의 평화와 그녀의 명예를 되돌려 줄 수 있어요,

ei di rendere è capace a te pace, a lei l'onore, a te pace, a lei l'onore, a lei l'onore, a lei l'ornore.
그분이 당신 마음의 평화와 그녀의 명예를, 당신 마음의 평화와 그녀의 명예를 되돌려 줄 수 있다니까요.

(엘비노)
Ah! perchè non posso odiarti, infedel, com'io vorrei!
아! 나는 왜 부정한 당신을 내가 원하는 대로 미워할 수 없을까!

Ah! del tutto ancor non sei cancellata, cancellata dal mio cor.
아! 당신은 아직 내 마음에서 완전히 지워지지 않네.

Possa un altro, ah! possa amarti qual t'amò quest'infelice!
다른 사람이, 이 불행한 내가 당신을 사랑했던 것처럼, 그대를 사랑할 수 있기를!

Altro voto, o traditrice, ah! non temer, non temer dal mio dolor,
배신자, 내 고통으로부터 다른 해코지는 없을 것이니 걱정하지 말아요,

altro voto ah non temer, non temer dal mio dolor,
내 고통으로부터 다른 해코지 같은 건 없을 것이니 걱정하지는 마시오,

altro voto ah non temer, non temer, non temer dal mio dolor,
내 고통으로부터 다른 해코지 같은 건 없을 것이니 걱정하지는 마시오,

(마을사람들)
Ah! crudel, pria di lasciarla, vedi il Conte, al Conte parla:
아! 잔인하시네, 그녀를 떠나기 전에 백작님을 만나 말씀 나눠 보세요,

(엘비노)
Ah! perchè non posso odiarti, infedel, com'io vorrei!
아! 나는 왜 부정한 당신을 내가 원하는 대로 미워할 수 없을까!

Ah! del tutto ancor non sei cancellata dal mio cor.
아! 당신은 아직 내 마음에서 완전히 지워지지 않았소.

(마을사람들)
ei di rendere è capace a te pace, a lei l'onore,
그분이 당신 마음의 평화와 그녀의 명예를 되돌려 줄 수 있어요,

(엘비노)
Ah! perchè non posso odiarti, infedel, com'io vorrei!
아! 나는 왜 부정한 당신을 내가 원하는 대로 미워할 수 없을까!

Ah! del tutto ancor non sei cancellata dal mio cor.
아! 당신은 아직 내 마음에서 완전히 지워지지 않았소.

(마을사람들)
ei di rendere è capace a te pace, a lei l'onore,
그분이 당신 마음의 평화와 그녀의 명예를 되돌려 줄 수 있어요,

(엘비노)
Ah! perchè non posso odiarti, infedel, com'io vorrei, infedel,
com'io vorrei, cancellarti dal mio cor!
아! 나는 왜 부정한 당신을 내가 원하는 대로 미워할 수 없을까, 왜 내
마음에서 완전히 지워내지 못할까!

(마을사람들)
a te renderà e a lei l'onor, a lei l'onor, a lei l'onor, a lei l'onor,
그녀의 명예를 되돌려 줄 거예요, 명예를, 명예를, 명예를 되돌려 줄 거
예요,

한편, 여전히 리사를 좋아하는 알렛시오가 그녀에게 계속 사랑을
호소하고 있을 때, 엘비노가 리사 앞에 나타나 지금 당장 교회로 가
서 결혼식을 올리자고 합니다.

이때 엘비노 앞에 로돌포가 나타나 자신이 아미나의 결백을 보장
한다며 아미나는 아직 그의 사랑을 받을 자격이 있다고 말합니다.
로돌포는 엘비노와 모든 마을 사람들에게 몽유병이라는 병이 실제
있는데, 아미나도 바로 그 몽유병을 앓고 있다고 설명합니다. 하지
만 사람들은 이 사실을 이해하지 못하고, 엘비노도 로돌포의 말을
믿을 수 없다며 리사의 손을 잡고 교회로 가려 합니다.

리사는 기뻐하면서 자신은 남자의 침실을 찾은 적이 없어 엘비노
와 결혼할 자격이 있다고 말하는데, 이 말을 들은 테레사는 백작의
방에서 주운 리사의 손수건을 사람들 앞에 꺼내 듭니다.

마을 사람들이 무슨 손수건이냐고 묻자, 테레사는 리사를 가리키
며 그녀가 대답할 거라고 하는데, 당황한 리사는 아무 말도 하지 못
하고 조용히 고개를 떨굽니다. 엘비노는 백작에게 누구도 믿을 수
없다며 허탈해하는데, 백작은 엘비노에게 아미나의 결백을 재차 확
인해 줍니다.

이때 물레방앗간 창문 밖으로 아미나가 잠이 든 채 걸어 나옵니다. 그녀는 삐걱거리는 판자 위를 걸어 나오는데, 그 모습을 본 로돌포는 마을 사람들에게 누구든 소리를 내면 그녀가 놀라 넘어져 위험해질 수 있으니 모두 조용히 해달라고 당부합니다.

위험한 판자 위를 모두 건넌 아미나는 계속 잠에 든 채로 엘비노를 그리워하는 마음을 이 곡으로 노래합니다.

아미나 : 오! 한 번만 더 그이를 볼 수 있다면
(Oh! se una volta sola rivederlo io potessi)

Oh! se una volta sola rivederlo io potessi, anzi che all'ara altra sposa ei giudasse!
오, 그이가 다른 여자와 결혼하기 전에 한 번만 더 그이를 볼 수 있다면,

(로돌포)
Odi?
(엘비노에게) 자네, 듣고 있나?

(테레사)
A te pensa, parla di te.
(엘비노에게) 아미나는 자네를 생각하고, 자네에 대해 말하고 있는 걸세.

(아미나)
Vana speranza!
덧없는 바람이겠지!

Io sento suonar la sacra squilla…
교회 종소리가 들리네…

Al tempio ei move…
그이가 교회로 가고 있네…

Ah! l'ho perduto …e pur rea non son io!
아! 그이를 잃어버렸어… 난 아무 잘못도 없는데!

Gran Dio, non mirar il mio pianto: io gliel perdono.
(무릎을 꿇으며) 하느님, 제 눈물을 보지 말아 주세요, 저는 그이를 용
서합니다.

Quanto infelice sono, felice ei sia.
제가 불행한 만큼, 그이의 행복은 커지기를.

Questa d'un cor che more è l'ultima preghiera,
이것이 꺼져가는 제 마음의 마지막 기도입니다,

Ah, sì! Questa d'un cor che more è l'ultima preghiera,
아, 네! 이게 제 마지막 기도예요.

L'anello mio… l'anello.
(자기 손을 보며) 내 반지… 내 반지가.

Ei me l'ha tolto.
그이가 내 반지를 가져갔구나.

Ma non può rapirmi l'immagin sua…
하지만, 내 마음속에 있는 그이의 모습을 가져가지는 못해…

Sculta ella è qui, qui nel petto.
그건 여기, 여기 내 가슴속에 새겨져 있으니까.

Nè te, d'eterno affetto tenero pegno, o fior, nè te perdei.
(품속에서 어제 엘비노가 준 꽃을 꺼내 들고) 오 꽃송이야, 난 영원한 사
랑의 맹세를 잃지 않았어.

Ancor ti bacio, ancor ti bacio,
난 네게 입을 맞춘다, 네게 입을 맞춘다,

ma… inaridito sei.
하지만… 넌 시들어 버렸구나.

　아미나는 어제 엘비노가 준 꽃이 이렇게 빨리 시들어버렸다는 걸
믿지 못하겠다며, 이 아름다운 카바티나를 이어 부릅니다.

아미나 : 아, 믿을 수 없어라(Ah, non credea mirarti)

Ah, non credea mirarti sì presto estinto, o fiore,
아, 꽃송이야, 난 네가 이렇게 빨리 시들어 버렸다는 걸 믿지 못하겠어,

passasti al par d'amore, che un giorno solo,
넌 단 하루밖에 못 간 우리 사랑처럼, 하루 만에 시들어 버렸구나.

che un giorno sol durò, che un giorno solo, ah~ sol durò.
단 하루, 단 하루밖에 못 간 우리 사랑처럼.

(엘비노)
Io più non reggo.
더 참지 못하겠네.

(아미나)
Passasti al par d'amore …
우리 사랑처럼 시들어 버렸어…

(엘비노)
Più non reggo a tanto duolo.
이 괴로움을 더 이상 못 참겠어.

(아미나)
Che un giorno, che un giorno sol durò.
단 하루, 단 하루밖에 못 간 우리 사랑처럼.

Potria novel vigore il pianto, il pianto mio recarti,
내 눈물은 널 살릴 새로운 활력을 줄 수 있을 거야.

ma ravvivar l'amore il pianto mio, ah no, no non può.
하지만, 내 눈물이 우리 사랑을 다시 살리진 못하겠지. 아 못할 거야,
못할 거야.

Ah, non credea, ah! non credea,
아, 믿을 수 없어라, 믿을 수 없어.

passasti al par d'amor che un giorno sol durò, che un giorno sol
durò,
넌 단 하루, 단 하루밖에 못 간 사랑처럼 시들어 버렸구나.

ah sì al par d'amore, ah~~~ sì al par d'amore,
아, 우리 사랑처럼, 아 ~~ 우리 사랑처럼 그렇게.

　　이제야 모든 사실을 알게 된 엘비노가 자신의 경솔함에 괴로워하
자, 로돌포는 엘비노에게 어서 아미나에게 반지를 돌려주라고 말하
고, 엘비노는 아미나의 손가락에 다시 반지를 끼워줍니다.

　　이 모습을 본 마을 사람들이 환호하자, 이 소리에 아미나가 잠에
서 깨어납니다. 아미나는 행복한 꿈인 줄 알고 제발 꿈을 깨지 말아

달라고 부탁하는데, 엘비노는 꿈이 아니라며 아미나를 꼭 안아줍니다. 아미나는 크게 기뻐하며 가슴 벅찬 행복을 이 아름다운 카발렛타로 노래하고 오페라는 막을 내립니다.

아미나 : 아! 아무도 모를 거예요
(Ah! non giunge uman pensiero)

Ah! non giunge uman pensiero, al contento ond'io son piena,
아! 제게 가득한 이 기쁨을 아무도 모를 거예요,

a'miei sensi io credo appena, tu m'affida, a mio tesor.
제 감각조차 믿을 수 없는데, 당신이 저를 믿게 해주시네요,

Ah, mi abbraccia, e sempre insieme, sempre uniti in una speme,
아, 저를 안아주세요, 그리고 언제나 함께, 언제나 희망으로 하나가 되어

della terra in cui viviamo ci formiamo un ciel d'amor,
우리가 사는 이곳에 사랑의 천국을 만들어요,

della terra in cui viviamo ci formiamo un ciel d'amor, d'amor, d'amor, d'amor!
우리가 사는 이곳에 사랑, 사랑, 사랑의 천국을 만들어요!

Ah! mio ben!
아! 내 사랑!

Ah, non giunge uman pensiero al contento ond'io son piena:
아, 아무도 모를 거예요, 제게 가득한 이 기쁨을,

a'miei sensi io credo appena; tu m'affidi, o mio tesor.
제 감각조차 믿을 수 없는데, 당신이 저를 믿게 해주시네요,

Ah, mi abbraccia, e sempre insieme, sempre uniti in una speme,
아, 저를 안아주세요, 그리고 언제나 함께, 언제나 희망으로 하나가 되어

ah, della terra in cui viviamo ci formiamo un ciel d'amor,
아, 우리가 사는 이곳에 사랑의 천국을 만들어요,

della terra in cui viviamo ci formiamo un ciel d'amor, d'amor, d'amor, d'amor!
우리가 사는 이곳에 사랑, 사랑, 사랑의 천국을 만들어요!

- 아미나 : 얼마나 평온한지요(Come per me sereno)

아미나가 그녀의 결혼을 축하해주는 마을 사람들 앞에서, 고아였던 자
신을 거두어 키워준 어머니 테레사에게 감사를 표하고, 아울러 모든 마
을 사람들에게 감사와 기쁨을 표현하는 곡

- 아미나 : 제 가슴에 당신 손을 얹고(Sovra il sen la man mi
posa)

마을 사람들이 결혼을 앞둔 그녀의 행복을 축원해 주자, 아미나가 어머
니 테레사를 껴안고 테레사의 손을 자기 가슴에 가져다 대며 그녀의 벅
찬 행복을 노래하는 곡

- 엘비노 : 이 반지를 받아요(Prendi l'anel ti dono)

결혼을 서약한 엘비노가 자신이 가져온 반지를 아미나의 손에 끼워주
며 부르는 곡

- 로돌포 : 다시 보는구나, 오 사랑스러운 곳(Vi ravviso, o luoghi
ameni)

예전에 살았던 마을에 다시 돌아온 로돌포가 마을을 둘러보며 감회에
젖어 부르는 곡

- 엘비노, 아미나 : 산들바람에도 질투를 느끼네(Son geloso del
zefiro errante)

엘비노가 아미나에게 그녀가 로돌포와 대화할 때 그와 눈을 맞추며 좋
아하더라면서 질투 섞인 핀잔을 주자, 아미나가 어떻게 그런 말을 하느
냐면서 두 사람의 사랑을 재확인하는 2중창

- 엘비노, 아미나 : 모두 끝이구나(Tutto è sciolto)

  아미나가 부정을 저질렀다고 오해한 엘비노가 모든 게 끝났다며 괴로운 심경을 노래하고, 아미나는 아미나 대로 자신의 결백을 호소하는 곡

- 엘비노 : 아! 나는 왜 당신을 미워할 수 없을까(Ah! perchè non posso odiarti)

  아미나가 부정하다고 오해한 엘비노가 그녀를 떠나기로 결정하고서도 아직 자신의 마음속에 남아 있는 그녀에 대한 사랑을 느끼며 혼란스러운 감정을 노래하는 곡

- 아미나 : 오! 그이를 한 번만 더 볼 수 있다면(Oh! se una volta sola rivederlo io potessi)

  엘비노로부터 파혼을 통보받고 상심한 아미나가 몽유 상태에서 자신의 결백을 호소하고 동시에 엘비노에 대한 깊은 사랑을 노래하는 곡

- 아미나 : 아, 믿을 수 없어라(Ah, non credea mirarti)

  아미나가 몽유 상태에서 엘비노가 어제 그녀에게 준 꽃이 마치 두 사람의 사랑처럼 단 하루 만에 시들어버렸다는 걸 믿지 못하겠다며 부르는 카바티나

- 아미나 : 아! 아무도 모를 거예요(Ah! non giunge uman pensiero)

  잠에서 깨어난 아미나가 엘비노가 다시 그녀에게 돌아온 것을 보고 기뻐하며 가슴 벅찬 행복을 노래하는 카발렛타

8
—

노르마
Norma

개 요

벨리니가 단짝 대본작가 펠리체 로마니와 호흡을 맞춰 작곡한 이 작품은 선율의 아름다움과 구성, 오케스트레이션, 곡의 기품 등에 있어 최고의 벨칸토 오페라이자 벨리니 최고의 걸작이라는 수식어가 전혀 어색하지 않은 명작으로, 1831년 12월 밀라노에서 초연되었습니다. 전작인 〈몽유병 여인〉이 밀라노에서 초연된 지 9개월 후입니다.

평소 이탈리아 오페라를 싫어했던 리하르트 바그너조차 〈노르마〉에 대해서는 심금을 울리는 위대한 작품이라고 평했고, 한 출판업자로부터 〈노르마〉 편곡을 의뢰받은 조르쥬 비제는 〈노르마〉 악보는 수정이 불가능할 뿐만 아니라, 불필요한 작품이라고 답했다는 일화는 많이 알려져 있습니다.

이 작품의 타이틀 롤인 노르마는 소프라노 배역 가운데 가장 어려운 역할 중 하나로, 노르마 역에 의해 공연의 성패가 결정된다고 해도 결코 과언이 아닙니다. 노르마는 모든 벨칸토 창법의 기교를 구사할 수 있어야 하고, 다른 배역들을 압도하는 카리스마도 갖추어야 하며, 처음부터 끝까지 작품을 끌고 가면서 복잡한 감정을 표현하는 뛰어난 연기력도 겸비해야 하기 때문입니다. 벨리니는 당대 최고 절정의 벨칸토 소프라노이자 연인이었던 주딧타 파스타Giuditta

Pasta를 노르마로 생각하고 곡을 썼는데, 당대 최고이던 그녀조차도 초연 당시 노르마의 곡들이 너무 어렵다면서 버거워했다고 합니다.

음악적으로는 합창의 비중이 상당히 높은 점이 눈에 띄는데, 곧 소개할 '전쟁이다, 전쟁'은 벨칸토 오페라 작품에서는 보기 드문 격정적 합창곡으로, 추후 베르디의 〈아이다〉에 나오는 개선행진곡의 교과서가 되었다는 평가를 받기도 했습니다.

이 작품은 1831년 초연 당시 벨리니의 라이벌이던 조반니 파치니 Giovanni Pacini(1796-1867)의 팬들이 극장에 몰려와 소란을 피우는 바람에 기대했던 성공을 거두지는 못했지만, 초연 이후 매일 무대에 올려지는 대성공을 거두며 벨리니의 최고 걸작으로 자리매김합니다.

그러나, 19세기 중반 이후 노르마 배역을 훌륭하게 소화해 낼 수 있는 소프라노를 찾기가 쉽지 않고, 베르디의 명작들 그리고 관현악을 중시하는 바그너 스타일의 작품들이 오페라 무대의 주류를 이루면서 〈노르마〉는 무대 레퍼토리에서 차츰 사라졌습니다.

20세기 들어서도 일부 뛰어난 소프라노들에 의해 간신히 명맥이 유지되던 이 작품은 20세기 중반 디바 마리아 칼라스Maria Callas가 화려하게 노르마를 살려내면서 극적으로 부활했고, 지금은 전 세계 오페라 무대에서 중요한 레퍼토리로서 사랑받고 있습니다.

주요 등장인물

노르마(여제사장/소프라노)
아달지사(젊은 여사제/메조소프라노)
폴리오네(로마 총독/테너)
오로베소(대사제, 노르마의 아버지/베이스)
클로틸데(노르마의 하녀/메조소프라노)

시놉시스와 주요 아리아

제1막

기원전 50년경 로마 지배하의 갈리아 지방. 이곳 원주민들이 신봉하는 드루이드교 신도들은 로마에 저항하면서 로마를 갈리아 지방에서 쫓아낼 기회만을 엿보고 있습니다. 드루이드교 대사제인 오로베소가 신도들과 함께 자신의 딸이자 여제사장인 노르마가 오기를 기다리고 있을 때, 로마 총독 폴리오네가 로마군 장교 플라비오와 함께 이 모습을 지켜보고 있습니다.

사실 폴리오네는 노르마와 연인관계로, 이미 그녀와의 사이에 아이도 두 명 두고 있습니다. 그런 폴리오네가 요즘은 드루이드교의 젊은 여사제인 아달지사에게 빠져, 이제는 그녀를 데리고 로마로 돌아가 결혼할 생각까지 하고 있는 중입니다.

달이 떠오르자 노르마가 머리에는 베르베나 풀로 만든 관을 쓰고 손에는 금색 낫을 든 채 제단에 나타납니다. 드루이드교 교도들은 로마에 대한 적대감을 불태우며 흥분합니다. 그러자 노르마는 자신이 신의 비밀문서를 읽었는데 지금은 싸울 때가 아니라 운명의 시간을 기다릴 때라고 교도들을 진정시키면서, 하늘을 향해 정결의 여신인 달에게 평화를 기원하는 이 명곡을 부릅니다.

노르마 : 정결의 여신이여(Casta Diva)

Casta Diva,
정결의 여신이시여,

Casta Diva che inargenti queste sacre, queste sacre, queste sacre, antiche piante,
이 신성하고 오랜, 신성하고 오랜 숲을 은빛으로 물들이시는 정결의 여신이시여,

A noi volgi, il bel sembiante, a noi volgi, a noi volgi,
우리에게, 우리에게 당신의 아름다운 자태를 보여주소서.

Ah~~~ il bel sembiante, senza nube e senza vel.
아 ~~~ 구름과 장막에 가려지지 않은 자태를.

Ah!~~~ Sì! Ah!~~
아!~~~ 네! 아!~~~

Tempra, o Diva,
오 여신이시여, 진정시켜 주소서

tempra tu de' cori ardenti,
불같은 마음을 진정시켜 주소서.

tempra ancora, tempra ancora, tempra ancora lo zelo audace.
지나친 열기를 가라앉혀 주소서.

Spargi in terra, ah, quella pace,
이 땅에 평화를 내려주소서

spargi in terra, spargi in terra,
이 땅에, 이 땅에 평화를 내려주소서,

Ah~~~ ah~~~
아~~~ 아~~~

che regnar, regnar tu fai, tu fai nel ciel.
하늘에 평화를 내려주신 것처럼.

Tu fai ah~~~ nel ciel.
하늘에 평화를 내려주신 것처럼.

　　신도들은 로마를 공격할 때가 되면 로마 총독을 가장 먼저 공격해야 한다고 소리칩니다. 이 함성을 들은 노르마는 연인 폴리오네에 대한 사랑과 조국에 대한 의무 사이에서 괴로워하는데, 폴리오네가 자신의 품으로 돌아오기를 바라며 이 곡을 노래합니다.

노르마 : 아! 내 사랑, 제게 돌아와 주세요
(Ah! bello a me ritorna)

Ah! bello a me ritorna del fido amor primiero,
아! 내 사랑, 제게 충실했던 처음의 사랑으로 돌아와 주세요,

e contro il mondo intiero difesa a te sarò.
제가 온 세상으로부터 당신을 지켜드릴게요.

Ah! bello a me ritorna del raggio tuo sereno,
아! 내 사랑, 제게 은은한 빛으로 돌아와 주세요.

e vita nel tuo seno e patria e cielo avrò, e cielo avrò,
전 당신 품속에서 제 삶과 조국과 천국을 찾을 거예요.

Ah! riedi ancora qual eri allora, quando, ah, quando il cor ti diedi allora,
당신은 제가 당신에게 제 마음을 주었을 때와 똑같아요,

qual eri allora, ah, quando, ah, quando il cor ti diedi,
제가 당신에게 제 마음을 주었을 때와 똑같아요,

ah, riedi, ah, riedi a me.
아, 제게로 돌아오세요.

　모두가 돌아가고 아무도 없는 제단에 여사제 아달지사가 홀로 괴로워하며 신에게 자비를 베풀어 달라고 기도를 드리고 있습니다. 그때 폴리오네가 그녀 앞에 나타나 내일 아침 로마로 떠날 예정이라며 함께 가자고 합니다. 아달지사는 처음엔 거부하지만 폴리오네의 끈질긴 설득에 못 이겨 결국 그를 따라 함께 로마로 가겠다고 승낙합니다.

　한편, 폴리오네의 사랑이 예전 같지 않다는 것을 느끼고 있는 노르마는 폴리오네가 곧 로마로 돌아갈 예정인 것을 알고 착잡해합니다. 그때 아달지사가 떨면서 노르마를 찾아옵니다. 아달지사의 표정을 본 노르마는 고민이 있으면 말하라고 하는데, 아달지사는 사랑의 괴로움을 이 노래로 호소합니다. 아달지사의 상대가 자신의 연인 폴리오네인 줄은 꿈에도 모르는 노르마는 아달지사의 고민을 듣는 동안 자신의 지난날을 떠올리며 아달지사를 동정합니다.

노르마, 아달지사 : 신전에서 혼자 몰래
(Sola, furtiva, al tempio)

(아달지사)
Sola, furtiva, al tempio io l'aspettai sovente,
저는 자주 신전에서 혼자서 몰래 그를 기다렸고

ed ogni dì più fervida crebbe la fiamma ardente.
제 뜨거운 사랑의 불꽃은 매일 더 강렬하게 타올랐어요.

(노르마)
(Io stessa arsi così.)
(나도 그렇게 불타올랐었지.)

(아달지사)
Vieni, ei dicea, concedi ch'io mi ti prostri ai piedi,
그분은 제게 제 발 아래에 엎드릴 수 있도록 가까이 오라고 했어요,

(노르마)
(Oh! rimembranza!)
(오, 기억이 나는구나!)

(아달지사)
lascia che l'aura io spiri
제 숨결을 느낄 수 있도록

(노르마)
(Io fui così sedotta!)
(나도 그렇게 이끌렸었지!)

(아달지사)
de dolci tuoi sospiri, del tuo bel crin le anella, dammi, dammi
poter baciar.
제 부드러운 숨결을 느끼고 제 머리칼에 입을 맞출 수 있도록 가까이
오라고 했어요,

(노르마)
(Oh, cari accenti! Così li profferia, così trovava del cor la via.)
(오 사랑스런 말이네! 그이도 그렇게 내 마음을 가져갔지.)

(아달지사)
Dolci qual arpa armonica m'eran le sue parole,
그분의 말은 아름다운 하프 소리처럼 감미로웠고

negli occhi suoi sorridere vedea più bello un sole.
그분의 눈에서는 더 아름다운 태양이 미소 짓고 있는 걸 보았어요.

(노르마)
(L'incanto suo fu il mio.)
(나도 그렇게 매력에 빠졌었지.)

(아달지사)
Io fui perduta e il sono;
저는 어떻게 해야 할지 몰랐고, 지금도 그래요.

(노르마)
Ah! tergi il pianto,
아! 눈물을 멈춰라.

(아달지사)
d'uopo ho del tuo perdono.
저를 용서해 주세요.

(노르마)
avrò pietade.
네게 연민을 느끼게 되는구나.

(아달지사)
Deh! tu mi reggi e guida,
아! 절 붙잡아주시고 인도해 주세요.

(노르마)
Ah! tergi il pianto.
아! 눈물을 거둬라.

(아달지사)
me rassicura, o sgrida,
절 안심시켜 주시거나, 아니면 꾸짖어서,

salvami da me stessa, salvami, salvami dal mio cor.
제 마음을, 제 마음을 구원해 주세요.

(노르마)
Ah! tergi il pianto,
아! 울지 말라니까.

te non lega eterno nodo all'ara.
넌 제단에 영원히 얽매이지 않아도 된다.

(아달지사)
Ah! ripeti, o ciel, ripeti sì lusinghieri accenti.
아! 다시 말씀해 주세요, 오 하늘이시여, 그런 안심되는 말씀을 다시 해
주세요.

(노르마)
Ah! sì,
아! 그래.

Ah! sì, fa core, e abbracciami,
아! 그래, 진정하고 내 품에 안기렴.

perdono e ti compiango.
널 용서하고 불쌍히 여기마.

Dai voti tuoi ti libero, i tuoi legami io frango.
내가 너를 네 맹세로부터 자유롭게 해주마, 네가 신에게 했던 약속을
풀어주마.

Al caro ogerro unita, vivrai felice ancor,
넌 사랑하는 사람과 함께 행복하게 살아라,

al caro oggetto unita vivrai felice ancor,
네 사랑과 함께 해라, 행복하게 살아라,

vivrai felice ancor,
행복하게 살아라,

(아달지사)
Ripeti, o ciel, ripetimi sì lusinghieri accenti:
다시 말씀해 주세요, 오 하늘이시여, 그런 위안이 되는 말씀을 다시 해
주세요.

per te, per te s'acquetano i lunghi miei tormenti.
제사장님 덕분에, 당신 덕분에 제 오랜 고통이 줄어드네요.

Tu rendi a me la vita, se non è colpa amor,
제 사랑이 잘못이 아니라고, 당신은 제게 생명을 주셨어요.

tu rendi a me la vita, se non è colpa amor,
제 사랑이 잘못이 아니라고, 당신은 저에게 생명을 주셨어요.

Ah~~~
아~~~

노르마는 아달지사에게 상대가 누구냐고 묻는데, 그때 폴리오네
가 갑자기 두 사람 앞에 나타납니다. 아달지사가 바로 이 사람이라
고 폴리오네를 가리키자, 노르마는 화들짝 놀랍니다. 분노한 노르마
는 폴리오네를 향해 나쁜 사람이라고 퍼붓고는, 아달지사에게 폴리
오네를 바라보게 한 후 비감한 심경으로 이 곡을 노래합니다.

노르마, 아달지사, 폴리오네 : 네가 제물이 되었구나
(Oh! di qual sei tu vittima)

(노르마)
Oh! di qual sei tu vittima, crudo e funesto inganno!
오! 네가 잔인하고 끔찍한 속임수의 제물이 되었구나!

Pria che costui conoscere t'era il morire, il morir men danno.
그 사람을 만나기 전에 죽었으면, 차라리 덜 괴로웠을 텐데.

Fonte d'eterne lagrime, egli a te pur dischiuse,
그 사람이 네게 영원한 눈물샘을 열어주었구나,

come il mio cor deluse, l'empio il tuo core, l'empio il tuo core,
il tuo cor tradì.
내 마음이 낙심했듯, 그 나쁜 사람이 네 마음도 배신했구나.

(폴리오네)
Norma! de'tuoi rimproveri segno non farmi adesso.
노르마! 날 지금 그런 비난의 표상으로 만들지 말아요.

(노르마)
Pria che costui conoscere, t'era il morir men danno.
네가 그 사람을 만나기 전에 죽었으면, 차라리 덜 괴로웠을 텐데.

(아달지사)
Oh, qual mistero orribile!
아, 끔찍한 미스터리네!

Trema il mio cor, di chiedere, trema d'udire il vero.
제 마음은 여쭤볼까 무섭고, 진실을 들을까 무서워요.

(폴리오네)
Deh! a questa afflitta vergine sia respirar, respirar concesso.
제발, 이 고통받는 아가씨가 숨을 쉴 수 있도록 해주시오!

(노르마)
Pria che costui conoscere
네가 그 사람을 만나기 전에

(아달지사)
Tutta comprendo, o misera,
이제 모두 알겠어요, 오 비참하네요.

(폴리오네)
Copra a quell'alma ingenua,
그 순진한 영혼을 보호해 주시오,

(노르마)
t'era il morir men danno.
죽었으면, 차라리 덜 괴로웠을 텐데.

(아달지사)
tutta la mia sventura.
모두 제 불행이에요.

(폴리오네)
copra nostr'onte un velo,
우리의 부끄러움을 베일로 가려요.

(노르마)
Empio e tant'osi?
사악하고 너무 많은가요?

(아달지사)
Essa non ha misura, s'ei m'ingannò così, s'ei m'ingannò,
m'ingannò così,
그가 그렇게 절 속였다면 방법이 없지요, 그렇게 절 속였다면.

(폴리오네)
giudichi solo il cielo qual più di noi, qual più di noi, di noi fallì.
오직 하늘만이 누가 우리보다 더 실패한 사람인지 판단하시겠지.

(노르마)
Fonte, ah! fonte d'eterne lagrime,
아, 마르지 않는 눈물샘을,

l'empio, ah l'empio a te pur deluse, l'empio il tuo core, il tuo cor
tradì.
아, 나쁜 사람이 널 낙심시키고, 네 마음을 배신했구나.

l'empio il tuo cor tradì, l'empio il tuo cor tradì.
나쁜 사람이 네 마음을 배신했어, 나쁜 사람이.

(아달지사)
Tutta, ah! tutta comprendo, o misera, tutta la mia sventura.
모든 걸 알겠어요, 오 비참해요. 모두 다 제 불행이에요.

ah! che no, non ha, no, no, non ha misura,
아! 방법이 없네요, 어떻게 할 수가 없어요.

s'ei m'ingannò così, m'ingannò così,
그분이 그렇게, 그렇게 절 속였다면,

s'ei m'ingannò così, così, s'e m'ingannò così.
그분이 그렇게, 그렇게 절 속였다면

(폴리오네)
Deh! quest'afflitta, deh! fa che respiri,
제발, 이 고통받는 아가씨가 제대로 숨을 쉬었으면.

sa il ciel, sa il ciel, ah! chi di noi fallì, qual più di noi fallì, di noi
fallì.
아, 하늘은 누가 나쁜지 알고 있어, 하늘은 누가 나쁜지 알고 있어.

　폴리오네가 아달지사를 데리고 떠나려 하자, 아달지사는 그의 손
길을 뿌리칩니다. 노르마는 아달지사에게 떠나라고 하지만, 아달지
사는 슬픔을 참으며 이곳에 남겠다고 합니다.

　밖에서 드루이드 교도들이 몰려오는 소리가 들리자, 노르마는 폴
리오네에게 빨리 이곳을 떠나라고 손짓하고, 폴리오네는 황급히 빠
져나갑니다.

제2막

노르마의 숙소에서 그녀의 두 아이가 자고 있습니다. 폴리오네가 로마로 돌아가면 이 아이들은 불명예와 수치심으로 이곳에서 제대로 살아갈 수 없을 거라 생각한 노르마는 아이들을 죽이기로 마음먹습니다. 노르마는 칼을 들고 잠들어 있는 아이들에게 다가가는데, 두 아이의 모습을 보고는 차마 죽이지 못하고, 이 곡을 부르며 울고 맙니다.

노르마 : 내 사랑스런 아이들(Teneri, teneri figli)

Teneri, teneri figli,
사랑스런, 내 사랑스런 아이들,

essi, pur dianzi delizia mia,
이 아이들이 지금껏 나의 기쁨이었고,

essi nel cui sorriso il perdono del ciel mirar credei,
이 아이들의 미소 속에서 하늘의 용서를 보았다고 믿었는데

ed io li svenerò?
그런데, 내가 이 아이들을 죽일 수 있을까?

Di che son rei?
이 아이들이 무슨 죄가 있어?

Di Pollion son figli, ecco il delitto.
폴리오네의 아이들이라는 것, 그게 죄로구나.

Essi per me son morti, muoian per lui,
이 아이들이 죽으면, 그이 때문에 죽는 거네.

e non sia pena che la sua somigli.
그이가 느낄 고통에 필적할 만한 다른 고통은 없겠지.

Feriam!
찌르자!

Ah no! Son miei figli!
(단도를 치켜들다가) 안 돼! 얘들은 내 아이들이잖아!

Miei figli!
(아이들이 깨어나자 껴안고 흐느끼며) 내 아이들이잖아!

아이들을 껴안고 울던 노르마는 시녀 클로틸데에게 아달지사를 불러오라고 합니다. 아달지사가 도착하자, 노르마는 한 가지 부탁이 있다며 들어줄 수 있느냐고 묻습니다. 아달지사는 뭐든지 하겠다고 맹세합니다. 노르마는 불쌍한 두 아이를 이제 키울 수 없게 되었으니 이 아이들을 로마로 데리고 가서 자기 대신 잘 키워달라며 이 가슴 아픈 곡을 부릅니다.

노르마 : 아이들을 데리고 가서 잘 키워주렴
(Deh! con te, con te li prendi)

(노르마)
Deh! con te, con te li prendi, li sostieni, li difendi,
아! 아이들을 데리고 가서 잘 키워주고 지켜주렴.

non ti chiedo onori e fasci, a'tuoi figli ei fian serbati,
네게 명예나 돈을 요구하는 게 아니고, 네 아들로 대해달라는 거야,

prego sol che i miei non lasci schiavi, abietti, abbandonati.
난 내 아이들이 노예처럼 비참하게 내버려지지 않기를 바랄 뿐이야.

Basti a te che disprezzata, che tradita io fui per te.
내가 경멸당하고 너로 인해 배신당한 것만으로 충분하다.

Adalgisa, deh! ti mova tanto strazio del mio cor,
아달지사, 내가 네게 너무 큰 부담을 주는구나.

Adalgisa, deh! ti mova tanto strazio del mio cor,
아달지사, 아, 내가 네게 너무 큰 부담을 주는구나.

(아달지사)
Norma! ah! Norma, ancora amata, madre ancora sarai per me.
노르마! 아! 노르마, 당신은 제게 아직도 사랑하는 어머니 같은 분이에요.

Tienti i figli. Ah! non, ah non fia mai ch'io mi tolga a queste
arene.
아이들을 지키세요. 아, 저는 결코 이곳을 떠나지 않을 거예요.

(노르마)
Tu giurasti.
내 부탁을 들어주겠다고 맹세했잖아.

(아달지사)
Sì, giurai, ma il tuo bene, il sol tuo bene.
네, 했지요, 하지만 당신께 좋은 것만 하기로 한 거였어요.

Vado al campo, ed all'ingrato tutti io reco i tuoi lamenti.
병영으로 가서 그 배은망덕한 분(폴리오네)에게 당신의 고통을 모두
말하겠어요.

La pietà che m'hai destato parlerà sublimi accenti.
당신이 제게 자비심을 일깨워 주셨으니 저도 점잖은 말투로 말씀드릴
게요.

Spera, ah! spera, amor, natura ridestarsi in lui vedrai,
아! 그분에게서 사랑과 본성이 되살아나는 걸 볼 수 있기를 바라세요,

del suo cor son io secura Norma ancor vi regnerà;
그분 마음속에 여전히 노르마가 있을 거라고 확신해요.

Norma, spera, nel suo core, Norma ancor vi regnerà;
노르마, 그분 마음속에 여전히 노르마가 있을 거라고 믿어보세요,

Norma, spera, nel suo core, Norma ancor vi regnerà;
노르마, 그분 마음속에 여전히 노르마가 있을 거라고 기대해 보세요,

(노르마)
Ch'io lo preghi?
나보고 그에게 애원하라고?

Ah! no, giammai. Ah! no.
안 돼, 절대로. 못한다.

(아달지사)
Norma, ti piega.
노르마, 해보세요.

(노르마)
No, più non t'odo.
싫어, 더 이상 네 말을 안 듣겠다.

Parti, va.
어서 가거라.

(아달지사)
Ah! no, giammai, no, ah! no.
아! 아니, 절대 안 돼요. 안 돼요.

　노르마의 마음에 감동한 아달지사는 노르마의 부탁을 거절하고, 서로에게 사랑을 양보하려는 진심 어린 행동에 감동을 느낀 두 사람은 이 2중창으로 서로에 대한 사랑과 존중을 노래합니다.

아달지사, 노르마: 보세요, 노르마(Mira, o Norma)

(아달지사)
Mira, o Norma, a' tuoi ginocchi questi cari tuoi pargoletti.
오, 노르마, 당신 슬하의 저 사랑스러운 아이들을 보세요.

Ah! pietade di lor ti tocchi, se non hai, non hai di te pietà
당신 스스로에게 연민을 느끼지 못하더라도, 아이들에게는 연민을 느껴보세요.

(노르마)
Ah! perché, perché la mia costanza vuoi scemar con molli affetti?
아! 너는 왜 그런 여린 감성으로 내 마음을 약하게 만드니?

Più lusinghe, ah più speranza presso a morte un cor non ha.
죽을 생각을 하니, 더 이상 환상이나 희망을 바라는 마음은 없구나.

(아달지사)
Mira questi cari pargoletti, questi cari, ah! li vedi, ah!
이 사랑스러운 아이들을 보세요, 이 아이들을 보시라구요!

(노르마)
Ah! perché, ah! perché la vuoi scemar, ah! perché? ah!
아! 너는 왜 내 마음을 약하게 만드는 거야? 아! 왜 그래?

Ah! perché la mia costanza vuoi scemare con molli affetti?
아! 너는 왜 그런 여린 감성으로 내 마음을 약하게 만드는 거야?

(아달지사)
Mira, o Norma, a' tuoi ginocchi, questi cari tuoi pargoletti.
오, 노르마, 당신 아이들을 보세요, 이 사랑스런 당신 아이들을.

(노르마)
Più lusinghe, ah più speranza presso a morte il cor non ha.
죽을 생각을 하니, 더 이상 환상이나 희망을 바라는 마음은 없어.

no, il cor, no, non ha speranza il cor non ha.
마음에 희망이 없어, 없어, 없단다.

(아달지사)
Ah! pietade di lor ti tocchi, se non hai, non hai di te pietà,
당신 스스로에게 동정을 갖지 못하더라도, 아이들에게는 연민을 느껴
보세요.

ah, non hai pietà, se non hai di te pietà.
아, 당신 스스로에게 동정을 갖지 못하더라도 말이에요.

아달지사가 떠난 후, 노르마는 폴리오네가 아달지사의 설득을 들으면 다시 그녀에게 돌아오지 않을까 하는 일말의 기대를 갖습니다. 잠시 후 클로틸데가 들어와 폴리오네가 아달지사의 말을 듣지 않고, 드루이드교 제단에서 기도드리고 있던 아달지사를 납치해 가려고 했다고 전합니다.

격분한 노르마는 제단으로 달려가 이르민술(신성시하는 거대한 나무)의 방패를 세 번 두들겨 로마에 대한 전쟁을 선포하고, 갈리아인들은 다같이 이 곡을 합창하며 출정을 준비합니다.

노르마, 합창 : 전쟁이다, 전쟁(Guerra, guerra)

(전체)
Squilla il bronzo del Dio!
신의 징이 울렸다!

Norma! Che fu?
노르마, 무슨 일입니까?

Percosso lo scudo d'Irminsul, quali alla terra decreti intima?
이르민술의 방패가 울렸는데, 우리에게 무엇을 하라는 지시입니까?

(노르마)
Guerra!
전쟁이다!

Strage!
모두 죽여라!

Sterminio!
모두 없애버려라!

(전체)
A noi pur dianzi pace, s'imponea pel tuo labbro!
하지만 얼마 전에 당신 입으로 평화를 지키라고 말씀하셨잖아요!

(노르마)
Ed ira adesso, stragi, furore e morti.
이제는 분노와 학살, 격노와 죽음이 있을 뿐이다.

Il cantico di guerra alzate, o forti.
오, 용사들이여, 전쟁의 노래를 불러라.

(전체)
Guerra, guerra! Le galliche selve quante han querce producon guerrier,
전쟁이다, 전쟁! 갈리아의 숲에는 참나무 수만큼이나 많은 전사가 있지.

qual sul gregge fameliche belve, sui Romani van essi a cader.
굶주린 짐승들이 양 떼를 덮치듯, 우리도 로마 병사들을 무찌르자.

Sangue, sangue! Le galliche scuri fino al tronco bagnate ne son!
피, 피! 갈리아인들의 몸이 로마인들의 피로 흥건히 젖게 하자!

Sovra i flutti del Ligeri impuri, ei gorgoglia con funebre suon!
(프랑스의) 루아르 강물이 곡 소리를 내며 흐르게 만들자!

Strage, strage, sterminio, vendetta! Già comincia, si compie, s'affretta.
살육, 살육, 전멸, 복수가 이미 시작되었으니 서둘러 마치자.

Come biade da falci mietute, son di Roma le schiere cadute.
마치 낫에 베여 쓰러지는 곡물처럼, 로마 군사들은 쓰러지리라.

Tronchi i vanni, recisi gli artigli, abbattuta ecco l'aquila al suol!
독수리의 날개가 잘리고 발톱이 꺾여 땅에 떨어지리라!

A mirar il trionfo de' figli, viene il Dio sovra un raggio di sol!
후예들의 승리를 지켜보기 위해, 신께서 태양 광선을 타고 오실 것이다!

이때 클로틸데가 달려와 회랑 안에서 신전을 모독하려던 로마인이 붙잡혔다고 보고합니다. 대사제인 오로베소는 그를 끌고 오라고 명령하는데, 전사들에 의해 끌려온 로마인은 다름 아닌 총독 폴리오네였습니다. 그는 아달지사를 데리고 로마로 가려고 드루이드교 신전에 몰래 숨어든 것이었습니다. 오로베소가 칼을 들고 그에게 다가서자, 노르마는 아버지 오로베소를 막아선 채 자신이 직접 심문하겠다면서 교도들은 모두 물러가게 합니다.

폴리오네와 단둘이 대면한 노르마는 이 노래를 부르며 지금 그를 살릴 수 있는 것은 오직 자신뿐이라고 하면서, 아달지사를 단념하면 그를 살려주겠다고 회유합니다. 노르마는 폴리오네에게 아달지사도 계율을 어겨 화형을 면치 못할 것이라고 하는데, 폴리오네가 아달지사를 걱정하며 그녀에게 자비를 베풀어달라고 하자, 오히려 더 마음의 상처를 받습니다.

노르마, 폴리오네 : 마침내 당신이 제 수중에 있네요
(In mia man alfin tu sei)

(노르마)
In mia man alfin tu sei,
마침내 당신이 제 수중에 있네요.

niun potria spezzar tuoi nodi.
아무도 당신의 매듭을 풀 수 없어요.

Io lo posso.
저만 할 수 있지요.

(폴리오네)
Tu nol dêi.
당신은 그러면 안되지.

(노르마)
Io lo voglio.
할 거예요.

(폴리오네)
E come?
왜?

(노르마)
M'odi.
제 말씀을 들어보세요.

Pel tuo Dio, pei figli tuoi, giurar dei che d'ora in poi.
당신의 신과 아이들을 걸고, 맹세하셔야 해요.

Adalgisa fuggirai, all'altar, all'altar non la torrai,
아달지사로부터 떨어지고, 그녀를 제단에서 데려가지 마세요.

e la vita io ti perdono, e mai più, e mai più ti rivedrò.
그럼 제가 당신은 살려드리고, 두 번 다시 당신을 보지 않을 거예요.

Giura.
맹세하세요.

(폴리오네)
No, sì vil non sono.
안 돼, 난 그렇게 비겁하지 않소.

(노르마)
Giura, giura!
어서 맹세하세요.

(폴리오네)
Ah! pria morrò.
아! 먼저 죽어버리겠소.

(노르마)
Non sai tu che il mio furore passa il tuo?
제 분노가 당신의 분노보다 더 크다는 걸 모르시는 거예요?

(폴리오네)
Ch'ei piombi attendo.
기다리고 있소.

(노르마)
Non sai tu che ai figli in core questo ferro…
당신은 모르실 거예요, 제가 아이들 가슴을 이 칼로…

(폴리오네)
Oh Dio! che intendo?
오, 맙소사, 무슨 말을 하는 거요?

(노르마)
Sì, sovr'essi alzai la punta, vedi, vedi a che son giunta!
그래요, 제가 아이들 가슴 위로 이 칼을 들어 올렸어요, 그리고 어쨌는
지 아세요?

Non feriì, ma tosto adesso consumar potrei l'eccesso.
그땐 찌르진 않았지만, 하지만 곧 일을 벌일 수도 있어요.

Un istante, e d'esser madre mi poss'io dimenticar!
잠시 제가 엄마라는 사실을 잊어버릴 수 있어요!

(폴리오네)
Ah! crudele,
아! 잔인한 사람.

in sen del padre il pugnal tu dêi vibrar!
당신이 찔러야 할 것은 아이들 아버지의 가슴이오!

A me il porgi.
나를 찔러요.

(노르마)
A te?
당신을요?

(폴리오네)
Che spento, che spento cada io solo!
내가 혼자 죽겠소.

(노르마)
Solo?
혼자라구요?

Tutti.
모두지요.

I Romani a cento a cento fian mietuti, fian distrutti.
많은 로마인들이 잡혀서 죽게 될 거예요.

E Adalgisa…
그리고 아달지사도…

(폴리오네)
Ahimè!
아!

(노르마)
Infedele a'suoi voti…
그녀는 맹세를 어겼어요…

(폴리오네)
Ebben, crudele?
그럼, 잔인하게?

(노르마)
Adalgisa fia punita,
아달지사도 처벌을 받겠죠.

nelle fiamme perirà, sì, perirà!
그녀는 불에 타 죽게 될 거예요, 네, 그럴 거예요!

(폴리오네)
Ah! ti prendi la mia vita,
아! 내 목숨을 가져가시오,

ma di lei, di lei pietà, ma di lei, di lei pietà.
하지만, 그녀, 그녀에게는 자비, 자비를 베풀어 주시오.

(노르마)
Preghi alfine?
이젠 애원하는 건가요?

Indegno! è tardi.
파렴치하군요! 늦었어요.

Nel suo cor ti vo'ferire, sì nel suo cor ti vo'ferire.
당신은 그 아이 마음을 다치게 하고 싶어 하는군요.

Già mi pasco ne' tuoi sguardi, del tuo duol, del suo morire,
저는 이미, 당신의 고통과 그녀의 죽음을 대하는 당신의 눈빛을 즐기
고 있어요.

posso alfine, io posso farti infelice al par di me, posso farti alfin,
posso farti alfin infelice al par di me.
마침내 제가 당신을 저처럼 불행하게, 저처럼 불행하게 만들 수 있게
되었네요,

(폴리오네)
Ah! t'appaghi il mio terrore;
아! 당신은 내 두려움을 충족시키는군.

al tuo piè son io piangente, al tuo piè son io piangente.
내가 당신 발치에서 울고 있소.

In me sfoga il tuo furore, ma risparmia un'innocente:
당신의 노여움은 내게 퍼붓고, 무고한 그녀는 살려 주시오.

basti, basti il mio dolore, ch'io mi sveni innanzi a te,
내 괴로움이 너무 커서, 당신 앞에서 혼절할 것 같은데,

basti, basti a vendicarti ch'io mi sveni innanzi a te
당신 앞에서 혼절할 정도니, 이제 당신은 내게 충분히 복수한 것 같소.

노르마는 교도들을 다시 모두 불러 모읍니다. 그리고는 한 여사
제가 맹세를 어기고 조국과 신을 배신했다면서, 그 여사제를 신에게
제물로 바쳐야 하니 화형대를 준비하라고 지시합니다. 폴리오네는
노르마의 입에서 아달지사의 이름이 나올 것을 걱정하며 긴장하는
데, 노르마는 맹세를 어긴 여사제는 바로 자기 자신이라고 선언합니
다. 모두가 귀를 의심하며 노르마를 바라보자, 그녀는 노르마는 거
짓말을 하지 않는다면서 이 애잔한 곡을 부릅니다.

노르마, 폴리오네 : 당신이 누구를 배신했는지
(Qual cor tradisti)

(노르마)
Qual cor tradisti, qual cor perdesti
(폴리오네에게) 당신이 누구를 배신했는지, 누구를 잃었는지

quest'ora orrenda ti manifesti.
이 끔찍한 시간에 당신이 드러내 보이는군요.

Da me fuggire tentasti invano,
당신은 제게서 떠나려 했지만 헛수고가 되었고,

crudel Romano, tu sei con me.
잔인한 로마 사람인 당신은 제 곁에 있네요.

Un nume, un fato di te più forte
신과 당신의 더 강력한 운명이

di vuol uniti in vita e morte.
우리가 삶과 죽음에서 하나가 되길 원하는군요.

Sul rogo istesso che mi divora,
저를 삼켜버릴 저 화형대 위에서도,

sotterra ancora sarò con te.
무덤 속에서도 저는 여전히 당신과 함께 할 거예요.

(폴리오네)
Ah! troppo tardi,
아! 너무 늦었어,

t'ho conosciuta, sublime donna, io t'ho preduta.
숭고한 여인, 당신을 만났는데, 이렇게 당신을 잃게 되다니.

Col mio rimorso è amor rinato,
내 후회와 함께 사랑이 다시 생겨나는구려.

più disperato, furente egli è.
더 절박하게, 더 격렬하게.

Moriamo insieme, ah sì, moriamo,
함께 죽읍시다, 그래요, 함께 죽읍시다.

(노르마)
Qual cor, qual cor tradisti, qual cor, qual cor
당신이 누구를, 어떤 마음을 배신했는지, 어떤 마음을,

Quest'ora orrenda…
이 끔찍한 순간에…

(폴리오네)
l'estremo accento sarà ch'io t'amo.
내 마지막 말은 '당신을 사랑하오'가 될 거요.

Ma tu morrendo, non m'abborire,
하지만 당신이 죽는 순간에는, 날 미워하지 말고,

pria di morire perdona a me.
죽기 전에 날 용서해 주시오.

(노르마)
Io son la rea.
(교도들에게) 저는 죄인입니다.

(오로베소, 합창)
canuto padre to no scongiura,
백발의 아버지가 피하지 못하네,

(폴리오네)
Non m'abborire.
(노르마를 잡으며) 날 미워하지 말아요.

(노르마)
Qual cor perdesti,
당신이 누구를 잃어버렸는지,

(오로베소, 합창)
di'che deliri, di'che tu menti, che stolti accenti uscir da te
네 그 헛소리, 그 거짓말, 그 어리석은 말은 다 무슨 소리냐,

(폴리오네)
Moriamo insieme, ah! sì, moriam.
함께 죽읍시다. 아, 그래요, 그럽시다.

(노르마)
quest'ora orrenda tel dica.
이 끔찍한 순간이 당신에게 알려주네요.

(폴리오네)
Ah! perdona!
아! 용서해 주시오!

Ah! t'ho perduta.
아! 당신을 잃어버렸구려.

(노르마)
Sì, e per sempre.
그래요, 영원히.

(폴리오네)
Sublime donna!
숭고한 여인!

(노르마)
Quest'ora orrenda tel dica.
이 끔찍한 순간에 당신에게 알려주네요.

(폴리오네)
Perdona, perdon.
용서해 주시오! 용서해 줘요.

(오로베소, 합창)
che tanto eccesso punir non dè, ah no, che il Dio punir non dè,
그런 건 처벌해서는 안 돼, 아 안 돼, 신께서 처벌해서는 안 돼.

(노르마)
Crudel! per sempre, ah sì, crudel!
잔인해요! 영원히, 아, 정말 잔인해요!

(폴리오네)
Io t'ho perduta, sublime donna!
숭고한 여인, 내가 당신을 잃어버렸어!

che feci, oh ciel!
세상에, 내가 무슨 짓을 한 거야!

모든 교도들은 당황하며, 어서 노르마가 결백하다는 사실을 말하라고 합니다. 그러자, 노르마는 아버지 오로베소에게 다가가 자신이 두 아이의 엄마이며 현재 아이들은 클로틸데가 돌보고 있다고 고백합니다. 그리고는 오로베소에게 아이들을 지켜달라고 부탁하는데, 오로베소는 깜짝 놀라면서 그 부탁은 들어줄 수 없다고 합니다.

노르마는 오로베소에게 마지막 부탁이라면서, 죄를 저지른 것은 자기 자신이니 아무것도 모르는 어린 두 아이들은 피해를 보지 않도록, 그들에게는 자비를 베풀어 달라고 이 곡을 부르며 간청합니다.

처음 딸의 부탁을 거절했던 오로베소는 결국 눈물을 흘리며 그녀의 마지막 부탁을 들어주겠다고 합니다. 노르마의 고백을 들은 폴리오네도 그녀의 숭고한 사랑과 희생에 감동받아 그녀에게 용서를 구하며, 자신도 그녀와 함께 화형대에 오르겠다고 합니다.

노르마, 폴리오네, 오로베소 : 아이들이 피해 보는 건 원치 않아요
(Deh! non volerli vittime!)

(노르마)
Deh! non volerli vittime del mio fatale errore!
저의 끔찍한 죄로 인해 제 아이들이 피해를 보는 건 원치 않아요,

Deh! non troncar sul fiore quell'innocente età.
순진무구한 시기의 어린 꽃은 꺾지 말아 주세요.

Pensa che son tuo sangue, abbi di lor pietade,
아버지(오로베소) 핏줄이라 생각하시고, 자비를 베풀어 주세요.

Ah! padre, abbi di lor, di lor pietà, abbi di lor, di lor pietà, abbi di lor, di lor pietà,
아! 아버지, 아이들을 불쌍히 여기시고 자비를, 자비를, 자비를 베풀어 주세요.

Padre, tu, piangi?
아버지, 울고 계세요?

(오로베소)
Oppresso è il core.
마음이 무겁구나.

(노르마)
Piangi e perdona!
우시고, 용서해 주세요!

(오로베소)
Ha vinto amor, oh ciel!
오 하늘이시여, 사랑이 승리했구나.

(노르마)
Ah tu perdoni!
아, 용서해 주세요.

Quel pianto il dice.
아버지 눈물이 말하고 있네요.

Io più non chiedo.
저는 더 바라는 게 없어요.

Io son felice.
저는 행복해요.

Ah più non chiedo, ah no, ah più non chiedo.
아, 저는 더 바라는 게 없어요.

Contenta al rogo io ascenderò.
기쁜 마음으로 화형대에 올라갈게요.

(폴리오네)
sì, è già, Oh, ciel!
오 하늘이시여!

Ah più non chiedo.
저도 더 바라는 게 없습니다.

Contento al rogo io ascenderò.
기쁜 마음으로 화형대에 오르겠습니다.

(오로베소)
Oppresso è il core, ha vinto amor, oh ciel!
내 마음이 무겁구나, 오 하늘이여, 사랑이 승리했구나!

Ah, sì, Oh duol! Oh duol!
아, 오 괴로움이여! 오 고통이여!

Figlia! Ah! consolarm'io mai, ah, non potrò.
내 딸아! 아! 결코 나 자신을 위로할 수 없겠구나.

(폴리오네)
Più non chiedo, oh ciel!
하늘이여, 저는 더 바라는 게 없습니다.

(노르마)
Padre, ah padre!
아버지, 아 아버지!

(오로베소)
Ah, cessa, infelice!
아, 그만, 불행한 아가!

(노르마)
Tu mel prometti?
제게 약속해 주시는 거죠?

(오로베소)
Io tel prometto, ah, sì!
약속하마, 아, 그래!

Ah, sì, Oh duol! Oh duol!
아, 오 괴로움이여! 오 고통이여!

Figlia! Ah! consolarm'io mai, ah, non potrò.
내 딸아! 아! 결코 나 자신을 위로할 수 없겠구나.

Va, infelice!
가거라, 가련한 아가!

(노르마)
Ah tu perdoni.
아 용서해 주셨네요.

Quel pianto il dice.
아버지 눈물이 말하고 있어요.

Io più non chiedo.
저는 더 바라는 게 없어요.

Io son felice.
저는 행복해요.

Ah più non chiedo, ah no, ah più non chiedo.
아, 저는 더 바라는 게 없어요, 더 바랄 게 없어요.

Contenta al rogo io ascenderò.
기쁜 마음으로 화형대에 올라갈게요.

(폴리오네)
Ah più non chiedo.
아, 더 바라는 게 없습니다.

Contento al rogo io ascenderò.
기쁜 마음으로 화형대에 올라가겠습니다.

(오로베소)
Figlia!
내 딸아!

Ah! consolarm'io mai, ah, non potrò.
아! 결코 나 자신을 위로할 수 없겠구나.

(노르마)
Padre addio!
아버지, 안녕히 계세요!

(폴리오네)
Il tuo rogo, o Norma, è il mio.
오 노르마, 당신의 화형대가 나의 화형대이기도 해요.

Là più santo incomincia eterno amor.
그곳에서 보다 신성하고 영원한 사랑이 시작될 것이오.

(노르마)
Padre addio!
아버지, 안녕히 계세요!

　　아버지 오로베소에게 마지막 인사를 마친 노르마와 연인 폴리오
네는 나란히 화형대의 불꽃 속으로 걸어 들어갑니다.

• 노르마 : 정결의 여신이여(Casta Diva)

노르마가 로마와 싸우자고 흥분하는 갈리아인들을 진정시키며, 정결의 여신인 달에게 평화를 기원하는 곡

• 노르마 : 아! 내 사랑, 제게 돌아와 주세요(Ah! bello a me ritorna)

갈리아인들이 로마와 싸우게 되면 로마 총독을 가장 먼저 공격해야 한다고 목소리를 높이자, 폴레오네를 걱정하는 노르마가 그가 자신의 품으로 돌아오기를 바라며 부르는 곡

• 아달지사 : 신전에서 혼자 몰래(Sola, furtiva, al tempio)

노르마를 찾아간 아달지사가 폴리오네와의 사랑으로 인한 괴로움을 노르마에게 호소하는 곡

• 노르마, 아달지사, 폴리오네 : 네가 제물이 되었구나(Oh! di qual sei tu vittima)

아달지사의 상대가 자신의 연인 폴리오네인 것을 알게 된 노르마가 분노에 싸여 아달지사에게 부르는 곡

• 노르마 : 내 사랑스런 아이들(Teneri, teneri figli)

폴리오네가 로마로 돌아가면 자신의 아이들이 불명예와 수치심으로 제대로 살아갈 수 없을 것으로 생각한 노르마가 자고 있는 아이들을 죽이려다 차마 죽이지 못하고 부르는 곡

- 노르마 : 아이들을 데리고 가서 잘 키워주렴(Deh! con te, con te li prendi)

  노르마가 아달지사에게 자신의 두 아이들을 로마로 데리고 가서 잘 키워달라고 부탁하는 곡

- 아달지사, 노르마 : 보세요, 노르마(Mira, o Norma)

  노르마의 모정에 연민을 느낀 아달지사와 그런 아달지사의 순수한 마음에 감동을 느낀 노르마가 함께 부르는 2중창

- 합창 : 전쟁이다, 전쟁(Guerra, guerra)

  폴리오네가 다시 그녀에게 돌아오지 않을까 하는 일말의 기대가 무산된 후 노르마가 로마에 대한 전쟁을 선포하자, 갈리아인들이 출정을 준비하며 부르는 합창곡

- 노르마, 폴리오네 : 마침내 당신이 내 수중에 있네요(In mia man alfin tu sei)

  체포되어 온 폴리오네와 단둘이 마주한 노르마가 그를 살릴 수 있는 것은 오직 자신뿐이라며 만일 그가 아달지사를 단념하면 살려주겠다고 회유하는 곡

- 노르마, 폴리오네 : 당신이 누구를 배신했는지(Qual cor tradisti)

  노르마가 조국과 신을 배신한 죄로 제물로 바쳐질 여사제는 바로 자신이라고 선언하면서, 폴리오네에 대한 복잡한 심경을 노래하는 곡

- 노르마, 폴리오네, 오베로소 : 아이들이 피해 보는 건 원치 않아요(Deh! non volerli vittime)

  노르마가 화형대로 향하기 전 아버지 오로베소에게 죄를 저지른 것은 자신이니 자기는 벌을 받더라도 어린 두 아이들은 피해를 입지 않도록 자비를 베풀어 달라고 간청하는 곡

9

—

청교도
I Puritani

개요

벨리니의 10번째이자 마지막 오페라인 이 작품은 벨리니가 파리에 머무는 동안 당시 파리에서 망명 생활 중이던 귀족 카를로 페폴리Carlo Pepoli의 대본을 토대로 만든 걸작으로, 요절하기 8개월 전인 1835년 1월 파리에서 초연되었습니다.

17세기 중반 영국 청교도 혁명의 와중에 발생한 역사적 사실에 픽션을 가미한 이 작품은, 벨리니가 그의 음악적 기법을 세련된 형식으로 집대성했고, 프랑스 그랑 오페라의 영향을 받아 이탈리아의 벨칸토 스타일과 프랑스적 요소를 융합했다는 점에서 의미를 갖습니다.

이 작품에서는 아름답고 화려한 선율은 물론이고, 새로운 화성과 다양한 전조가 눈에 띄는데, 등장인물들의 벨칸토 창법은 완성된 형태로 나타나며, 벨리니의 이전 작품들에 비해 오케스트레이션이 한층 풍부해진 느낌을 받게 됩니다.

이 작품은 콜로라투라 소프라노 엘비라, 렛제로 테너 아르투로, 콜로라투라 바리톤 리까르도와 베이스 조르죠까지 주역 4명의 역량이 그 어느 작품보다 중요합니다. 특히 엘비라와 아르투로에게는 매우 높은 난이도의 벨칸토 기량과 기교를 요구합니다. 아이러니하게도 바로 이 점 때문에, 즉 최고 수준의 기량을 가진 4명의 성악가를 한 번에 모으기가 쉽지 않기 때문에, 벨리니의 다른 걸작인 〈노르마〉나 〈몽유병 여인〉에 비해 상대적으로 공연 빈도는 높지 않은 편입니다.

1835년초 초연은 줄리아 그리시(엘비라), 죠반니 밧티스타 루비니(아르투로), 안토니오 탐부리니(리까르도), 루이지 라블라케(조르죠)라는 당대 최고 성악가 4명을 한 자리에 불러 모아 대성공을 거두었는데, 이후 네 사람은 '청교도 4인조 Puritani Quartet'라는 팀을 결성해 수년간 투어를 다녔다고 합니다.

이 작품에서도 광란의 장면이 등장하는데, 연인 아르투로가 다른 여인과 도망갔다는 사실을 알고 실성한 엘비라가 삼촌인 조르죠와 그녀를 좋아하는 리까르도를 알아보지 못하고 노래하는 유명한 장면입니다. 이 장면은 앞서 소개한 〈람메르무어의 루치아〉 광란의 장면과 함께 벨리니 오페라에서 가장 유명한 광란의 장면이라 할 수 있습니다.

이 작품은 벨칸토 오페라 이후 이탈리아 오페라를 이끈 베르디에게 상당한 영향을 미친 것으로 평가받고 있습니다. 베르디는 벨칸토 오페라의 선율미와 서정성을 아름답게 계승하고 이에 더해 극적 표현력을 더욱 심화 발전시켰는데, 베르디의 초기 작품에 나타나는 성악적 기교와 극적 전개 방식은 벨리니로부터 많은 영감을 받은 것으로 평가되고 있습니다.

주요 등장인물

엘비라(괄티에로의 딸/소프라노)
아르투로(왕당파 기사/테너)
리까르도(청교도 장교/바리톤)
조르죠(엘비라의 작은 아버지/베이스)

괄티에로(청교도파 성주/베이스)
엔리켓타(전 왕비/메조소프라노)

시놉시스와 주요 아리아

제1막

청교도 혁명이 한창 진행되고 있던 17세기 중반 영국 플리머스의
청교도군 요새. 스튜어트 왕조를 지지하는 왕당파와 크롬웰 장군이
이끄는 청교도군 간 전투가 지속되고 있는 가운데, 청교도 지도자
괄티에로 발톤 경의 딸 엘비라의 결혼식 준비가 진행되고 있습니다.

그런데, 결혼식 준비를 지켜보는 청교도군 장교 리까르도의 마음
은 상당히 불편합니다. 그가 전투에 나가기 전에는 성주인 괄티에
로가 그의 딸 엘비라와 결혼시켜 주겠다고 약속해 기대에 부풀었었
는데, 전투를 마치고 돌아와 보니 괄티에로가 엘비라를 자신이 아닌
왕당파 기사 아르투로와 결혼시키기로 마음을 바꾸었다는 소식을
들었기 때문입니다. 리까르도는 오랜 기간 마음에 두었던 엘비라와
맺어지지 못한 상심을 이 곡으로 노래합니다.

리까르도 : 영원히 당신을 잃어버렸네
(Per sempre io ti perdei!)

Ah! per sempre io ti perdei, fior d'amore, fior d'amore o mia
speranza,
아! 사랑의 꽃이자 나의 희망인 당신을 영원히 잃어버렸네.

Ah! la vita, ah! la vita che m'avanza sarà piena, sarà piena di
dolor!
아! 내 인생, 앞으로 다가올 내 인생은 고통으로 가득하겠지!

Quando errai per anni ed anni in poter della ventura, in poter
della ventura,
내가 오랜 세월 운명의 힘 때문에 방황했을 때,

io sfidai, io sfidai sciagura e affanni nella speme, nella speme
del tuo amor,
난 당신의 사랑을 바라며, 당신의 사랑을 바라며 불운과 고통에 맞섰지,

io sfidai sciagura e affanni nella speme del tuo amor, del tuo
amor,
당신의 사랑을, 당신의 사랑을 바라며, 그 불운과 고통을 이겨냈어,

io sfidai sciagura e affanni nella speme del tuo amor, ah, sì, del
tuo amor.
당신의 사랑을, 당신의 사랑을 바라며, 불운과 고통을 이겨냈었는데.

한편, 아버지가 마음을 바꿨다는 사실을 모른 채, 사랑하는 아르
투로가 아닌, 아버지가 정해준 리까르도와 결혼해야 하는 사실에 상
심한 엘비라는 원치 않는 결혼식을 앞두고 괴로워하고 있습니다. 이
때 괄티에로의 동생, 즉 엘비라의 삼촌인 조르죠가 나타나 두 사람
이 함께 이 곡을 부르는데, 조르죠가 엘비라에게 그녀가 리까르도가
아닌 아르투로를 신랑으로 맞게 된다는 사실을 알려주자, 엘비라는
뛸 듯이 기뻐합니다.

엘비라, 조르죠 : 오 사랑하는 삼촌(O amato zio)

(엘비라)
O amato zio, o mio secondo padre!
오, 사랑하는 삼촌, 나의 작은 아버지!

(조르죠)
Perché mesta così? M'abbraccia, Elvira.
왜 그렇게 슬퍼하니? 내게 안기렴, 엘비라.

(엘비라)
Ah! chiamami tua figlia.
아! 저를 삼촌의 딸이라고 불러 주세요.

(조르죠)
O figlia, o nome che la vecchiezza mia consola e alleta,
오 딸, 내 늘그막에 위로와 기쁨을 주는 이름이구나,

pel dolce tempo ch'io ti veglio accanto,
내가 네 곁을 지키는 이 행복한 시간 때문에,

pel palpitar del mio paterno core
아버지 같은 내 마음이 고동치기 때문에

e pel soave pianto che in questo giorno d'alegrezza pieno
기쁨으로 가득한 날, 행복한 눈물이

piove dal ciglio ad inondarmi il seno.
내 눈가에서 내려 가슴을 흠뻑 적시는구나.

o figlia, mia diletta, oggi sposa sarai!
오 사랑하는 딸아, 너는 오늘 신부가 된단다!

(엘비라)
Sposa!
신부요!

No… no mai!
안 돼요… 절대 안 돼요!

Sai comrade in petto mio bella fiamma onnipossente,
제 가슴 속에 커다란 불꽃을 가지고 있는 걸 아시잖아요,

sai che puro è il mio desio, che innocente è questo core,
제 바람이 얼마나 순수한지, 제 마음이 얼마나 순진한지 아시잖아요,

sai ch'è puro il mio desio, che innocente è questo core,
제 바람이 얼마나 순수한지, 제 마음이 얼마나 순진한지 아시잖아요,

Se tremante all'ara innante strascinata un dì sarò,
어느 날 끌려 나온 제단에서 제가 떨고 있다면,

forsennata in quell'istante di dolore io morirò!
그 괴로운 순간에 고통으로 죽을 거예요!

foresnnata, in quell'istante di dolore io morirò!
그 괴로운 순간에 고통으로 죽을 거예요!

foresnnata, in quell'istante di dolore io morirò!
그 힘든 순간에 고통스러워 하며 죽을 거라구요!

(조르죠)
Scaccia omai pensier sì nero.
그런 암울한 생각은 버려라.

(엘비라)
Morir, sì…. sposa non mai!
전 죽어버릴 거예요… 결혼은 안 돼요!

(조르죠)
Che dirai se il cavaliero qui vedrai, se tuo sarà?
만일 네가 여기서 어떤 기사를 만나는데, 그가 네 신랑이 된다면 어떻
게 할 거니?

(엘비라)
Ciel! ripeti, chi verrà?
맙소사! 다시 말씀해 주세요, 누가 오는데요?

(조르죠)
Egli stesso.
바로 그 사람.

(엘비라)
Egli… Chi?
그 사람이… 누군데요?

(조르죠)
Arturo!
아르투로!

(엘비라)
E fia vero?
정말이세요?

(조르죠)
O figlia, il giuro!
오, 딸아, 내가 맹세하마!

(엘비라)
Egli? Arturo?
그이가요? 아르투로가요?

(조르죠)
Arturo.
그래, 아르투로가 올 거야.

(엘비라)
O ciel! E fia vero?
맙소사, 정말이죠?

(조르죠)
Sì, oh! sì…… t'allegra, mia buona Elvira,
그래, 맞아…… 기뻐하는구나, 내 착한 엘비라,

ah! sì, t'allegra.
아! 그래, 기뻐하는구나.

(엘비라)
O gioia! O gioia! O gioia!
아 좋아! 아 좋아라! 너무 좋아요!

Non è sogno…. O Arturo!
꿈은 아니죠…. 오, 아르투로!

O amor! O amor!
오, 사랑! 오! 내 사랑!

(조르죠)
Piangi, o figlia, sul mio seno, piangi, ah! piangi di contento.
딸아, 내 품에서 울어라, 울어, 아! 기쁨으로 울어라.

Ti cancelli ogni tormento questa lacrima d'amor.
이 사랑의 눈물이 네 모든 괴로움을 씻어줄 거야.

E tu mira, o Dio pietoso, l'innocenza in uman velo,
오 자비로우신 신이시여, 인간의 순수함을 살펴주소서,

benedici tu dal cielo questo titlio di candor.
하늘에서 인간의 순수함을 축복해 주소서.

(엘비라)
Ah! quest'alma, al duolo avvezza, è sì vinta dal gioire,
아, 슬픔에 익숙해진 이 영혼은 기쁨에 압도되어,

che ormai non può capir sì gran dolcezza!
이처럼 큰 행복은 믿을 수가 없어요!

Ah! quest'alma, al duolo avvezza, è sì vinta dal gioire,
아! 슬픔에 익숙해진 이 영혼은 너무 기뻐서,

che ormai non può capir sì gran dolcezza!
이런 큰 행복은 믿을 수가 없네요!

　엘비라는 감격하며 누가 아버지의 마음을 움직였느냐고 묻는데, 조르죠는 형 괄티에로에게 엘비라가 아르투로를 사랑하고 있는데 다른 사람과 결혼하게 되면 아마 엘비라는 죽어버릴 것이라고 했더니 괄티에로가 마음을 바꾸었다고 그간의 사정을 설명해 줍니다.

이때 멀리서 나팔 소리가 들리며, 신랑이 될 아르투로가 성에 도착합니다. 엘비라와 아버지 괄티에로, 삼촌인 조르죠, 그리고 신부 들러리들이 모두 나와 그를 환영하자, 아르투로는 엘비라에 대한 사랑과 행복을 이 곡으로 노래합니다.

아르투로 : 오, 사랑스런 그대(A te, o cara)

(아르투로)
A te, o cara,
오, 사랑스런 그대,

amor talora, amor talora mi guidò furtivo e in pianto,
예전에는 사랑이 내게 남몰래 눈물짓게 했는데,

or mi guida a te d'accanto, a te d'accanto, tra la gioia, tra la gioia
e l'esultar, tra la gioia e l'esultar,
이제는 그 사랑이 기쁨과 환희 속에 날 그대에게 인도해 주는구려.

(엘비라)
O contenta!
오, 좋아라!

(아르투로)
Ah, mio bene!
아, 내 사랑!

(엘비라)
Ah! mio Arturo! Or son tua!
아, 나의 아르투로, 이제 저는 당신의 여인이에요!

(아르투로)
Ah! Elvira mia, sì, mia tu sei!
아, 나의 엘비라, 그래요, 당신은 내 여자요!

Cielo, arridi a'voti miei,
하늘이시여, 제 소원을 들어주시고,

benedici a tanto amor, benedici a tanto amor!
우리 사랑을 축복해 주시네요, 우리 사랑을 축복해 주시네요!

Al brillar di sì bell'ora, di sì bell'ora,
이 아름다운, 이 아름다운 시간에

se rammento il mio tormento,
그간의 내 고통을 떠올리니,

sì raddoppia il mio contento, il mio contento,
나의 행복, 나의 행복은 두 배가 되고,

m'è più caro, m'è più caro il palpitar,
내 가슴의 두근거림은 더더욱 소중해지는구려,

m'è più caro il palpitar,
내 가슴의 두근거림은 더더욱 소중해져요.

(엘비라)
O contento!
오 행복해 하시네요!

(아르투로)
Ah! mio bene!
아, 내 사랑!

(엘비라)
Ah! mio Arturo!
아, 내 아르투로!

(아르투로)
Ah! Elvira mia,
아, 나의 엘비라!

(엘비라)
Or son tua!
저는 당신의 여인이에요!

(아르투로)
Sì, mia tu sei!
맞아요, 당신은 내 여자요!

Cielo, arridi a'voti miei,
하늘이시여, 제 소원을 들어주시고,

benedici a tanto amor, benedici a tanto amor!
우리의 사랑을 축복해 주시네요, 우리 사랑을 축복해 주시네요.

Cielo, arridi a'voti miei,
하늘이시여, 제 소원을 들어주시고,

benedici a tanto amor, benedici a tanto amor!
우리 사랑을, 우리 사랑을 축복해 주시네요!

benedici a tanto amor, benedici a tanto amor, tanto amor!
우리 사랑을, 우리 사랑을 축복해 주시네요!

모든 이들의 축복이 이어지고 있는 가운데, 괄티에로는 방금 갑작스런 일이 생겨 결혼식에 함께 할 수 없게 되었다고 하면서 동생인 조르죠에게 결혼식 진행을 부탁합니다. 갑작스런 일이란 그간 이 성에 수감되어 있던 한 여인을 급히 런던으로 호송하는 일이었습니다.

이윽고 호송될 여인이 나타나는데, 그녀의 우아한 모습을 본 아르투로는 동정심이 생겨 혹시 도움이 필요한 게 없느냐고 하면서 그녀의 신분을 묻습니다. 여인은 자신은 카를로(찰스) 왕의 미망인이며 곧 죽을 운명이라고 대답합니다. 호송될 여인이 자신이 지지하는 스튜어트 왕조의 엔리켓타 전 왕비임을 알게 된 아르투로는 그녀를 이곳에서 탈출시킬 궁리를 합니다.

이때 엘비라가 결혼식에서 입을 신부복을 입고 손에는 면사포를 든 채 두 사람 앞에 나타나, 이 명랑한 곡을 부르며 자신의 면사포를 왕비에게 씌워줍니다.

엘비라 : 저는 신부복 차림의 사랑스런 아가씨예요
(Son vergin vezzosa in vesta di sposa)

Ah!~~~ Son vergin vezzosa in vesta di sposa,
아!~~~ 저는 신부복 차림의 사랑스런 아가씨에요,

son bianca ed umile qual giglio d'april.
4월의 백합처럼 희고 정숙하지요.

Ho chiome odorose cui cinser tue rose, tue rose,
제 머리는 당신(아르투로)이 준 장미 화관으로 향기롭고,

ho il seno gentile del tuo monil.
제 가슴은 당신이 준 목걸이로 우아하지요.

Son bianca ed umile qual giglio d'april.
저는 4월의 백합처럼 희고 정숙해요.

Sì, sì, sì, o bella, ti cello le anella del crin
네, 네, 귀부인(왕비), 당신 얼굴을 감춰드릴게요.

com'io nel bel velo mi voglio celar
제 얼굴을 아름다운 면사포 아래에 감추고 싶은 것처럼

Ascosa vezzosa nel velo divin, divin
신성한, 신성한 면사포로 가려진 당신은

or sembri la sposa che vassi all'altar.
지금 결혼식 제단으로 향하는 신부 같아요.

Ah! se il padre s'adira, io volo a mia stanza,
아! 아빠가 부르시니, 저는 제 방으로 빨리 가야 해요.

Ah! Ah!Ah! ~~
아! 아! 아! 아!

Ah! poscia, o fedel, tu posami il vel,
오 당신, 잠시 후에 제 머리에 제 면사포를 씌워주세요,

Ah! Ah! Ah! ~
아! 아! 아!

　　엘비라가 자신의 면사포를 손봐달라며 왕비의 머리에 면사포를 씌워둔 채 방을 나가자, 그 모습을 본 아르투로는 왕비를 신부로 속여 이곳을 빠져나갈 생각을 떠올립니다. 이때 아직 엘비라를 잊지

못한 리까르도가 두 사람 앞에 나타나 자신에게 소중한 것을 이대로 빼앗길 수는 없다며 아르투로에게 결투를 신청합니다.

아르투로가 결투 신청을 받아들여 싸우려고 하자, 왕비는 자기 때문에 누구든 피를 흘려서는 안된다며 스스로 면사포를 벗어 던집니다. 면사포를 쓴 여인이 엘비라가 아닌 호송할 여죄수임을 알게 된 리까르도는 그녀를 체포하는 대신, 오히려 두 사람에게 빨리 이곳을 떠나라며 도주로를 열어줍니다.

아르투로가 왕비를 데리고 성을 빠져나간 후, 엘비라가 다시 방으로 들어와 아르투로를 찾지만, 그는 이미 왕비와 함께 떠난 후였습니다. 아르투로가 자신을 버리고 다른 여인과 떠나버렸다고 생각한 엘비라는 그만 실성해 정신 착란 상태에 빠집니다.

제2막

사람들이 정신이 이상해진 엘비라를 걱정하며 그녀의 현재 상태를 묻자, 조르죠는 이 곡을 부르며 아르투로가 떠난 후 넋이 나가 괴로워하는 엘비라의 모습을 사람들에게 들려줍니다.

조르죠 : 화관을 두르고(Cinta di fiori)

Cinta di fiori e col bel crin disciolto
화관을 두르고, 아름다운 머리칼을 늘어뜨린 채

talor la cara vergine s'aggira,
사랑스러운 아이는 종종 배회하면서,

e chiede all'aura, ai fior con mesto volto,
바람과 꽃들에게 슬픈 얼굴로 묻더군요,

"Ove andò Elvira? Ove andò? Ove andò?"
"엘비라는 어디로 갔어? 어디로 갔어? 어디로 갔냐구?" 하면서.

Bianco vestita, e qual se all'ara innante
흰옷을 입고, 마치 결혼식 제단에 서서

adempie il rito, e va cantando: "Il giuro";
예식을 치르는 것처럼 "맹세합니다"라는 말을 계속했고,

poi grida per amor tutta tremante,
그 다음엔 온몸을 떨면서 큰 소리로 사랑을 부르짖었어요,

"Ah vieni, Arturo, ah vieni, Artur!"
"아, 오세요, 아르투로, 어서 와요, 아르투로!" 라면서.

Geme talor qual tortora amorosa,
때로는 사랑에 빠진 산비둘기처럼 신음하고,

or cade vinta da mortal sudore,
때로는 죽을 듯한 땀에 지쳐 쓰러졌고,

or l'odi, al suon dell'arpa lamentosa, cantar d'amor, d'amore.
때로는 애달픈 하프 소리에 맞춰, 사랑의 노래도 부르더군요.

Or scorge Arturo nell'altrui sembiante,
때로는 다른 사람의 모습에서 아르투로를 보고

poi del suo inganno accorta e di sua sorte,
이내 자신의 착각과 운명을 깨닫고는,

geme, piange, s'affanna e ognor più amante, invoca morte, morte.
신음하고, 울고, 괴로워하며, 그를 너무도 사랑해서, 죽음을 애원하고 있어요.

Piange, s'affanna, piange, s'affanna, e ognor più amante, ognor più amante, invoca morte, morte,
울고, 괴로워하며, 울고, 괴로워하며, 더욱 사랑해서, 이제 죽음을 애원하고 있어요.

Piange, s'affanna, piange, s'affanna, e ognor più amante, ognor più amante, invoca morte, morte,
울고, 괴로워하며, 울고, 괴로워하며, 더욱 사랑해서, 이제 죽음을, 죽음을 애원하고 있어요.

Ah, la misera morrà, morrà d'amore.
아, 그 불쌍한 아이가 사랑 때문에 죽을 거예요,

Oh ciel, pietà, prendi al suo dolor, al suo dolor, al suo dolor, al suo dolor.
오, 하늘이시여, 자비를 베풀어 그 아이의 고통을 거두어 주세요.

이때 리까르도가 나타나, 영국 의회가 아르투로에게 사형을 선고했고 괄티에로에게는 훈장을 수여하기로 결정했다고 알립니다. 엘비라는 실성한 채 사람들 앞에 나타나 바로 이곳에서 아르투로의 목소리를 마지막으로 들었다면서 광란의 아리아로 알려진 이 곡을 부릅니다.

엘비라 : 여기서 그의 부드러운 목소리가
(Qui la voce sua soave)

Qui la voce sua soave mi chiamava, e poi spari.
여기서 그의 부드러운 목소리가 날 불렀는데, 다음에 사라져 버렸어.

Qui giurava esser fedele, qui il giurava, il giurava,
이곳에서 내게 충실하겠다고 맹세를, 맹세를 했었는데,

e poi crudele, e poi crudele mi fuggì!
그 후에 잔인하게, 잔인하게 내게서 도망쳐버렸어!

Ah! mai più… qui assorti insieme,
아! 이제 더 이상 함께 하지 못하네,

Ah! mai più… qui assorti insieme, nella gioia dei sospir.
아! 이제 더 이상 기쁨 속에 함께 하지 못하네.

Ah! rendetemi la speme, o lasciate, lasciatemi morir,
아! 내게 희망을 주든지, 차라리 날 죽게 내버려두세요.

o lasciate, lasciatemi morir.
날 죽게 내버려둬 주세요.

(조르죠, 리까르도)
Quanto amore è mai racolto in quel volto, in quel dolor!
그녀의 얼굴 속에, 그녀의 고통 속에 그토록 큰 사랑이 있구나!

Quanto amor, ah quanto amor è mai racolta in quel dolor!
그녀의 고통 속에 그렇게 큰 사랑이, 그런 큰 사랑이 있어!

(엘비라)
Chi sei tu?
(조르죠를 보며) 누구세요?

(조르죠)
Non mi ravvisi? Non mi ravvisi?
내가 누구인지 모르겠니? 날 모르겠어?

(엘비라)
Sì, sì, mio padre…
알아요, 알죠, 아버지…

E Arturo? E l'amore?
그런데, 아르투로는요? 제 사랑은요?

Parla, parla…
말씀해 주세요, 말해 주세요…

Ah! tu sorridi e asciughi il pianto!
아, 그런데 웃으시면서 눈물을 닦고 계시네요!

A Imene, a Imen mi giudi… al balloi, al canto!
저를 결혼식장으로 데리고 가고 계시는군요… 춤추고 노래하러!

Ognun s'appresta a nozze, a festa,
모두 결혼식에, 축제에 오라고 해주세요,

e meco in danze esulterà.
저와 춤을 추며 축하해 주시겠죠.

A festa!
축제에 오시라구요!

Tu pir meco danzerai?
(조르죠에게) 저랑 춤추실 거죠?

Vieni a nozze. Vien
결혼식에 오세요, 오세요!

Egli piange!
(리까르도의 손을 잡으며) 그이가 울고 있어요!

(리까르도)
O Dio!
오 세상에!

(조르죠)
O Dio!
오 이런!

(엘비라)
Egli piange… forse amò?
(조르죠에게) 그이가 흐느끼고 있네요… 아마 사랑했었나 봐요?

Piange… amò!
그이가 울고 있어요… 사랑했어요!

(조르죠, 리까르도)
Or chi il pianto frenar può? Chi frenar lo può?
지금 누가 울음을 참을 수 있겠어? 누가 참을 수 있겠냐구?

(엘비라)
M'odi e dimmi: amasti mai?
(리까르도에게) 제 말을 듣고, 말해 주세요, 사랑 안 해봤어요?

(리까르도)
Gli occhi affissi sul mio volto, ben mi guarda e lo vedrai…
눈을 돌려 내 얼굴을 잘 봐요, 그럼 알 거요…

(엘비라)
Ah! se piangi…
아! 당신이 울면…

ancor tu sai che un cor fido nell'amor sempre vive nel dolor!
그럼 당신도 충실한 마음으로 누굴 사랑하면 늘 고통 속에 산다는 걸
아시겠군요!

(조르죠)
Deh! tacqueta, o mia diletta.
맙소사! 얘야, 그만 하거라.

Tregua al duol dal cielo aspetta.
신이 네 괴로움을 덜어주실 거야.

(엘비라)
Mai!
싫어요!

(조르죠, 리까르도)
Clemente il ciel ti fia.
신이 널 불쌍히 여기실 거야.

(엘비라)
Mai!
싫다구요!

(조르죠, 리까르도)
L'ingrato oblia, ah, sì!
그 나쁜 녀석(아르투로)은 잊어버려, 그래!

(엘비라)
Mai! Mai! Mai!
싫어, 싫어요, 싫다구요!

Ah, mai più ti rivedrò.
아, 이젠 당신은 안 볼 거예요.

Ah! toglietemi la vita o rendete, rendetemi il mio amor!
아! 제 목숨을 가져가시든, 아니면 제 사랑을 돌려주세요!

Ah! toglietemi la vita,
아! 제 목숨을 가져가세요,

(조르죠, 리까르도)
fa mia la sua gerita, mi squarcia il cor.
저 아이의 고통이 내 아픔이 되어, 내 마음이 찢어지는구나.

(엘비라)
o rendete, ah! rendetemi mio amor!
아니면 제 사랑을, 아, 제 사랑을 돌려주세요!

(조르죠, 리까르도)
Si fa mia la sua ferita, mi dispera e squarcia il cor,
저 아이의 고통이 내 아픔이 되어, 내 마음이 찢어지는구나.

Si fa mia la sua ferita, mi dispera e squarcia il cor,
저 아이의 고통이 내 아픔이 되어, 내 마음이 찢어지는구나.

Tornò il riso sul suo aspetto.
(엘비라가 실성해서 웃자) 저 아이가 다시 웃었어.

Qual pensiero a lei brillò?
무슨 생각이 떠오른 거지?

(엘비라)
Non temer del padre mio,
(아르투로와 함께 있다고 생각하고) 제 아버지를 무서워하지 마세요,

alla fine lo placherò.
끝까지 제가 아버지께 사정해 볼게요.

Ah non temer, lo placherò.
아 두려워 마세요, 제가 잘 말씀드려볼게요.

Ogni duolo andrà in oblio,
모든 괴로움을 잊게 될 거예요,

sì, felice io ti farò, sì.
네, 제가 당신을 행복하게 해 드릴게요, 그럴게요.

(리까르도)
Qual bell'alma innamorata un rival toglieva a me! sì! un rival
toglieva a me!
이렇게 사랑스런 사람을 그 연적 녀석이 내게서 빼앗아 간 거야, 그래,
그 연적 녀석이 내게서 빼앗아 갔어!

(조르죠)
Ella in pene abbandonata sogna il bene che perdè! sì, sogna il
bene che perdè!
버림받은 고통 속에서도 잃어버린 사랑에 대한 꿈을 꾸는구나, 잃어버
린 사랑에 대한 꿈을!

(엘비라)
Vien, felice io ti farò!
제가 당신을 행복하게 해 드릴게요,

Vien, diletto,
어서 오세요, 내 사랑,

è in ciel la luna!
하늘에 달이 떴어요!

Tutto tace intorno, intorno;
우리 주위가 모두 조용해요,

finché spunti in ciel il giorno,
하늘에 동이 틀 때까지,

ah, vien, ti posa sul mio cor!
아, 어서 제 마음속으로 오세요!

Deh! t'affretta, o Arturo mio,
어서 서둘러요, 오 나의 아르투로,

riedi, o caro, alla tua Elvira,
오 내 사랑, 어서 당신의 엘비라에게 돌아오세요,

essa piange e ti sospira,
엘비라가 울면서 당신을 그리워하고 있잖아요.

vien, o caro, all'amore,
오 내 사랑, 어서 제게로 오세요,

Arturo, riedi al primo amor.
아르투로, 당신의 첫사랑에게 돌아오세요.

(조르죠, 리까르도)
Possa tu bell'infelice,
불쌍한 아이 같으니,

mercè aver di tanto affetto,
사랑 때문에 이렇게 딱하게 되었구나,

possa un giorno nel diletto
언젠가 기쁨 속에서

oblia il suo dolor, sì,
그 고통을 잊기 바란다, 그래,

obliare il suo dolor, il suo dolor, sì,
그 고통을, 그 고통을 잊으렴, 그래.

(엘비라)
Vien, diletto,
어서 오세요, 내 사랑,

è in ciel la luna!
하늘에 달이 떴어요!

Tutto tace intorno, intorno;
우리 주위가 모두 조용해요,

finché spunti in ciel il giorno,
하늘에 동이 틀 때까지,

ah, vien, ti posa, vien, ti posa sul mio cor!
아, 어서 제 마음속으로 오세요!

Deh! t'affretta, o Arturo mio,
어서 서둘러요, 오 나의 아르투로,

riedi, o caro, alla tua Elvira,
오 내 사랑, 당신의 엘비라에게 어서 돌아오세요,

essa piange e ti sospira,
엘비라가 울면서 당신을 그리워하고 있잖아요.

vien, o caro, all'amore,
내 사랑, 어서 제게로 오세요,

vien all'amore, all'amore, ah! vieni, Ah amor, all'amore, all'amore,
내 사랑, 어서 오세요, 제 사랑으로 오세요,

riedi all'amore, all'amore, all'amore,
사랑에게 돌아오세요, 사랑에게로,

riedi, riedi, ah ridedi all'amore,
돌아오세요, 돌아오세요, 사랑하는 사람에게 돌아오세요,

Arturo, ah riedi al primo amor,
아르투로, 첫사랑에게 돌아오세요.

Arturo, ah riedi al primo amor, ah riedi al primo amor!
아르투로, 당신의 첫사랑에게, 첫사랑에게 돌아오세요!

엘비라가 자신의 방으로 들어간 후, 조르죠는 제 정신을 잃어버
린 조카 엘비라를 살리기 위해서는 아르투로가 꼭 돌아와야 한다
고 믿게 됩니다. 그리고는, 내일 왕당파와의 전투를 앞둔 리까르도
에게 내일 전투에서 아르투로를 꼭 살려달라고 간곡히 부탁하는 이
곡을 부릅니다.

조르죠, 리까르도 : 자네는 그 연적을 살려야 하네
(Il rival salvar tu dêi)

(조르죠)
Il rival salvar tu dêi, il rival salvar, salvar tu puoi.
자네는 그 연적을 살려야 하네. 자네는 살릴 수 있어.

(리까르도)
Io nol posso.
저는 못합니다.

(조르죠)
No? Tu nol vuoi.
못한다고? 원치 않는 거겠지.

(리까르도)
No.
원치 않습니다.

(조르죠)
Tu il salva!
그를 좀 살려주게!

(리까르도)
No, ah! no, ei perirà!
못 해요, 아! 못합니다, 그는 죽어야 해요!

(조르죠)
Tu quell'ora or ben rimembri che fuggi la prigioniera.
자네는 그 여죄수가 달아난 상황을 잘 알고 있잖아.

(리까르도)
Sì.
네.

(조르죠)
E d'Arturo fu colpa intena?
그래도 그게 다 아르투로의 잘못이란 말인가?

(리까르도)
Tua favella ormai…
지금 무슨 말씀을…

(조르죠)
è vera.
사실이잖아.

(리까르도)
Parla aperto.
솔직히 말씀하세요.

(조르죠)
Ho detto assai.
나는 할 말 다 했네.

(리까르도)
Fu voler del Parlamento, se ha colui la pena estrema,
그가 사형을 선고받은 건 의회의 결정이었어요,

dei ribelli l'ardimento in Artur, in Artur si domerà.
아르투로의 반란심도 사그라들었겠지요.

Io non l'odio, io nol pavento,
저는 그를 증오하지도, 두려워하지도 않습니다.

ma l'indegno, ma l'indegno perirà, perirà.
다만, 가치 없는 자는 죽어야 합니다.

(조르죠)
No! Un reo tormento or t'invade e accecca, Ah, trema!
안돼! 죄책감의 고통이 자네를 엄습해 자네를 떨게 하고 있군!

Il rimorso e lo spavento la tua vita, la tua vita strazierà.
양심의 가책과 두려움이 자네 삶을 찢을 거야.

Se il rival per te fia spento, un'altr'alma, un'altr'alma, un'altr'alma
seco andrà.
만일 자네 연적이 죽는다면, 다른 영혼이 그를 따라갈 거야.

(리까르도)
Chi?
누가요?

(조르죠)
Pensa, o figlio!
자네, 생각해 보게나!

Due vittime farai!
자네에게는 두 명의 제물(엘비라, 아르투로)이 있잖아!

E dovunque tu n'andrai, dovunque tu n'andrai, l'ombra lor ti
seguirà, l'ombra lor ti seguirà!
자네가 어디를 가든, 그들의 그림자가 자네를 쫓아다닐 걸세!

　　조르죠의 간곡한 요청을 받은 리까르도는 조르죠의 생각에 공감
하면서, 조국의 승리와 영광을 위해 싸우겠다는 각오를 다지고, 두
사람은 힘차게 이 2중창을 노래합니다.

조르죠, 리까르도 : 나팔이 울리면(Suoni la tromba)

(조르죠)
Suoni la tromba e, intrepido, io pugnerò da forte,
나팔이 울리면 난 두려움 없이 나가 맹렬히 싸울 걸세,

bello è affrontar la morte gridando : Libertà!
죽음에 맞서 '자유'를 외치는 건 아름다운 일이지!

Amor di patria, impavido, mieta i sanguigni allori,
조국에 대한 사랑으로 용감히 싸워서 피의 월계관을 얻고 나면,

poi terga i bei sodori e i pianti la pietà.
자비가 그 고귀한 땀과 눈물을 닦아주겠지,

(리까르도, 조르죠)
All'alba!
날아 밝아라!

(조르죠)
Bello è affrontar la morte gridando : Libertà!
죽음을 앞에 두고 '자유'를 외치는 건 아름다운 것일세!

(리까르도)
Suoni la tromba e, intrepido, tu pugnerai da forte.
나팔이 울리면 당신은 두려움 없이, 맹렬히 싸우시겠지요.

Bello è affrontar la morte gridando : Libertà!
죽음을 앞에 두고 '자유'를 외치는 건 아름다운 일이니까요!

Amor di patria, impavido, mieta i sanguigni allori,
조국에 대한 사랑으로 용감히 싸워 피의 월계관을 얻고 나면,

poi terga i bei sodori e i pianti la pietà.
자비가 그 고귀한 땀과 눈물을 닦아주겠지요,

(리까르도, 조르죠)
All'alba!
날아 밝아라!

(리까르도)
Bello è affrontar la morte gridando : Libertà!
죽음을 앞에 두고 '자유'를 외치는 건 아름다운 일이니까요!

(조르죠)
Suoni la tromba, la tromba, io pugnerò da forte, da forte.
나팔을 울리면, 난 두려움 없이 맹렬히 싸울걸세,

(리까르도)
Forse dell'alba al sorgere, l'oste ci assalirà.
아마 새벽에 날이 밝아오면, 우리를 공격해 올 겁니다.

S'ei vi sarà?
그럼 어떻게 될까요?

(조르죠)
Morrà!
죽게 되겠지.

(리까르도)
Sia voce di terror : Patria, vittoria
조국, 승리 이런 말이 (적들에게) 공포의 목소리가 되게 해야죠.

(조르죠, 리까르도)
Suoni la tromba e, intrepido, io pugnerò da forte,
나팔이 울리면 난 두려움 없이 나가 맹렬히 싸울 거야,

bello è affrontar la morte gridando : Libertà!
죽음에 맞서 '자유'를 외치는 건 아름다운 일이지!

(리까르도)
Amor di patria, impavido,
조국에 대한 두려움 없는 사랑은

(조르죠)
mieta i sanguigni allori,
피의 월계관을 얻게 되겠지.

(리까르도)
poi terga i bei sodori
그러면 자비가 그 고귀한 땀과

(조르죠)
e i pianti la pietà.
눈물을 닦아주겠지,

(리까르도, 조르죠)
All'alba!
날아 밝아라!

Bello è affrontar la morte gridando : Libertà!
죽음에 맞서 '자유'를 외치는 건 아름다운 것일세!

Sia voce di terror : Patria, vittoria, onor!
조국, 승리, 영광이 (적들에게) 공포의 목소리가 되게 하세!

Sia voce di terror : Patria, vittoria, onor!
조국, 승리, 영광이 (적들에게) 공포의 목소리가 되게 하세!

　다음 날 전투에서 청교도군이 승리합니다. 전투에서 패한 후 간신히 전장을 빠져나온 왕당파 아르투로는 엘비라를 찾아 청교도군 요새 가까이로 숨어듭니다. 그때 멀리서 엘비라의 목소리가 들려오고, 엘비라의 노래를 들은 아르투로는 그녀를 그리워하며 옛날 그녀와 함께 부르던 이 곡을 부릅니다.

아르투로 : 샘가에 슬프게 홀로 앉아
(A una fonte afflitto e solo)

A una fonte afflitto e solo s'assideva un trovator,
한 음유시인이 샘가에 슬프게 홀로 앉아

toccò l'arpa e suonò duolo, sciolse un canto e fu dolor.
하프를 켜자 슬픔의 소리가 났고, 노래를 부르자 그건 고통이 되었지.

Brama il sol allor, allor ch'è sera, brama sera allor allor ch'è sol.
저녁이 되면 해를 그리워했고, 해가 뜨면 저녁을 그리워했지.

Gli par verno primavera, ogni gioia gli par duol! ogni gioia gli par duol!
그에게 봄은 겨울과 같았고, 온갖 즐거움도 그에게는 슬픔, 슬픔이었어!

　아르투로의 노래 소리를 들은 엘비라는 밖으로 뛰어나와 두 사람은 재회의 기쁨을 누립니다. 꿈에도 그리던 아르투로를 다시 만난 엘비라는 크게 기뻐하며 제 정신을 되찾습니다. 엘비라는 아르투로에게 그간 얼마나 떨어져 있었는지 기억하냐고 묻습니다. 아르투로가 3개월이라고 답하자 엘비라는 300년이었다고 말하고, 매 순간 그의 이름을 불렀다며 절절한 사랑을 노래합니다.

아르투로는 자신이 데리고 도망갔던 여죄수는 왕비였으며 그녀를 구할 수밖에 없었던 상황을 설명해 엘비라의 오해를 풀어줍니다. 그리고는, 이 곡을 부르며 엘비라에게 자신의 품에 안기라고 합니다.

아르투로, 엘비라 : 내 품으로 와요(Vieni fra queste braccia)

(아르투로)
Vieni, vieni fra queste braccia, amor, delizia e vita,
내 사랑, 기쁨, 생명이여, 내 품으로 와요

vieni, non mi sarai rapita finchè ti stringo al cor.
어서 와요, 내 마음속에 당신을 품고 있는 한, 난 당신을 빼앗기지 않을 거요.

Ad ogni istante ansante, ti chiamo e te sol bramo.
난 매 순간 당신을 부르고, 당신만 원해요.

Ah! vieni, vien, tel ripeto, t'amo,
아! 어서 와요, 다시 말하죠, 난 당신을 사랑해요,

ah! t'amo d'immenso amore,
아! 당신을 무척 사랑해요,

sì, tel ripeto, sì, tel ripeto, t'amo, t'amo d'immenso amore,
그래요, 거듭 말하죠, 당신을 사랑해요, 당신을 뜨겁게 사랑해요,

(엘비라)
Caro, caro, non ho parola ch'esprima il mio contento;
사랑하는 그대, 제 행복한 마음을 이루 표현할 수가 없어요,

l'alma, l'alma elevar mi sento in estasi d'amor.
제 영혼은 사랑의 기쁨으로 설레요.

Ad ogni istante amsante, ti chiamo e te sol bramo,
매 순간 전 당신을 부르고 당신만을 원해요.

(엘비라, 아르투로)
Ah! vieni, vien, tel ripeto, t'amo, t'amo d'immenso amore,
어서 와요, 다시 말하죠, 당신을 사랑해요, 당신을 무척 사랑해요,

sì, tel ripeto, sì, tel ripeto, t'amo, t'amo d'immenso amore
네, 거듭 말할게요, 당신을 사랑해요, 당신을 너무도 사랑해요,

　두 사람이 다시 사랑을 확인하고 있을 때 아르투로를 쫓는 리까르도의 부하들이 들이닥칩니다. 그러자 엘비라는 충격을 받고 또다시 정신 착란 상태에 빠집니다. 리까르도는 아르투로를 체포하고, 병사들은 아르투로에게 조국과 신이 그에게 사형을 선고했다고 외칩니다.

　아르투로는 제 정신을 잃은 엘비라를 걱정하고, 엘비라는 사형장으로 끌려가는 아르투로를 바라보며, 두 사람은 조르죠, 리까르도와 함께 이 4중창을 부릅니다.

아르투로, 엘비라, 조르죠, 리까르도 : 내게 배신당했다고 생각했던 불쌍한 아가씨(Credeasi, misera! da me tradita)

(아르투로)
Credeasi, misera! da me tradita,
내게 배신당했다고 생각했던 불쌍한 아가씨,

traea sua vita in tal martir!
그대의 삶을 그런 고통으로 이끌었구려!

Or sfido i fulmini, disprezzo, disprezzo, il fato,
이제 나는 신의 결정에 맞서 운명을 거스를 거요,

se teco allato potrò, potrò morir!
만일 당신과 함께 죽을 수만 있다면!

(엘비라)
Qual mai funerea voce funesta
도대체 어떤 장례식 같은 음울한 목소리가

mi scuote e desta dal mio martir!
고통으로부터 나를 흔들어 깨우는 거야!

Se fui sì barbara nel trarlo a morte
내가 그이를 죽음으로 몰아갈 만큼 잔인하다면

m'avrà consorte nel suo, nel suo morir!
난 그이 죽음에 동반자가 될 거야!

(조르죠)
Quel suon fenereo feral rimbomba,
저 어두운 죽음의 소리가 울려 퍼지며

nel sen mi piomba, m'agghiaccia il cor!
내 가슴을 짓누르고, 내 심장을 얼어붙게 하는구나!

Non ha più lagrime il mio dolor, no,
내 슬픔에는 더 이상 눈물도 없구나,

non ha più lagrime il dolor.
내 슬픔에 이젠 눈물마저 없어.

(리까르도)
Quel suon funereo ch'appre una tomba al cor mi piomba,
내 마음의 무덤을 여는 저 음울한 소리가 내 마음을 짓누르고,

lor sorte orribil mi piomba al cor.
저들의 끔찍한 운명이 내 마음을 무겁게 억누르네.

Ah, pietà. Ah, pietà.
아, 자비, 자비가 있기를.

(아르투로)
Traea sua vita in tal martir!
그녀는 자신의 삶을 고통으로 끌고 갔구나!

Ah! sì, disprezzo il fato,
아, 그래, 난 운명을 거스르겠소,

se teco allato potrò, potrò morir!
만일 당신과 함께 죽을 수만 있다면!

(엘비라)
Artur! Artur, tu vivi ancor!
아르투로! 아르투로! 아직 살아 계시지요!

(아르투로)
Teco io sono.
당신과 함께 있소.

(엘비라)
Il tuo perdono!
(흐느끼며) 용서해 주세요!

Per me a morte, o Arturo mio!
저 때문에 당신이 죽는군요, 오 나의 아르투로!

(아르투로)
Ah, un amplesso!
아, 내 품에 안기시오!

(엘비라)
Sì, mio bene!
네, 내 사랑!

(아르투로)
Ah, un addio!
아, 안녕히!

(엘비라)
Un addio!
안녕히!

(아르투로)
Arrestatevi, scostate⋯
잠깐, 멈추시오, 비켜봐요.

crudeli, credeli!
잔인한 사람들!

Ella è tremante, ella è spirante,
그녀가 떨고 있잖아요, 그녀가 실신했잖아요,

anime perfide, sorde a pietà.
나쁜 사람들, 연민도 없구나.

Un solo istante, ah, l'ire frenate,
지금은 분노를 가라앉히고,

poi vi saziate di crudeltà.
잔인함은 다음에 즐기시오.

Ella è tremante, ella è spirante,
그녀가 떨고 있잖아요, 그녀가 실신했잖아요,

anime perfide, sorde a pietà.
나쁜 사람들, 연민도 없어.

Un solo istante, ah, l'ire frenate,
잠시 분노를 가라앉히고,

poscia saziate la crudeltà, ah!~~~ la crudeltà,
잔인함은, 잔인함은 그 다음에나 즐기라구요.

　　아르투로의 사형 집행을 앞두고 있을 때 나팔 소리가 들리며 크롬웰 장군의 전령이 도착합니다. 전령이 가져온 문서를 읽은 조르죠와 리까르도는, 스튜어트 왕조가 무너졌고, 죄수들은 모두 사면되었으며, 영국은 자유를 갖게 되었다고 알려줍니다.

　　모든 청교도인들이 환호하는 가운데, 아르투로의 사면 소식에 제

정신을 되찾은 엘비라는 이 곡으로 다시 찾은 사랑의 감격과 행복을
노래하고, 사람들은 두 사람을 축복하며 오페라는 막을 내립니다.

엘비라 : 아, 전 느껴요, 오 아름다운 나의 천사
(Ah! sento, o mio bell'angelo)

Ah! sento, o mio bell'angelo,
오 아름다운 나의 천사여, 전 느껴요,

che poco intera è un'anima ad esaltar nel giubilo che amor ci
donerà.
제 영혼이 지금 이 사랑의 환희를 온전히 즐길 수 없는 상태인 것을.

Benedite le lacrime, l'ansia, i sospiri, i gemiti,
눈물과 불안, 한숨과 신음을 축복해 주세요.

vaneggerò nel palpito di tantacara voluttà,
저는 이 소중한 행복의 황홀경에 빠질 거예요.

sì, vaneggerò in tanta voluttà!
네, 저는 이런 행복의 황홀경에 빠질 거라구요!

Ah! sento, o mio bell'angelo,
오 아름다운 나의 천사여, 전 느껴요,

che poco intera è un'anima ad esaltar nel giubilo che amor ci
donerà.
제 영혼이 이 사랑의 환희를 온전히 다 즐길 수 없다는 것을요.

vaneggerò nel palpito di tantacara voluttà, Ah! ah! ~~~
저는 이 소중한 행복의 황홀경에 빠질 거예요. 아! 아!

- 리까르도 : 영원히 당신을 잃어버렸네(Per sempre, per sempre, io ti perdei!)

리까르도가 결혼을 꿈꾸었던 엘비라와 맺어지지 못하는 상심을 노래하는 곡

- 엘비라 : 오 사랑하는 삼촌(O amato zio)

엘비라가 자신이 사랑하지 않는 리까르도와 결혼하는 줄 알고 괴로워하다가, 삼촌 조르죠로부터 리까르도가 아니라 그녀가 사랑하는 아르투로와 결혼하게 될 것이라는 말을 듣고 뛸 듯이 기뻐하며 부르는 곡

- 아르투로 : 오 사랑하는 그대(A te, o cara)

결혼식을 앞둔 아르투로가 엘비라에 대한 사랑의 기쁨과 행복한 심경을 노래하는 곡

- 엘비라 : 저는 신부복 차림의 사랑스런 아가씨예요(Son vergin vezzosa in vesta di sposa)

결혼식을 준비하던 엘비라가 신부복을 입고 손에는 면사포를 든 채 아르투로와 엔리켓타 앞에 나타나 부르는 곡(엘비라의 폴로네즈)

- 조르죠 : 화관을 두르고(Cinta di fiori)

엘비라의 상태가 어떤지 걱정하며 묻는 마을 사람들에게 조르죠가 엘비라의 슬픔과 고통스러운 상태를 애처롭게 설명하며 부르는 곡

- 엘비라 : 여기서 그의 부드러운 목소리가(Qui la voce sua soave)

엘비라가 실성한 채 사람들 앞에 나타나, 바로 이곳에서 아르투로의 목소리를 마지막으로 들었다면서 부르는 곡(광란의 아리아)

- 조르죠, 리까르도 : 자네는 그 연적을 살려야 하네(Il rival salvar tu dêi)

  조카 엘비라를 살리기 위해서는 아르투로가 꼭 돌아와야 한다고 생각한 조르죠가 왕당파와의 전투를 앞둔 리까르도에게 아르투로를 살려달라고 부탁하는 곡

- 조르죠, 리까르도 : 나팔이 울리면(Suoni la tromba)

  조르죠와 리까르도가 조국의 승리와 영광을 위해 싸우겠다는 각오를 다지며 부르는 2중창

- 아르투로 : 샘가에 슬프게 홀로 앉아(A una fonte afflitto e solo)

  아르투로가 엘비라를 찾아와 예전 그녀와 함께 부르던 노래를 회상하며 부르는 곡

- 아르투로 : 내 품으로 와요(Vieni fra queste braccia)

  엘비라와 재회한 아르투로가 자신이 왕비를 데리고 도망갈 수밖에 없었던 상황을 설명해 엘비라의 오해를 풀어준 후, 엘비라에게 자신의 품에 안기라며 부르는 곡

- 아르투로, 엘비라, 조르죠, 리까르도 : 내게 배신당했다고 생각했던 불쌍한 아가씨(Credeasi, misera! da me tradita)

  아르투로는 정신 착란에 빠진 엘비라를 걱정하고, 엘비라는 체포되어 사형장으로 끌려가는 아르투로를 바라보며, 조르죠, 리까르도와 함께 부르는 4중창

- 엘비라 : 아! 전 느껴요, 오 아름다운 나의 천사(Ah! sento, o mio bell'angelo)

  청교도군의 승리로 전쟁이 끝나고 아르투로도 사면되자, 엘비라가 제정신을 되찾은 후 다시 찾은 사랑의 감격과 행복을 노래하는 곡

글을 마치며

오페라에 대한 깊은 전문성도 없이, 단지 오페라에 대한 애정과 열정만으로 첫 졸저 『손에 잡히는 아리아』를 출간한 지 벌써 13년이 다 되어 갑니다. 첫 졸저를 출간할 때만 해도 제가 오페라에 대한 책을 또 쓰게 되리라고는 전혀 생각하지 못했는데, 어느덧 『손에 잡히는 아리아』 시리즈의 4번째 책을 쓰게 되었습니다.

제가 앞서 졸저를 출간했을 때, 가까운 지인들이 국내 오페라 애호가들의 저변이 그다지 넓지도 않은데 왜 굳이 오페라에 대한 책을 계속 쓰느냐고 제게 물었습니다. 저는 행복의 레시피를 나누기 위해서라고 답했습니다.

우리들이 일상에서 행복을 느끼는 레시피는 많고도 다양합니다. 어떤 분은 향기로운 커피를 마시며 책을 읽을 때, 어떤 분은 좋아하는 음악이나 예술 작품을 감상할 때, 어떤 분은 가까운 이들과 만나 이야기꽃을 피울 때, 어떤 분은 와인과 함께 맛있는 음식을 즐길 때, 어떤 분은 운동을 하면서 건강을 가꿀 때 등등, 누구나 다 행복을 위한 자신만의 레시피를 몇 개쯤은 가지고 있습니다. 저는 제가 가진 여러 행복의 레시피 가운데, 오페라 즐기기, 작게는 아리아 즐기기라는 레시피가 무척 좋아서, 많은 분들이 이 레시피를 각자의 행복 레시피 리스트에 추가했으면 좋겠다는 소박한 바람을 가지고 이 책을 썼습니다.

이탈리아어 리브렛토를 보아가며 책을 썼기 때문에, 작품 내용 해석과 아리아 가사 번역상의 오류가 있다면, 이는 전적으로 저자인 저의 책임임을 밝혀 둡니다. 아리아 가사의 우리말 번역은 원 리브렛토의 어휘와 맛을 최대한 살리기 위해 가급적 직역을 했고, 의역은 최소화하고자 했습니다.

아마추어 애호가의 졸저지만, 오페라를 통해 일상이 문화가 되고 삶이 예술이 되는 행복한 순간을 꿈꾸는 분들에게 작은 도움이 되기를 소망합니다.

손에 잡히는 아리아 : 벨칸토 엣센짜

초판 1쇄   2026년 1월 23일

지은이   박상훈

펴낸곳   문학여행
발행인   고민정
주소   서울특별시 서대문구 연희로37길 77-13 402호
홈페이지 www.bookjour.com
이메일   contact@bookjour.com
전화   1600-2591
팩스   0507-517-0001
원고투고   edit@bookjour.com
출판등록   제2021-000020호

ISBN   979-11-88022-66-3 (03670)